EL CÁRTEL DE SINALOA

Una historia del uso político del narco

DIEGO ENRIQUE OSORNO

El cártel de Sinaloa

UNA HISTORIA DEL USO POLÍTICO DEL NARCO

Prólogo
FROYLÁN ENCISO

Grijalbo

El cártel de Sinaloa
Una historia del uso político del narco

Primera edición: noviembre, 2009
Tercera reimpresión: marzo, 2010
Cuarta reimpresión: abril, 2010

D. R. © 2009, Diego Enrique Osorno

D. R. © 2009, derechos de edición mundiales en lengua castellana:
Random House Mondadori, S. A. de C. V.
Av. Homero núm. 544, col. Chapultepec Morales,
Delegación Miguel Hidalgo, 11570, México, D. F.

www.rhmx.com.mx

Comentarios sobre la edición y el contenido de este libro a:
literaria@rhmx.com.mx

ISBN 978-607-429-708-9

Impreso en México / *Printed in Mexico*

A mis abuelos tan presentes

Un agradecimiento especial a *Milenio*

El acto de escribir no es más que el acto de aproximarse a la experiencia sobre la que se escribe; del mismo modo, se espera que el acto de leer el texto escrito sea otro acto de aproximación parecido.

John Berger

Índice

Bienvenido a Sinaloa

Si usted cree que la mentada "guerra contra el narcotráfico" del gobierno es puro circo; si está harto de los discursos huecos de los políticos, de los retenes que el sistema económico ha impuesto a su vida; si ya no cree en operativos que producen salarios miserables, maestros incompetentes y médicos negligentes: bienvenido a Sinaloa. Si usted sabe que estornudar tres veces significa que vive en un país sin salud, donde conseguir dinero se vuelve imposible y el amor es cada vez menos frecuente, no tengo que repetir que aquí no gobierna quien dice que gobierna, ni lo hace como dice hacerlo.

Diego Enrique Osorno decidió escribir un libro sobre Sinaloa, mi tierra natal, en tiempos revueltos. Lo escribió con plena conciencia de que nombrar esta tierra en nuestros días significa muchas cosas para bien y para mal. Sinaloa es el mejor tomate de exportación, los puertos marítimos de altura que han conectado a México con el oeste de Estados Unidos desde el siglo xix. Es la resistencia de las burguesías locales, agrarias y pesqueras a injustos embargos y proteccionismos estadounidenses. Gente guapa y trabajadora que mantiene la admiración por la cultura rural de la sierra desde el valle y la costa, la música de banda, el cinto pitea-

13

do, las botas puntiagudas o los huaraches de correa. Bebe cerveza Pacífico y agua de cebada con chilorio y tamales coloreados con palo de Brasil, como simbolizando su tradicional conexión con los flujos comerciales globales. Sinaloa es la globalización desde antes de que se usara esa palabra. Es un estado cuya sierra se formó en conexión con la exploración de nuevas tierras y la búsqueda de metales preciosos durante la Colonia. Es una tierra que se abrió al capitalismo con puertos como Mazatlán y proyectos literalmente utópicos como Topolobampo. Es también una tierra que industrializó su campo en esos valles que durante el siglo XX atrajeron migraciones internacionales y aún atraen a paupérrima mano de obra dentro de nuestro país, especialmente de Oaxaca.

Rasgos del mercantilismo, el capitalismo, la industrialización y la globalización en una franja de tierra entre la costa y la Sierra Madre, Sinaloa también es la tierra que produjo opio, en el centro, y mariguana al sur desde principios del siglo XX. Creadora de liderazgos criminalizados que van desde Heraclio Bernal hasta Ismael *el Mayo* Zambada y Joaquín *el Chapo* Guzmán pasando por *el Gitano*, Pedro Avilés, Lalo Fernández, Miguel Félix Gallardo, Rafael Caro Quintero, Ernesto Fonseca y muchos otros. Centro de producción de expresiones culturales desde la ilegalidad y de innovaciones empresariales en el mercado negro de drogas. Epicentro del culto a Malverde. Sinaloa es invención de estereotipos que crean y recrean alternativas dentro del modelo económico neoliberal, que se supone inmodificable. Sinaloa es, rematadamente, el símbolo del fracaso de la actual política de combate a las drogas y el narcotráfico en México, símbolo de los beneficios que atrae el libre mercado a los hábiles, a quienes encuentran los huecos del sistema. Los negociadores. Los que renuncian a los caminos heredados e inventan nuevos. Los que saben volverse moda porque usan las ideas de la moda para reinventarse.

Este libro es producto de los andares de un periodista aventurero, Diego Enrique Osorno, que sorprende desde los pocos espacios para los trabajos de investigación con voz propia en medios de comunicación mexicanos. Quien ha leído su primer libro, *Oaxaca sitiada. La primera insurrección del siglo XXI*, coincidirá conmigo en que es un cronista que escribe con pasión y hace honor a la mejor característica del género: mostrar con honestidad la mirada de quien cuenta el cuento.

Osorno no escribe sociología ni ciencia social; no escribe hagiografía gubernamental ni nota periodística del día; no escribe cuento ni fábula ni novela, pero tiene lo más refinado de todo esto. Osorno escribe esa cosa rara que en la tradición latino-americana llamamos crónica. Profundamente extraño, porque, señoras y señores, la crónica, como dijo Manuel Gutiérrez Nájera desde el siglo XIX,

> es, en los días que corren, un anacronismo [...] ha muerto a manos del *repórter* [...] La pobre crónica, de tracción animal, no puede competir con esos trenes-relámpago. ¿Y qué nos queda a nosotros, míseros cronistas, contemporáneos de la diligencia, llamada así gratuitamente? Llegamos al banquete a la hora de los postres. ¿Sirvo a usted, señorita, un *pousse-café*? ¿Queda alguna botella de *champagne*?[1]

[1] *La ciudad letrada*, pp. 122-123, citado por Susan Rotker, *La invención de la crónica*, México, Fundación para un Nuevo Periodismo Iberoamericano, 2005, pp. 106-107.

Uno esperaría que con el correr de los años pudiéramos contestar a Gutiérrez Nájera que está planteando una falsa diferenciación entre reportero y cronista; pero ¿por qué tenemos la idea de que las redacciones de los periódicos a principios del siglo XXI están llenas de reporteros y no de escritores como Osorno? Esa falsa taxonomía tiene en el fondo una idea tecnificada de las labores informativas de los medios escritos, que nos ha llevado a sacrificar la calidad en el uso de la palabra por la "información oportuna", la inevitable percepción del escritor y la presencia de líneas editoriales abiertas y coherentes por la presunción de "objetividad". Pareciera que en los medios de información escrita en México se han convencido, y de paso nos han convencido, de que lo fáctico está peleado con lo creativo, el juicio honesto está alejado de la búsqueda de la verdad y la escritura fluida tiene un costo mayor que los formatos de escritura estandarizada. Quizá esta tecnificación mal entendida está basada en la vieja idea mexicana de que vende más ser un instrumento de poder para los agentes del Estado y el mercado, que de un público lector.

Diego Enrique Osorno, sobra decirlo, busca escapar de estas tendencias escribiendo sobre temas socialmente cruciales y comprometiéndose con una escritura joven, es decir, nueva, es decir, esclava de sus propias pasiones. Es quizá por eso que este libro tiene tres características que lo vuelven novedoso para la discusión tanto periodística como académica del complejo fenómeno del narcotráfico en México: es un libro urgente, porque representa una denuncia contra un presidente que gobierna con la sangre y contra la clase social que representa; es un libro que busca alternativas desde el conocimiento histórico y combate el silenciamiento de voces fundamentales en la discusión pública, sin dejarse intimidar por fundamentalismos morales.

I. La denuncia del uso político del narco vuelve a este libro urgente frente a un presidente que gobierna con la sangre. Si no fuera porque, con el gobierno de Felipe Calderón, nos encontramos en uno de los momentos más sangrientos en la historia del prohibicionismo de las drogas en México, este libro no sería tan pertinente y necesario. Las drogas que ahora se combaten con toda la fuerza del gobierno se prohibieron en parte por presión de Estados Unidos durante los primeros 30 años del siglo xx. Desde entonces diversos gobiernos mexicanos han tenido que administrar este problema compartido con —y definido como global por— Estados Unidos.

Felipe Calderón decidió declarar una guerra que está costando miles de muertes: un dramático baño de sangre alimentado desde el gobierno. El prohibicionismo y el aumento de la persecución policiaca y militar implican que la violencia estalle y termine en grandes y dramáticos fracasos, como ocurrió con la prohibición del alcohol en Estados Unidos. Eso es lo que estamos viendo: sangre correr por políticas absurdas. Por lo menos desde la década de 1980, diversos analistas han señalado que la mejor vía para combatir este problema es la legalización acompañada de programas educativos para el uso responsable de drogas y una fuerte inversión en los problemas de salud pública causados por las adicciones. Aumentar la persecución conlleva el aumento del riesgo en el mercado. Este riesgo incrementa los precios de las drogas y provoca que salgan los adversos al peligro. Como efecto de sustitución y renovación de los liderazgos criminalizados entran los amantes del riesgo y las prácticas corruptas, porque es mucho el dinero que la intervención violenta del Estado genera en los mercados negros. Es esta explicación de economía política de los mercados negros de drogas lo que da cuenta de la absurda espiral de violencia que padecemos en México.

Pero, más que esto, el significado político del absurdo derramamiento de sangre es lo que llevó a Osorno a escribir un libro con tono de urgencia. A fin de cuentas, ¿por qué Felipe Calderón decidió emprender esta guerra sanguinaria? La respuesta está presente desde el subtítulo: la guerra de Calderón es un capítulo más de la historia del "uso político del narco". Es por todos sabido que Felipe Calderón es un presidente débil desde el origen. Llegó en 2006 mediante una elección percibida como fraudulenta por buena parte de la población mexicana. Más allá de la discusión sobre la existencia de un fraude, es innegable que Calderón tuvo que remontar su déficit de legitimidad desde los primeros días de su mandato. Por eso decidió emprender un gobierno que tomara el combate al narcotráfico como prioridad. Quizá el cálculo fue que este tema tan lleno de golpes mediáticos y discursos criminalizadores —que suponen que nadie va a estar en contra de quien ataca a los malos— iba a mostrarlo como hombre fuerte, en control de las instituciones. Sin embargo, con el tiempo vino el inevitable aumento del número de muertos, las guerras políticas en que se manipula el tema del narcotráfico para indiciar al adversario, las quejas por atroces violaciones a los derechos humanos y asesinatos de inocentes a manos del ejército y las policías. El desastre.

Como ocurrió con Carlos Salinas de Gortari y sus intentos por remontar su falta de legitimidad mediante muestras de fuerza espectacular y manejo de los medios, Felipe Calderón terminará en la larga lista de gobernantes y administradores del desastre nacional. A falta de mejoras en el sistema educativo y de salud, a falta de un modelo económico que nos saque de la crisis y mejore la vida de las personas, a falta de políticas públicas exitosas, Calderón intenta gobernar haciendo correr la sangre, y quien gobierna por medio de la sangre —lo enseña la experiencia— no es redimido por la historia.

Desde el primer capítulo, Osorno nos enfrenta a imágenes que muestran la hipocresía de la élite del poder. En ese capítulo 1, Osorno tomó como punto de partida una anécdota más que clarificante. Un empresario y político de Monterrey, la ciudad natal del autor, comenta cómo ciertos miembros del grupo criminalizado de Sinaloa se pasean tranquilos por las oficinas corporativas de la élite regia sin problema alguno para buscar civilizados pactos políticos.

"¿Cómo es posible que un grupo de narcos de Sinaloa llegara a San Pedro Garza García, el municipio más rico del país, y adquiriera un gran poder en el mismo, mezclándose con los hombre afamados y poderosos que sonríen a su lado en las fotos de sociales?", escribe Osorno. "Estamos en el peor escenario, según mi visión. Alabando mucho los pantalones y el deseo de Calderón de combatir al narco, insisto, creo que estamos en un modelo equivocado, un modelo que no funciona", contesta con heroico desenfado y claridad Mauricio Fernández, empresario y político panista.

A partir de éste, en todos los capítulos nones, Osorno nos invita a recorrer las diferentes facetas de la hipocresía de la élite del poder alrededor de este tema. Uno puede escuchar la voz de un guerrillero narrando sus fricciones y desacuerdo ideológico con el narcotráfico: nada más contundente para desarticular la tentación derechista de vincular narcotráfico y oposición política radical. Osorno narra su experiencia acompañando a un grupo de soldados en un operativo de erradicación en la sierra de Sinaloa: es un operativo montado especialmente para la foto, en que Osorno, por más que se esforzó, apenas pudo sacarles un par de palabras a los soldados, notablemente de clase empobrecida. También aquí se nos hace partícipes del enfrentamiento y las negociaciones entre los sinaloenses y la organización criminalizada del Golfo, especialmente en Nuevo Laredo, desde la sospechosa fuga del *Chapo* Guzmán durante el gobierno de Vicente Fox en 2001 hasta 2006, cuando el procurador Daniel Cabeza de Vaca dio una entrevista que se lee hueca en nuestros días. Luego podemos ver a varios políticos locales consternados durante los servicios funerarios de un narcotraficante en San Pablo Mochobampo, Sinaloa; conocer los detalles de las sospechas de que la fuga del *Chapo* Guzmán pudo pactarse con algunos funcionarios foxistas, y leer las múltiples injusticias y manipulaciones que enfrentan varios capos desde la cárcel.

La denuncia del uso político del narcotráfico en el México actual se convierte en un caleidoscopio de la hipocresía de la élite frente al tema del narcotráfico, en un momento en que la sangre inunda las calles por el voluntarismo de un presidente que, parafraseando a Mauricio Fernández, tuvo los pantalones de retomar "el modelo equivocado".

II. El conocimiento histórico en este libro ayuda a comprender el tema del narcotráfico e imaginar futuros alternativos, porque las cosas no siempre fueron iguales. No se limita a la denuncia urgente del uso político del narco, sino que nos da pistas para entender el narcotráfico y el papel de Sinaloa en términos históricos. Para lograrlo, Osorno intercala comentarios históricos en los capítulos pares que, mientras avanza la cronología, terminan mezclándose con los capítulos de actualidad al final del libro y reconstruyen el devenir del narco sinaloense a lo largo del siglo xx. En el primer capítulo histórico, el 2, Osorno narra cómo el opio se criminalizó en Sinaloa en los años 1920, porque los comerciantes querían un pretexto para deshacerse de la competencia china y justificar su brutal destierro. Ahí también cuenta, gracias a la honesta voz del político revolucionario y ex procurador de Sinaloa, Manuel Lazcano y Ochoa, cómo a partir de entonces el narcotráfico mutó en un tema policiaco y militar en los siguientes decenios.

A partir de este punto, Osorno va trazando la historia de los liderazgos criminalizados en Sinaloa, dejando entrever que desde el principio hubo alianzas y participación de las clases altas con personajes y actividades criminalizadas. En esta revisión histórica nos presenta la historia del *Gitano*, un pistolero mítico que, aliado con la élite reaccionaria que se oponía a la reforma agraria en Sinaloa, asesinó al gobernador Rodolfo T. Loaiza en 1944 y traficó drogas en diferentes momentos de su vida. También traza la historia de los líderes criminalizados de Badiraguato —el más prominente en esos años: Pedro Avilés— en alianza con comandantes de diferentes policías.

La revisión de los años 1970 es especialmente novedosa, porque pone en perspectiva la manipulación política del narcotráfico para atacar a grupos opositores. Osorno se centra en la Operación Cóndor, lanzada por el ejército contra la sierra sinaloense con el auspicio de Estados Unidos. Por primera vez, gracias a expedientes del Archivo General de la Nación que Osorno recupera, se documentan las violaciones a los derechos humanos, la destrucción ecológica y la manipulación del tema del narcotráfico como pretexto para una guerra fría y sucia contra movimientos estudiantiles de la Universidad Autónoma de Sinaloa y otros grupos críticos del gobierno durante esos años. Todo ello muestra cómo el tema del narcotráfico sirvió (¿y sigue sirviendo?) para "golpear a adversarios políticos o grupos sociales opositores al gobierno".

Las décadas siguientes son muy ricas en anécdotas y análisis, quizá por la complejidad que adquiere el narcotráfico desde la década de 1980 hasta nuestros días. Osorno nos mete a la sala de la casa de Paul Gootenberg —el mejor especialista estadounidense en historia de las drogas— en Brooklyn, Nueva York, para que nos ayude a entender cómo la cocaína se volvió uno de los grandes negocios de los sinaloenses emprendedores en el mundo criminalizado, desde finales de los años setenta hasta nuestros días.

Osorno se centra después en Miguel Ángel Félix Gallardo, de quien consiguió, con gran habilidad periodística, que escribiera de puño y letra sus recuerdos de los últimos 30 años. Este documento, publicado por primera vez en la revista *Gatopardo*, le sirve al autor como hilo conductor del desarrollo del narcotráfico en México durante los ochenta y noventa, intercalando entrevistas que sostuvo con el abogado de Félix y sus propios análisis históricos del papel de este personaje en la historia del narcotráfico en Sinaloa y México.

Insisto en la dimensión histórica del libro no sólo porque es novedoso en un trabajo de periodismo mexicano, sino porque implica el deseo de mostrar que las cosas no siempre fueron iguales, y esto abre la posibilidad de que todo cambie en el futuro. Quizá suene descabellado, pero aprender del pasado puede ayudar a construir el sueño de un futuro mejor.

Hace un par de meses pude ver un ejemplo de lo que digo, precisamente en la sierra de Sinaloa. Me enteré de la existencia de un lugar llamado Centro de Estudios Justo Sierra (CEJUS) en Surutato, un pueblo situado donde da vuelta el viento. Decidí ir, a pesar de las recomendaciones de gente ilustrada que preveía un ambiente violento. Cuando llegué, no lo podía creer. El viaje hasta Surutato es largo, ni siquiera hay carretera, pero cuando uno llega al CEJUS encuentra un centro educativo de vanguardia pedagógica mundial, que lleva más de 30 años operando con programas que recorren todos los grados educativos ¡hasta el doctorado!

¿Cómo pudo ocurrir algo así en la sierra sinaloense, cuya gente vive bajo el estigma de la narcocultura? Encontré mi respuesta al conocer la historia del lugar. Surutato vivió violaciones, robos y asesinatos a manos del ejército mexicano durante la Operación Cóndor. Sin embargo, algunas personas —no todas, porque hay gente que no perdona ni olvida— lograron canalizar la frustración buscando las alianzas políticas adecuadas. Este proyecto ha formado a cientos de niños, muchos de ellos huérfanos, víctimas inocentes de la guerra contra el narco, que aprenden formas alternativas de vida. En este momento en que los caminos nacionales parecen cerrarse, es fundamental conocer estas experiencias históricas, para rehabilitar la idea de que otro mundo es posible cuando se sabe encauzar el coraje y la frustración.

III. Este libro combate el silenciamiento de voces fundamentales en la discusión pública, sin dejarse intimidar por fundamentalismos morales. El tema de las drogas pone en tensión muchos de los preceptos imperantes en la política, la economía, las relaciones sociales, el ámbito internacional y, quizá en un sentido más profundo y analíticamente productivo, la filosofía. Esto resulta evidente al leer este libro, sobre todo cuando uno se topa con personajes que frecuentemente no tienen voz en el discurso periodístico sobre el narcotráfico. Las entrevistas de Osorno con soldados en medio de un operativo, las declaraciones de académicos poco conocidos y menos leídos, el acercamiento a la percepción y diferentes expresiones de la narcocultura en las clases bajas o altas, la declaración intempestiva de un político local, un abogado cínico, un mesero o un trabajador en un cementerio, son parte de las voces que Osorno incorpora a esta historia. Pero quizá la inclusión más polémica sea la de las voces criminalizadas y su familia.

Osorno ha tomado el riesgo ético, por ejemplo, de incorporar la visión de Miguel Ángel Félix Gallardo, y un poco más adelante incluye la entrevista con el hijo de un capo. Estas inclusiones son, en mi opinión, vanguardistas y sumamente útiles tanto para los académicos como para el público en general, porque ponen en crisis las visiones oficialistas de la historia. Uno de los grandes problemas del narcotráfico como fenómeno que debe comprenderse y no sólo denunciarse, es que es necesario realizar un esfuerzo hermenéutico de neutralidad moral para luego sacar de él moralejas y líneas de ruta que rehabiliten visiones y futuros alternativos. No estoy tratando de insinuar que se deba pensar un mundo donde la moral (o Dios, como diría Nietzsche) ha muerto, o donde la moral puede existir o no (como reza la perorata agnóstica), sino un mundo donde la referencia moral misma no exista (a la marqués de Sade), con el propósito de entender el mundo criminalizado y desde ahí reconstruir la esperanza. Que quede claro que no es el relativismo mi propuesta ni la de Osorno. Ése es un camino igualmente improductivo y hasta torcido.

Sobre este descargo, no puedo resistir la tentación de citar la estrofa 57 del poema *El secreto*, un día en que Raúl Salinas de Gortari —conocido como el "señor 10%", porque eso cobraba a los empresarios que hacían negocios con la información que les vendía corruptamente— deja clara la moral relativista:

En nuestra cristiana sociedad
la moral se da por ciento:
es inmoral el que a uno roba entre cientos;
todos condenan, nadie te dice lo siento.
Vaya cambio si ostentas algunos cientos:
pase usted, qué gusto, tome asiento.
Si a muchos robas al cien por ciento
pudiera haber algún moral resentimiento.
Puntos más, puntos menos,
la moral es cuestión de un tanto por ciento.[2]

No torcer la moral, sino reinventarla incluyendo las voces silenciadas, e incluso las criminalizadas, para reincorporarlas al humanismo. Eso es lo que puedo entender de la propuesta de

[2] México, *El Tucán de Virginia*, 1990, p. 63.

Osorno, que la maneja con vehemencia, por ejemplo, al citar a don Miguel Ángel:

Cuando nosotros los viejos capos fuimos detenidos, éramos más pocos, se nos hacía mucha publicidad. Nosotros no matamos ni robamos ni empobrecimos a los mexicanos como sí lo hicieron muchos políticos; otros como Lankenau, *el Divino*, Cabal Peniche y muchos más, ya no los menciona la prensa, además ni siquiera pisaron la cárcel; quién habla de la leche contaminada para Liconsa, etcétera.

También es difícil evitar sorprenderse al leer que don Miguel Ángel Félix Gallardo formula propuestas para disminuir la violencia:

La violencia puede combatirse con empleos, escuelas mejor ubicadas a la necesidad y distancia de los hogares apartados, áreas deportivas, comunicaciones, servicios médicos, seguridad y combate a la pobreza extrema, impulsar la mano de obra. Recordemos que el territorio mexicano en sus zonas altas está olvidado, no hay escuelas superiores, carreteras, centros de salud, comunicación ni seguridad; a ellos no les llegan créditos para el campo, [apoyo] agrícola, forestal, ganadero y minero, etcétera, sólo represión.

La visión moral del poema de Raúl Salinas contrasta profundamente con la de don Miguel Ángel Félix Gallardo. Y es tan sólo una muestra del tipo de información que podríamos obtener si los analistas se abocaran con más energía a darles voz y tratar de entender cómo la gente así llega a ser así. En fin, como suele ocurrir en discusiones sociales, habrá quien decida obviar el asunto.

No faltará el sinaloense regionalista que arguya que este libro alimenta la "leyenda negra" que es mejor callar, o quien trate de silenciar sus anécdotas y denuncias mediante ataques criminalizadores. El libro de Diego Enrique Osorno no está escrito para los que callan.

EL INSTITUTO de México en París realizó la exposición "Le mystère du kilo d'or: Art contemporain de Sinaloa", del 10 de junio al 14 de agosto de 2004. "El misterio del kilo de oro", como usted leerá en este libro, se refiere a la enigmática fuga de Joaquín *el Chapo* Guzmán del penal de alta seguridad de Puente Grande en 2001. En el catálogo de la exposición, Élmer Mendoza, escritor de Sinaloa que ha captado con precisión el mundo del tráfico de drogas, empezó su texto con un par de párrafos que sintetizan la mezcla de orgullo regionalista y nostalgia —casi pacifismo bucólico, pero nunca falta de reciedumbre o exceso moralista— entre quienes hemos estado en contacto con el narcotráfico sinaloense:

> Si usted confunde el cielo con la tierra, el verde con el rojo, si olvidó cómo sacar raíz cuadrada y no sabe qué hacer con su brújula, la mañana o el amor: ha llegado a Sinaloa. Durante años dominaron los hombres de panzas prominentes; ahora la realidad es un frasco de vidrio que corta a quien lo toca, y los hombres de corazón amargo tienen el control.

Y no es que los hombres de panzas prominentes, quizá nuestros abuelos, no estuvieran involucrados en la producción y trasiego de drogas que tanto cundió en Sinaloa luego de la segunda Guerra Mundial. Pero sus procedimientos eran muy diferentes a los de los hombres de corazón amargo que refiere Mendoza, aunque cabe preguntar: ¿hasta qué punto el ejercicio de la violencia y la rampante corrupción nació de la amargura o de condiciones materiales, necesidad económica o marginación? ¿Hasta qué punto es producto de una serie de reacciones a los cambios de las instituciones formales y los gobiernos o mercados y su manipulación política cortoplacista? Son preguntas fundamentales que nos deben vincular a todos los mexicanos, le guste o no a la élite del poder. Leer este libro le dará pistas para encontrar su propia visión de las cosas.

FROYLÁN ENCISO

State University of New York at Stony Brook

Department of History

Septiembre de 2009

1

Los sinaloenses

Los enviados del cártel de Sinaloa entraron desarmados por la puerta principal de Los Soles y caminaron sin prisa por el edificio, como si tuvieran un lugar en él. Cruzaron pasillos amplios y con buena iluminación, que lo mismo atraviesan sedes locales de la trasnacional Pepsico, que el despacho de abogados Santos-Elizondo, integrado por hermanos e hijos de políticos poderosos, y apodado, tras varios escándalos de influyentismo, como *El Despacho Divino*, debido a que sus litigantes nunca pierden ante los tribunales, incluso cuando no tienen la razón legal. Los emisarios dejaron atrás una decena de consultorías fiscales y del ramo inmobiliario que también tienen un espacio en este centro del poder de San Pedro Garza García, ciudad conurbada de Monterrey, cuyos pobladores, dicen los chistes locales, son tan avaros que cuando se van a dormir, detienen los relojes de las paredes de la casa para evitar que se gasten.

San Pedro Garza García es la ciudad con mayor ingreso *per capita* del país. Viven ahí 20 de las familias más ricas de México. Los terrenos residenciales se cotizan hasta en 800 dólares por metro cuadrado. Es la sede de Cemex, la cementera más grande del mundo; Femsa, la embotelladora más importante de América Latina; Grupo Alfa, uno de los principales fabricantes de motores a nivel mundial; Vitro, la segunda vidriera global, y Gruma, el monopolio de la tortilla, cuya presencia llega hasta China.

Como los enviados del cártel de Sinaloa no tenían agendada ninguna cita, pidieron a la secretaria que los dejara hablar un momento con su jefe. Ya sabían que él estaba ahí y sólo querían platicar —convencían cortésmente a la mujer— sobre "cosas importantes acerca de la política en Nuevo León". El acento con el que hablaba uno de ellos le pareció extraño a la secretaria, una regiomontana de esas de cepa. Demasiado nasal para ser de aquí, pensó.

A quien buscaban los enviados del cártel era al hijo del fundador del Partido Acción Nacional en Nuevo León, un empresario cincuentón que fuma puros, colecciona arte y nunca usa más de una vez cada corbata que se pone. Mauricio Fernández Garza también era en ese entonces aspirante del PAN a la gubernatura de Nuevo León. Seis años atrás, en 1997, había perdido la oportunidad de convertirse en el primer gobernador panista en la historia del estado, cuando otro empresario local, Fernando Canales Clariond, ganó la elección interna panista y luego triunfó en la contienda ante el PRI.

En 2003 las cosas habían cambiado. Mauricio recién arrasaba en el proceso interno panista y se alistaba para ir con todo en los comicios del 6 de julio. Los días en que recibió la visita de los enviados del cártel de Sinaloa no eran aún de campaña. En ese momento, tras bambalinas, él y Natividad González Parás, su adversario del PRI y él, afilaban cuchillos. El búnker de Mauricio era su oficina de Los Soles, donde además de atender asuntos políticos revisaba el funcionamiento de sus negocios de entonces: Comercializadora de Puros, S. A. de C. V., Uniser, Artesanarte y Especialidades Cerveceras, S. A., empresa que años después vendería al grupo Femsa.

No era descabellado que un empresario como Mauricio Fernández recibiera a extraños. Pese a su privilegiada situación económica y a cierto aire de arrogancia que lo caracteriza, es abierto y ha conseguido simpatía popular en Nuevo León gracias a su franqueza, la cual, por ser a veces brutal para las buenas conciencias locales, lo ha metido en líos mediáticos, como cuando dijo públicamente que había fumado mariguana.

El candidato suponía que sus visitantes inesperados podrían ser empresarios constructores interesados en apoyar su campaña y en cultivar una buena relación para el futuro. La pasarela de donantes que buscaban establecer pactos, lo sabía el candidato, no tardaría en intensificarse. Sin embargo, cuando tuvo enfrente a los extraños visitantes, se dio cuenta de que estaba equivocado. Los recién llegados no eran empresarios de la construcción, ni querían negociar futuros contratos de obra pública.

Pero traían velices llenos de dinero para donar a su campaña.

Tras escucharlos durante varios minutos, Mauricio Fernández Garza se reclinó en el sillón de su lujosa oficina. El candidato entendió que ésa no era una visita más de acuerdos y complicidades a nivel político, de las que ocurren en tiempos de campaña, lejos de la vista de los demás.

—¿Y qué quieren a cambio de esos velices? —preguntó.

—Nada —respondió uno de ellos.

—¿Cómo que nada? Me están ofreciendo una cantidad ilimitada de dinero.

—Que no te metas en el tránsito de nuestra droga. Al cabo que ése no es tema tuyo, es un asunto federal —soltó el enviado del cártel de Sinaloa.

31

No era la primera vez que la organización sinaloense lograba que sus emisarios se pasearan sin problema alguno entre la alta y, por lo común, cerrada sociedad regiomontana.

Tres años antes de la visita a Mauricio Fernández Garza, uno de los principales representantes del cártel en la ciudad, Edelio López Falcón, había logrado fotografiarse al lado del entonces gobernador panista de Nuevo León, Fernando Canales Clariond, en la fiesta de inauguración de un restaurante.

La página 16 del suplemento comercial del periódico *El Norte* que circuló el domingo 16 de julio de 2000 reseña a plana completa la inauguración de un establecimiento ubicado en el kilómetro 257.7 de la Carretera Nacional que comunica a Monterrey con Santiago, un municipio serrano, con cascadas y pinos, donde se dice que vivió el sinaloense Amado Carrillo Fuentes, *el Señor de los Cielos*, cuando dirigía el cártel de Juárez.

"Abre sus puertas Misión Grill Restaurante", resaltan las letras grandes del anuncio, para luego explicar que

> ante más de 500 invitados, el jueves 22 de junio abrió sus puertas el restaurante Misión Grill. Ubicado en el kilómetro 257.7 a la altura de El Ranchito, Misión Grill viene a ser por su excelente calidad en carnes, comodidad, funcionalidad y amplio estacionamiento, el lugar ideal para disfrutar de una exquisita comida o bien una agradable cena [...] Entre otros invitados especiales se encontraban el gobernador del estado, Fernando Canales Clariond, en compañía de su esposa Ángela Stelzer de Canales y Eduardo García Garza, alcalde de Santiago.

A pesar de la gran fiesta de inauguración, Misión Grill cerró a los dos años. Una reseña gastronómica del sitio, aparecida en la sección *Gourmet* del periódico *El Norte*, lo describía así:

Todo el lugar es charro, ya que desde que uno llega lo reciben dos hermosas yeguas con sus potrillos y, al entrar, la decoración nos indica lo mismo, sobre todo un cuadro de dudoso gusto que muestra a un caballo y que está ubicado arriba del piano, o el cuadro de la Virgen de Guadalupe que en sí es bonito, pero que echan a perder con la foto de un charro colocada en la esquina inferior izquierda. A nosotros nos tocó ir con otras dos parejas de amigos, a quienes a su vez se los recomendó alguien que estuvo en la inauguración junto con el gobernador y el alcalde de Santiago. De hecho teníamos intención de visitar El Mesón de la Pizza para saludar al buen chef Rubén Labastida y a su esposa Valerie, pero esta recomendación nos llevó a conocer lo nuevo y tuvimos que dejar esa visita para otra ocasión. La Misión Grill en realidad no ofrece nada nuevo y el menú es predominantemente parrilla, parrilla y más parrilla. Sólo tiene la obligada sección de "botanas" y otra de "guisados", pero de ahí en fuera, ni chef necesitan, pues con puro parrillero la hacen.

La narcocultura de los pobres consiste en corridos y botas vaqueras, pero la de los ricos, de la cual se habla poco, también tiene su folclor.

UN MAL DÍA para los demás puede ser un buen día para ellos. Cuando empecé en el periodismo, me dijeron que tuviera los oídos atentos a sus palabras. Los reporteros de la nota roja suelen ser personas que esconden muy bien las lastimaduras que les va dejando la vida. Son amables, y sobre todo muy sabios. En pasillos de algunos periódicos sobresalen sus canas frente a los relamidos pelos de los periodistas que informan de otros temas, menos sangrientos. En ambientes tan precarios materialmente como el del periodismo, son pocos los redactores de política o de cultura que se jubilan en las redacciones. La mayoría de éstos, en cuanto pueden, huyen, aprovechan sus buenas relaciones y se convierten en funcionarios de comunicación social o, si por azares de la vida escriben bien, en escritores o algo así. Pero los reporteros de la nota roja no. Ellos sí, en su gran mayoría, suelen acabar viejos frente a una máquina, tecleando la nota del día.

En el 2000, a mitad de mis estudios en la Universidad Autónoma de Nuevo León, comencé a trabajar en el *Diario de Monterrey*, ahora *Milenio*, y me tocó conocer a varios de ellos. Pude escucharlos, aprenderles, ya fuera en un rincón de la sala de redacción, en una mesa del céntrico y antes humeante café Brasil, o bien en la barra de alguna cantina de mala muerte de la calle Villagrán, donde, a la menor provocación, empezaban a contar esas historias negras de la ciudad que uno escuchaba fascinado, como si Marshall McLuhan diera una conferencia. Relatos como el de aquel ahorcado, o el del apuñalado este, y así. Homicidios comunes aparecidos en las páginas del periódico, pero convertidos por ellos en epopeyas que contaban con una riqueza oral impresionante. Para un novato del periodismo y de la vida, se volvían las más grandes tragedias que alguien podía conocer. Durante las improvisadas clases de periodismo que tomaba con ellos, no pocas veces ocurría que los viejos lobos, repentinamente, se quejaran de la pasividad de Monterrey frente a otras ciudades violentas como el Distrito Federal o Guadalajara, donde hasta habían matado a balazos a un cardenal. Para poder hablar del crimen organizado en Monterrey, había que hablar del lavado de dinero del cártel de Sinaloa o el del Golfo, y ese tema, me ilustraban, era enredoso, poco atractivo para los lectores, esos míticos seres de los que solemos hablar los periodistas para justificar lo que hacemos y lo que no hacemos.

Una ironía del periodismo policial es que las mejores historias son las peores. Desde el asesinato del empresario Eugenio Garza Sada, las esporádicas muertes violentas de ciudadanos comunes estaban condenadas a salir en las últimas páginas de los diarios, nunca en las portadas. Acaso unos días, la nota roja alcanzó la gloria luego de la ejecución de un abogado famoso y gansteril llamado Leopoldo del Real, y ya. Después la nota roja volvió a seguir su curso habitual, mundano. Por ese entonces, cuando yo comenzaba a reportear, los bajos índices de criminalidad en Nuevo León eran realmente un motivo de desesperación entre los periodistas que se encargaban de informar sobre el asunto. "Aquí cualquier día nos vamos a terminar muriendo… pero de aburrimiento", solía decir alguno de ellos, desatando las risas de los demás y formándose una especie de catarsis gremial ante la circunstancia.

Ahora que han pasado casi 10 años y las muertes violentas no son nada raras en las primeras páginas de los periódicos de Monterrey, he tratado de coincidir con esos viejos lobos. Me gustaría escucharlos opinar sobre lo que sucede. No se conformarían con las versiones oficiales bastante confusas sobre el origen de la violencia que se vive en los albores de 2010. Su convivencia cotidiana con la cruda muerte les impediría asumir como suya esa engañosa voz institucional que hoy se cuela por todos lados, carcomiendo el entendimiento sobre lo que pasa en realidad.

HORAS ANTES de la pelea de gallos el cielo nocturno se resquebrajaba con relámpagos de luz largos y afilados que presagiaban tormenta.

Vicente Fernández ya no cantaba *El rey* acompañado por su hijo. Parecía una noche de palenque cualquiera. La exposición ganadera de Guadalupe olía a fritangas de manteca, frijoles, vacas y escapes de camionetas de modelo reciente. Aromas animales y de aceite mecánico se mezclaban en el ambiente con latas de cerveza tiradas por doquier, vacías como conchas de almeja. Los gallos ya estaban en el centro del palenque: uno era rey y representaba a la cuadra de China, Nuevo León; el otro era arisco y lo traían de Miguel Alemán, Tamaulipas. Los galleros acercaban los animales hasta el borde del redondel, agarrándolos entre los brazos como si fueran bebés, hablándoles con voz queda, diciéndoles palabras conocidas tan sólo entre ellos, valiosas en la intimidad previa de la batalla.

Los más de 20 hombres armados que llegaron cuando estaba por empezar la pelea de gallos no tuvieron que pagar 600 pesos de entrada. Bastaban sus armas de alto poder. De manera coordinada descendieron de las camionetas Chevrolet de reciente modelo, se apresuraron a llegar hasta el acceso trasero del lugar y comenzaron el tiroteo.

Cuerpos sin rostro vestidos con camisa y pantalón color verde olivo, gritos, disparos al aire, mentadas de madre, llanto, más disparos, motores encendidos, vidrios rompiéndose, sirenas a lo lejos, más disparos y luego la calma, el silencio por un momento, la tranquilidad tétrica de la muerte. Las miradas de los presentes confundidas por el asombro y el pavor ante la atmósfera de parranda convertida de repente en la de una fortaleza asediada.

En las horas siguientes nadie quería recordar lo que había pasado. La oscuridad del momento amortaja los recuerdos. Ante el ministerio público, a unos les ganaba el miedo por las posibles represalias, a otros la inconsciencia sincera. El alcohol en exceso nos convierte en payasos o nos bloquea los recuerdos. La mayoría de los espectadores de la última pelea de gallos de la noche habían bebido demasiada cerveza.

Los Zetas aún no existían en el imaginario nacional, pero en el noreste del país comenzaban a cobrar fama. Su debut fue esa noche en este palenque de Monterrey, cuando emprendieron una guerra para evitar que el cártel de Sinaloa le arrebatara al del Golfo el control del trasiego de drogas a través de la frontera chica de México, que comprende Nuevo León, Tamaulipas y Coahuila. La organización sinaloense buscaba alimentarse de nuevos clanes, de nuevas estrategias, consolidando su presencia en los mercados ilegales de vanguardia. Y Nuevo Laredo era la gran puerta de entrada para uno de ellos en los Estados Unidos. Arturo Guzmán Decena, *el Z-1*, encabezaba el fallido operativo para asesinar a Edelio López Falcón, *el Yeyo*, y evitar la expansión del grupo sinaloense. Fallarían en esa ocasión. Un par de años después serían implacables.

El superviviente del ataque de esa noche, Edelio López Falcón, *el Yeyo*, era un hombre de 40 años apodado también *el Señor de los Caballos*. Un tipo flaco, moreno, de pelo negro y barba abundante. Aunque era narco, se manejaba públicamente como florista. Tenía también un salón de eventos sociales muy famoso llamado Bugambilias y era representante de grupos de música norteña, pero su principal actividad era traficar droga para el cártel de Sinaloa. Nacido en 1965 en Miguel Alemán,

Tamaulipas, se vinculó al menos desde el 2000 con uno de los jefes del cártel, Arturo Beltrán Leyva, según informes de la Procuraduría General de la República. *El Yeyo* usaba los nombres de Gilberto Salinas y Edelio Flores, y no tenía fama de ser violento. Tampoco había ninguna orden de aprehensión en su contra.

En 1999, antes de ser reclutado por el cártel de Sinaloa, de acuerdo con un informe oficial del ejército, López Falcón atendía sus negocios lícitos en Miguel Alemán, pasaba temporadas esporádicas en Texas y andaba por la vida con un perfil bajo, aunque ya estaba identificado por la Secretaría de la Defensa Nacional como "un traficante en crecimiento". Antes de trabajar para el cártel de Sinaloa, López Falcón era socio de Gilberto García Mena, *el June*; de Fidel Hinojosa *el Choco*; de Ricardo Garza Manríquez, director de Seguridad Pública de Miguel Alemán, y de Zeferino Peña Cuéllar, *Don Zefe*, a quien los mitos de la región le atribuyen la creación del primer núcleo paramilitar que dio como resultado a *Los Zetas*. Sin especificar de manera clara por qué razón, informes de la PGR señalan que *el Yeyo* empezó a tener diferencias con *el June*, por lo que buscó alianzas con traficantes de algunos municipios de la frontera de Tamaulipas que ya trabajaban con capos de Sinaloa. Uno de ellos era Rolando López Salinas, *el Rolis*, quien había sufrido un atentado el 22 de septiembre de 2000 en Miguel Alemán, del cual salió malherido su chofer Héctor Arias. El ataque se le atribuyó al *June* y unos días después, el 27 de septiembre, un grupo de seis sicarios fue capturado en Ciudad Camargo tras una balacera. Todos los pistoleros eran de Culiacán y Guamúchil, y admitieron haber sido contratados por *el Rolis* para operar en Tamaulipas, teniendo como base Nuevo León. Otro de los aliados del *Yeyo* fue Dionisio Román

García, *el Chacho*, un ex agente de la policía de Tamaulipas relacionado con el cártel de Sinaloa. *El Chacho* García controlaba el tráfico de drogas en Nuevo Laredo hasta que fue "levantado" por un comando de *Zetas* el 13 de mayo de 2002 en su domicilio en Monterrey. Días después, su cuerpo apareció tirado en el poblado tamaulipeco de Nuevo Progreso.

José Luis Santiago Vasconcelos, en aquellos años fiscal especial, explicaba así los enfrentamientos entre la célula del cártel de Sinaloa que representaba Edelio López Falcón, *el Yeyo*, y los nacientes *Zetas*:

> Al cerrar el cerco de seguridad sobre Tamaulipas, los narcotraficantes emigran hacia núcleos poblacionales cercanos, entre los cuales se puedan ocultar. El grupo del *Yeyo* Falcón y el del *Chacho* García son los dos preponderantes. El grupo que los agrede a ambos es el de Osiel Cárdenas. Estos tres grupos son los que se disputan este lugar. La mayoría de los sujetos intermedios de las organizaciones que se oponen o no se someten a la gran organización que está operando allí, que es la de Osiel Cárdenas, emigran hacia Nuevo León, especialmente a Monterrey. Sus enemigos van en busca de ellos y los liquidan porque siguen buscando el territorio, pero no el territorio dentro de Monterrey, sino el territorio del tráfico de drogas dentro de Tamaulipas.

Edelio López Falcón, haciendo honor a su apodo del *Señor de los Caballos*, estaba comprando uno portugués a Óscar Coker Preciado cuando lo mataron en mayo de 2003 frente a los comensales del café Madoka, en Guadalajara. Su cuerpo se quedó varios días en la morgue local, esperando que alguien lo reclamara.

ME REUNÍ con Mauricio Fernández Garza cinco años después de que recibió a los enviados del cártel de Sinaloa en sus oficinas del edificio Los Soles. Nos vimos por la tarde en su casa de La Milarca, una mansión imponente enclavada en una zona boscosa de San Pedro Garza García. En julio de 2003 Mauricio había perdido la elección por la gubernatura frente a Natividad González Parás. Los meses siguientes a su derrota los pasó viajando, lo mismo por Alaska que por París, hasta volver a Monterrey y dedicarse a los museos y patronatos que administra. El día que nos vimos, con voz ronca, Mauricio decía que estaba retirado de la política, aunque deslizaba la posibilidad de postularse de nuevo como candidato a la gubernatura. De hecho lo intentaría meses después, en 2009, pero el presidente Felipe Calderón le impidió que fuera otra vez el candidato a la gubernatura, al imponer al senador Fernando Elizondo Barragán, quien perdería la elección estrepitosamente frente al priísta Rodrigo Medina. Mauricio se había tenido que conformar, si se puede decir así, con la alcaldía de San Pedro Garza García, municipio que ya había gobernado en los noventa.

Acontecimientos insólitos se habían sucedido uno tras otro entre 2006 y 2008 en la metrópoli de Nuevo León. El secretario de Gobierno amenazado de muerte con oraciones llenas de errores ortográficos y escritas en cartelones sobrepuestos a cadáveres decapitados; un diputado local del PRI ejecutado en la Macroplaza cinco minutos después de dar una conferencia de prensa; dos reporteros de TV Azteca, uno de ellos muy famoso en la ciudad, desaparecidos repentinamente de manera forzada; regidores amenazados de muerte y al día siguiente asesinados; bombazos contra el consulado de Estados Unidos, cuarteles policiales y las instalaciones de Televisa; 12 soldados de inteligencia ejecutados y varios de ellos degollados; altos jefes policiales liquidados a sangre fría, uno de ellos, Marcelo Garza y Garza, director de la Agencia Estatal de Investigaciones y miembro de una reconocida familia local.

La violencia del narcotráfico, cara habitual de Reynosa, Nuevo Laredo o Matamoros, poblaciones fronterizas de Tamaulipas cercanas a Monterrey, había llegado a la ciudad de manera contundente. La ciudad altiva y orgullosa, considerada ejemplo nacional, perdía el asombro ante la brutalidad que les gusta imprimir en sus actos a ciertos sicarios.

En uno de esos mapitas que difunde la DEA sobre la geografía del narco, Monterrey si acaso aparecía. Era sitio para el recreo y esparcimiento de los capos y, eso sí, un importante centro de lavado de dinero. Reportes de inteligencia confirman que en Monterrey, sobre todo en la vecina San Pedro Garza García, vivieron capos de las diferentes bandas organizadas, como Juan José Esparragoza, *el Azul*, Juan García Ábrego, Benjamín Arellano Félix, Osiel Cárdenas Guillén y Amado Carrillo Fuentes.

La situación era tan preocupante que en 2008 se empezó a hablar mucho en los círculos políticos —sobre todo en los opositores del PAN y algunos disidentes del propio PRI— de que el gobernador Natividad González Parás había hecho "algo mal" en cuanto a la relación histórica que habían mantenido los gobiernos con el narco. También se especulaba que el narco explotó la incapacidad de muchos regiomontanos, comerciantes de fama legendaria, para resistirse a un buen negocio, ese que los narcos ofrecen con velices llenos de dólares.

Hasta ahora, lo que mejor parece explicar la situación desbordada de Monterrey es lo que dicen en corto algunos asesores en materia de seguridad que suelen visitar la residencia oficial de Los Pinos: que dos grupos, el cártel de Sinaloa y el del Golfo, empezaron a disputarse la ciudad a sangre y plomo y que en medio de esa batalla quedaron desde pequeños vendedores de droga hasta políticos que habían sido alcanzados por el tentador manto del narcotráfico. Rogelio Cerda, el secretario de Gobierno amenazado que luego renunciaría a su cargo, declaró que en ese momento Nuevo León no tenía "un dueño definido", lo cual explicaba por qué corría tanta sangre por las calles regias.

Mauricio Fernández Garza, en la entrevista que me dio, compartía sin demasiado miedo su análisis sobre la violencia. Administrando ademanes opulentos y definitivos, soltaba:

—Déjame decirte que en ese mercado de rutas de la droga tienes arreglado todo, de un lado y del otro. No creo que si no tuvieras arreglado del lado americano, pasarías. Y en esa visión de rutas, la nuestra, que es Nuevo León, básicamente la manejaba el cártel del Golfo, y bueno, dejaban pasar al cártel de Sinaloa. Lo que a mí me comenta gente que supuestamente sabe del tema es que le cobraban al *Chapo* Guzmán por el tránsito en Nuevo León, y como ya había una sobreoferta de droga, pues le dijeron al *Chapo*: "Yo mando mi producto por aquí, y el tuyo dale pallá"; entonces esto se convirtió en un pleito entre las dos bandas que vivían en Nuevo León, debido a un posicionamiento de una plaza como la nuestra, que es de tránsito.

—¿Pero por qué la pelea es aquí y no en Nuevo Laredo?

—Bueno, acuérdate de que ahí estás en el punto final. Éste es todo el tránsito.

—¿Hay otro factor?

—Bueno, yo creo que es un pleito por la plaza, y falta de negociaciones de los gobiernos, los cuales de repente medio que dicen: "No, pues peleen ustedes".

—Pero ¿qué podría hacer el gobierno; ser un árbitro?

—Antes así era. Sería estúpido decir que no. Juan García Ábrego, que ahorita está en Estados Unidos y que era jefe del cártel del Golfo, no tenía ni guaruras en Monterrey.

—Dicen que hasta andaba en la Macroplaza.

—No, no... ¡Andaba en su casa, en las carreras de caballos, en el palenque, donde él quisiera! Era intocable hasta que a alguien se le ocurrió pepenárselo y acabó extraditado; pero tú no te podías imaginar que Juan García Ábrego transitara libremente por Nuevo León, sin guaruras, si no estaba todo arreglado. Ora, en ese tiempo, como te digo, él manejaba todo, y pues te entendías con uno. Te estoy suponiendo, no estoy acusando a ningún gobernador de andar coludido ni mucho menos, pero digo, si te atuvieras a una lógica, pues te entendías con Juan [García Ábrego] y allá el gobierno federal, los federales, que se encarguen de que [la droga] pase, no pase, a los Estados Unidos. Tú, gobernador, no te metes al tema y a mí no me tocas.

—¿Por qué piensa que ahora hay tanta violencia en Monterrey?

—Mira, obviamente yo no soy experto en el tema, pero aquí fundamentalmente es un conflicto de dos cárteles: el de Sinaloa y el del Golfo, y ha habido si quieres dos o tres problemas. Primero, que lo que era mercado de cocaína y demás drogas que había era un mercado institucional sobre ellas, mientras ahora hay un montonal de drogas adicionales a las que tenías antes, y esto te lleva a que el precio de la cocaína en Estados Unidos haya bajado una barbaridad. ¿Por qué? Porque siempre tienes una relación demanda-producto, y ahora se te consumen muchos otros productos además de la cocaína. ¿Qué te ha pasado con eso? Que ahora te quedas con mucha droga que ya no pasó. Se te queda acá. ¿Cuál es la reacción natural? Pues colocarla acá en la ciudad cuando antes la estabas mandando. Entonces hay una sobreoferta y la empiezas a colocar, y como te digo, además penetraste la sociedad con las narcotienditas.

"Segundo factor —yo así pienso—, de alguna forma los anteriores gobiernos platicaban o tenían alguna relación con ellos, con la mafia, o se hacían güeyes, y como el producto iba a Estados Unidos, pues te decían: 'no es tema tuyo, gobernador, es tema federal'. Yo creo que eso siempre ha existido en México. Es muy difícil que tengas gobernadores exentos de por lo menos un contacto con ellos. Yo lo veo difícil; o el secretario de Gobierno o alguien lo tiene."

—¿Cómo fueron los contactos que tuvo usted con los narcos?

—En el caso de mi campaña, a mí me ofrecieron dinero con la excusa de que se llamaban los mañosos, que me veían con muy buenas ganas. A cualquiera lo ven, ¿no?

—¿Y se lo ofrecieron así, tal cual?

—A mí me ofrecieron dinero.

—¿Cuánto?

—Me dijeron que lo que quisiera; me lo entregaban en velices llenos de dólares en mi oficina. Yo por supuesto que no lo acepté; pero te digo, yo creo que eso es normal, el que piense que esto que me pasó no le ha pasado a nadie, está equivocado. Es al revés, es raro al que no le pasa, sobre todo en donde tienes rutas, que creo que gran parte del país las tiene.

—¿El gobierno tendría que negociar con estos grupos?

—Pues mira, yo no creo que estén dispuestos a eso, pero lo que pasa es que si el narcotráfico te tiene arreglados los municipios y los estados, pues es muy difícil el pedacito que le dejas a la federación. Tampoco tienes un millón de federales en todos lados.

—Si usted hubiera sido gobernador, ¿qué hubiera hecho con el narco?

—No, yo de eso no opino, porque no fui. Pero lo que tienes que hacer es replantearlo. Yo creo que es muy difícil opinar si no estás ahí.

EN 2007, después del convulsionado 2006 en el que la sombra del fraude volvió a cubrir los comicios presidenciales, en el que la mina Pasta de Conchos apareció en el mapa nacional de las injusticias y el pueblo de San Salvador Atenco volvió a ser atacado, a la par que Oaxaca se levantaba contra los más de 80 años de un PRI que aún se mantiene en el poder con la ayuda del PAN, la agenda política más importante dejó de ser esa situación social predominante en un país donde conviven 50 millones de pobres que no tienen ni dos dólares al día y uno de los hombres más ricos del mundo, Carlos Slim, quien ha tenido rachas de ganancia de un promedio de 27 millones de dólares diarios.

Debilitado por la crisis política y social en la que asumió la presidencia, Felipe Calderón recurrió al uso político del combate al narco para verse como el hombre fuerte. A 11 días de tomar protesta de manera caótica en el salón de plenos del Congreso de la Unión, anunció el envío de 4000 soldados a Michoacán. Unas semanas después visitó a las tropas en Apatzingán vestido de militar, luego declaró a la prensa internacional que el crimen organizado lo quería matar, y así, de repente, con la misma actitud con que George W. Bush hablaba en su momento de la "guerra contra el terrorismo", Calderón empezó a hablar en actos públicos sobre "la guerra contra el narco" iniciada por su gobierno. A lo largo de los siguientes meses, el político del PAN cuya campaña anunciaba que sería "el presidente del empleo", se olvidó de su promesa central y fue dando explicaciones distintas acerca de por qué se le había declarado "la guerra" al narco en su administración. Primero declaró que éste ya era "un cáncer" que tenía el Estado mexicano; luego, que "la guerra" era para salvar a los hijos de los mexicanos del consumo de drogas, y finalmente, que era parte de una batalla global en contra del crimen organizado. Si el narco había penetrado en el Estado, como decía Calderón al inicio de su gobierno, es extraño que tres años después ningún alto funcionario haya sido detenido por ello; y si después la razón de emprender la guerra fue el aumento de los adictos, sigue pendiente un estudio del Consejo Nacional de Adicciones que pruebe tal afirmación, ya que todos los reportes independientes muestran un aumento en el consumo de drogas en México.

Ante la nueva "narcocoyuntura" impulsada desde el gobierno, como muchos colegas, empecé a involucrarme más en el tema. Como reportero, me parecía obvio que la situación de violencia en México a causa del narcotráfico no podía entenderse tan sólo escuchando el ruido de los AK-47 disparados en ocasiones por jovencitos de 15 años desesperanzados de la vida, que buscan dinero rápido y encuentran muerte exprés, ni tampoco con los *performances* de combate al narco ordenados por el presidente

Calderón. Un complejo andamiaje, del cual forman parte empresarios, políticos, policías y familias eternizadas en el control de la droga desde la mitad del siglo pasado, se ha ido consolidando hasta la fecha, convirtiendo un asunto económico como el comercio de drogas ilegales, en una forma de vida en amplios territorios del país.

Me interesé en especial en Sinaloa, adonde ya había ido en varias ocasiones a trabajar, ya que ahí estaba la génesis del narco mexicano, el lugar donde comenzó todo y desde donde aún opera una de las mayores organizaciones de tráfico de drogas en el mundo, ayer bajo el mando de Miguel Félix Gallardo, hoy bajo el de Joaquín *el Chapo* Guzmán, mañana en poder de alguien más, muy posiblemente un sinaloense. De las gavillas del valle de Culiacán de los años veinte y treinta, armadas por terratenientes con carabinas y proveedoras de mariguana a soldados estadounidenses adictos, el tráfico de drogas pasó a ser hoy en día un negocio trasnacional de millones de dólares y de toneladas de diversas drogas que llegan a todo el Primer Mundo y muchos otros países.

Para tratar de entender lo que pasa, en lugar de limitarse a merodear información en las instituciones, hay que tratar de penetrar la cultura que hace posible que funcione el narcotráfico, me aconsejó años atrás Luis Petersen, uno de mis maestros de periodismo en la redacción del *Diario de Monterrey*. Tratando de atender a ese consejo, este reportaje sobre la historia del tráfico de drogas en Sinaloa y su uso político está hecho sin adoptar el discurso criminalizante y de miedo lanzado por el actual gobierno federal en contra del "narco" —en los hechos más con evidentes fines políticos que con pretensiones reales de legalidad ante la sobrada evidencia de impunidad en casos como los presos políticos de Atenco, la red de pederastia cercana a Mario Marín, la represión asesina de Ulises Ruiz en Oaxaca, etcétera— y sin adquirir tampoco el tono laudatorio de uno de esos pegajosos narcocorridos que tanto disfruto y que cantan Los Canelos de Durango, Los Alegres del Barranco, o cientos de grupos del noroeste del país.

¿Cómo fue posible que un grupo de narcos de Sinaloa llegara a San Pedro Garza García, el municipio más rico del país, y adquiriera ahí un gran poder, mezclándose con los hombres afamados y poderosos que sonríen a su lado en las fotos de sociales?, podría preguntarse alguien mientras recorre la sierra de Badiraguato, Sinaloa, ese lugar donde comenzó a sembrarse la adormidera y la mariguana en México hace más de 100 años, y en donde los panteones de pistoleros tienen mausoleos romanos erigidos para capos de la droga sinaloenses que aún no se mueren, como Ernesto Fonseca Carrillo, mientras las condiciones de vida de la mayoría de los campesinos dedicados a la siembra de enervantes siguen siendo casi las mismas que hace un siglo: de pobreza.

A lo largo de siete años, y con mayor intensidad en los últimos tres, intercalado con mi trabajo diario como reportero, busqué y confronté testimonios directos de policías y pistoleros, así como de guerrilleros y militares; visité territorios que suelen estar bajo fuego; leí con ayuda de expertos decenas de expedientes judiciales gordos y crípticos en torno al narco; conocí documentos históricos desclasificados del ejército y la DEA, así como estudios sociales y académicos sumamente ilustrativos. De gran ayuda fueron también las memorias de Manuel Lazcano y

Ochoa, un hombre tres veces procurador de Justicia de Sinaloa, y en una ocasión secretario de Gobierno durante el mandato de Francisco Labastida Ochoa.

El impulso especial y definitivo para sentarme a escribir este libro fueron los textos de Miguel Ángel Félix Gallardo, *el Jefe de Jefes*, un capo que actualmente cumple su condena en el penal de máxima seguridad del Altiplano, acusado de ordenar el asesinato del agente de la DEA Enrique Camarena. Tras gestionarlos varios meses con su familia, los escritos llegaron a mis manos en junio de 2009.

Los archivos desclasificados de la Dirección de Investigaciones Políticas y Sociales, así como los de la Secretaría de la Defensa Nacional, los cuales se encuentran en el Palacio de Lecumberri, sede del Archivo General de la Nación, también fueron una valiosa fuente de información. En este apartado debo agradecer la ayuda de la investigadora Ángeles Magdaleno, cuya asesoría fue fundamental para poder adentrarme en ellos y conseguir documentación de inteligencia clave sobre la historia reciente del mundo de las drogas en Sinaloa.

La voz oficial, aquella que emana de la PGR, la Secretaría de Seguridad Pública federal, del ejército y, a partir de 2006, con algo de frecuencia, desde la misma Presidencia de la República, es la que suele predominar a la hora de comentar el narcotráfico en México. Esta voz oficial se cuela en la mayoría de las noticias que conocemos día a día sobre el tema.

Aquí se presenta esa versión, pero acompañada y contrastada por voces alternativas, como son la del empresario y político regiomontano Mauricio Fernández Garza; el *Comandante Ramiro*, guerrillero del ERPI; académicos como Luis Astorga, Froylán

Enciso y Paul Gootemberg; el abogado de capos, Félix Garza; el hijo de un traficante de drogas sinaloense, y el propio Miguel Félix Gallardo, entre otros.

De ninguna forma se presenta aquí una verdad jurídica sobre el narco en Sinaloa. Son historias de y sobre el cártel de Sinaloa, una sociedad histórica de familias y amigos dedicados al tráfico de drogas ilegales, cuyo común denominador es haber nacido y vivir en esa entidad del noroeste del país. Para referirse a este fenómeno, la palabra *cártel* fue usada primero por la DEA, luego por las autoridades mexicanas, posteriormente por la prensa y finalmente por los ciudadanos de a pie. Los mejores académicos del país se niegan a usarla cuando hablan de las organizaciones delictivas que existen, ofreciendo argumentos epistemológicos contundentes. *Cártel*, señalan, no es un término preciso para designar a un grupo de traficantes, ya que esta palabra remite a una organización económica que domina todas las fases de un negocio y que está en posición de controlar el mercado y los precios de un producto o servicio, lo cual no ocurre necesariamente siempre con los grupos actuales. Sin embargo, más allá de la mitología derivada del término —usado incluso por los propios narcotraficantes para nombrarse a sí mismos—, hoy en día la voz *cártel*, como suele suceder con muchas palabras, parece haber trascendido a su definición de diccionario y en el imaginario popular se ha convertido en la forma de llamar a los grupos de traficantes de drogas localizados en una región particular.

De tal forma, este reportaje intenta responder una pregunta central, más allá del conteo de ejecutados y las noticias estridentes sobre la detención de capos y más capos, y de lugartenientes y de operadores y demás.

¿Qué es el cártel de Sinaloa? Aquí se ofrecen algunas respuestas recolectadas mediante el segundo oficio más antiguo de la humanidad: el periodismo.

MAURICIO Fernández Garza aceptó públicamente haber consumido mariguana y se manifestó a favor de discutir la legalización de las drogas como la mejor forma de acabar con la violencia desatada entre el cártel de Sinaloa y el del Golfo. Platicamos muchos meses antes de que la revista electrónica *Reporte Índigo* —creada y dirigida por el reconocido periodista Ramón Alberto Garza— divulgara grabaciones de una comida en la que Mauricio decía en privado a un grupo de comensales lo que no pocos en la cúpula de San Pedro Garza García ya sabían: que un grupo de sinaloenses, los Beltrán Leyva, se hacía cargo de la seguridad del municipio a fin de que no entraran *Los Zetas*, amos y señores del resto del área metropolitana de Monterrey. La nota, enmarcada en el contexto electoral de 2009 en Nuevo León, levantó algo de polvo, pero no impidió que Mauricio ganara las votaciones para alcalde por un margen que le permitiera irse un mes de vacaciones, luego de los comicios.

Desde que conocí a Mauricio, éste hablaba con aparente franqueza sobre el tema. La situación actual "de guerra contra el narco", me aseguraba, era el peor escenario del narcotráfico.

—¿Por qué? Porque para empezar yo creo que los narcos no nada más tienen la capacidad delictiva, sino de soborno, de corrupción, de intimidación, de cualquier cosa. En este escenario en que estamos y en el cual es ilegal el narcotráfico, hay drogas ilegales y drogas legales, lo cual hace peor el asunto. Tú tienes desde un niño que consume inhalantes, resistol, líquido para uñas y esos productos, que para mí son de las peores drogas que hay para un niño; todo mundo tiene acceso. Ahí no hay ningún control de nada. El que se quiera quedar imbécil (porque es el término legal: te descerebra y un descerebrado es un imbécil), pues es libre, y por otro lado hay ahora miles de sustancias nuevas que en la realidad ya no tienen ningún control de nada. Y fundamentalmente por tres, cuatro drogas que son las que tienen vivo todo este proceso, pues tienen parados de cabeza a gobiernos, policías, sociedad, militares y de todo.

"Éste es el escenario con la droga ilegal y pienso que es el peor escenario. O sea, como estamos, vamos de mal en peor. No veo ninguna solución. ¿Por qué te lo digo? Por dos razones: primera, porque estás atacando a las cabezas de las corporaciones. Si tú me dijeras ahorita: el grupo Cemex de Lorenzo Zambrano, o el Grupo Alfa de Dionisio Garza Medina, si fueran gente delictiva, si fueran delincuentes, y quisieras en un momento dado apresarlos, puede que lo logres, pero en cinco minutos te los sustituyen. Son organizaciones, y si no combates a la organización, todo lo que haces es un trabajo por demás estúpido, porque Alfa tiene vida propia y Cemex, y cualquier compañía. Así el narco."

—¿El narco funciona como una empresa exitosa?

—Pues quita al director general y en tres minutos lo sustituyes. La segunda parte de mi comentario en este sentido es que tienes de alguna forma participando a la sociedad en el problema, tal y como sucede con el narcomenudeo. He oído una cosa espantosa: 50 por ciento del narcomenudeo, quienes lo realizan son amas de casa. Por decirte, en el norte de Nuevo León hace muchos años eran ganaderos, luego contrabandistas y ahora se dedican al narco. Los municipios rurales van decayendo con estas macroconcentraciones urbanas en las que el empleo está en la ciudad, la salud está en la ciudad, el trabajo está en la ciudad, todo está en la ciudad, y los municipios rurales tienen cada vez menos servicios en general; ni siquiera te digo que se mantienen éstos, ¡van decayendo! Entonces ahí se te van haciendo cada vez más accesibles este tipo de negocios.

"Muchas amas de casa se dedican al narcomenudeo; entonces se te hace un problema cuando la señora de enfrente les quiere vender droga a tus hijos. O sea, ya involucraron a la sociedad, lo cual te complica bastante más el problema. Entonces, en este sentido no tenemos leyes que verdaderamente ataquen a la organización. Eso se hizo en Italia con la *Cosa Nostra* y temas así parecidos, convirtiendo en delito grave pertenecer a una organización delictiva: si eres chofer antes no te podían hacer nada, pero no, ahora si eres chofer de fulano de tal te dan 20 años de cárcel sin fianza, o sea, tienes que encontrar mecanismos para atacar a la organización. No nada más andar buscando a las cabezas, que además están más protegidos que nada.

"Luego, otra de las cosas absurdas que he visto en mis campañas —yo no sé cuántas vueltas le he dado a Nuevo León— es que cuando vas al pueblo que quieras, todo mundo te dice quién vende la droga, quién es el que la controla, quién es el narco, quién esto y lo otro, y no pasa nada. Yo creo que el esfuerzo está mal enfocado. Tenemos que penetrar la microdistribución, el narcomenudeo, y trabajar de abajo para arriba, independientemente de que pesques a un capo grande. Creo que está mal enfocado el tratar de quitar cabezas. Las organizaciones tienen vida propia y esto no lo vamos a arreglar.

"Entonces yo veo dos escenarios alternativos: el primero es quedarse en el escenario actual de la prohibición, tal y como lo tenemos, con un marco judicial muy deficiente. Tú lo sabes: se sale *el Chapo* Guzmán de una cárcel de máxima seguridad, pa que lo pesques, pa que lo consignes, pa que lo entambes y para que se te salga. ¡Pues así el cuento no funciona! O sea, nuestro aparato legal no funciona. Entonces, como un primer escenario, y en el marco global, como país tendríamos que tener la curiosidad de analizar la situación y tomar una decisión en uno u otro extremo.

"¿Cuáles son esos dos extremos? La pena de muerte o la liberalización de las drogas. Tú tienes casos como Singapur, que tiene pena de muerte por posesión; o tienes lugares como Vancouver, que te echas el churro que quieres y no importa nada. Con este comentario no te quiero decir que esté a favor o en contra, porque además no es un problema de un estado, ni siquiera de un país: es un problema global."

—Es casi imposible que Estados Unidos permita la legalización en México.

—Bueno, mira, en Estados Unidos, que yo me acuerde, hay un mercado ilegal de 170 000 millones de dólares, muy buenos para la economía americana; entonces yo no dudo que haya mucha gente interesada en defenderlo. Sin duda.

—¿Entonces adónde nos lleva esta nueva política de "guerra" del presidente Calderón?

—Es un combate en el modelo actual. Una tristeza de modelo, porque muchas drogas están legales y pocas ilegales, pero las pocas que están ilegales son las que mantienen desquiciado todo. O pones todas ilegales o legalizas todas. ¿Cómo es posible este desquicio? Y además, ni siquiera nos hemos tomado la molestia de analizar los dos escenarios extremos. Vamos a ver, ¡chingado! Indaga cómo les ha ido en otros lados. Que manden gente a Singapur u otro país de África, porque allá si te echas un churro es pena de muerte, entonces pues le piensas para fumarte uno, y el otro le piensa para vendértelo y el otro para distribuírtelo.

"Lo que a mí se me hace increíble es que estemos en un modelo caduco, en el cual además estás invitando a delincuentes menores a participar, con la excusa de los delincuentes mayores, y vemos cómo se ha formado ahora una amalgama de delincuentes espantosa. Si unos se dedican a unas cosas y no les haces nada, pues los otros hacen lo mismo; entonces estamos en el peor escenario, según mi visión.

"Alabo mucho los pantalones y el deseo de Calderón de combatir al narco, pero, insisto, creo que estamos en un modelo equivocado, un modelo que no funciona."

2

Los chinos

La gente llegó a la plaza Rosales.

Es un día caliente y polvoriento.

Hay gritos de cólera.

En las pancartas que cargan algunos de los manifestantes aparecen dibujos de chinos comiendo ratas gigantes, chinos con llagas en la cabeza, chinos sucios mordiendo colas de reptiles verdosos, chinos extraviados en el opio.

Tras caminar por la calle Ángel Flores, la muchedumbre se reúne en el quiosco para repudiar a los chinos, gritarles que se larguen. Los ánimos se encienden cada vez más entre torbellinos de polvo que levanta el viento. Los chinos son el mal de Culiacán, el mal de Sinaloa, el mal de México. Aunque no son ni 200 las personas que se enardecen en la plaza pública, el número es considerable para una manifestación común de los años treinta.

José María Ortegón, el dueño de una tienda de deportes muy famosa de nombre El Cielo, encabeza la protesta. Los chinos son una basura, la peste del mundo, brama el comerciante ante la multitud. Otros de los antichinos que siguen al comerciante aprovechan para reclutar adeptos entre los curiosos que se han acercado al quiosco. Ortegón habla y habla para la multitud. Es un admirador del general Plutarco Elías Calles —también antichino— y cree, como otros sinaloenses, que los chinos son una raza inferior y que amenazan la prosperidad nacional que se avizora, luego de la reciente Revolución que ha llenado de esperanza a los mexicanos.

En realidad, los chinos, la mayoría llegados a Sinaloa a través de los puertos de Topolobampo y de Mazatlán, trajeron también ciencia, técnica, arte y filosofía de una civilización diferente. A pesar de eso, desde abril de 1924, cuando se formó el Comité Antichino de Sinaloa, su cultura fue pretexto para que el odio contra ellos fuera creciendo entre los sinaloenses. El Comité planteó como uno de sus objetivos crear una ley que obligara a los chinos a habitar determinados barrios de la ciudad, separados del resto de la sociedad. La comunidad china estaba asentada en los predios donde hoy en día está Las Quintas de Culiacán, una colonia residencial estigmatizada como lugar de residencia de narcos.

La vida de las huertas chinas en aquellos años era dura, incluso más allá del acoso xenófobo. En algunos casos, familias orientales y animales de corral convivían bajo el mismo techo. Sin embargo, las huertas se fueron convirtiendo en un paraíso de verduras donde se cultivaba lechuga, tomate, cebolla, repollo, rábano, chayote y zanahoria. Algunos sinaloenses de la época describen que los chinos llegaban al mercado de la ciudad de madrugada, con su palanca al hombro y la canasta a un lado, esperando vender su mercancía. Su siembra en lo que hoy son Las Quintas alimentaba a buena parte de la ciudad.

Pero estaba claro que los chinos también eran una amenaza para los intereses de comerciantes con poder como José María Ortegón, quien, en su papel de miembro distinguido del

Comité Antichino, participaba en las expulsiones masivas que hubo durante esos años veinte del siglo pasado. Por las noches, cuadrillas de integrantes del Comité salían a cazar chinos. Los atrapaban, los metían en jaulas y los llevaban a una casa de una calle llamada anteriormente Dos de Abril, enfrente del Hotel del Mayo, el cual aún tiene abiertas sus puertas y ofrece habitaciones con agua caliente en Culiacán. La casa donde retenían a los chinos tenía las ventanas tapiadas y estaba siempre vigilada por un par de hombres armados. Era una cárcel clandestina que operaba con el disimulo de las autoridades de la época. Los chinos cazados eran amarrados y amontonados ahí hasta ser trasladados a furgones del ferrocarril, donde eran guardados y enviados como si fueran bultos de maíz a Acaponeta, Nayarit. Un integrante del Comité solía acompañar el viaje, para cerciorarse de que "la carga" llegara a su destino y no regresara. Cuando el envío arribaba a la estación nayarita, el furgón era abierto, y los chinos salían despavoridos, como aves de corral.

En Acaponeta, luego de recibir demasiados chinos, los operadores de la estación local del ferrocarril recibieron la orden de sus superiores de que cuando "la carga" sinaloense se tratara de chinos, ésta fuera reetiquetada y enviada más lejos aún, al sur del país. La primera generación de chinos de Chiapas, dedicada a trabajar en las plantaciones de café, se formó así, víctima del desplazamiento forzado por obra de los poderosos antichinos de Sinaloa, quienes advertían que el consumo de opio por parte de los chinos era una amenaza para la sociedad, aunque omitían decir la motivación real o principal de su campaña: el desplazamiento económico que sufrieron muchos negocios de los ricos sinaloenses, con la llegada de los productivos comerciantes chinos.

La droga, que sí era consumida por algunos chinos, se convirtió en la excusa perfecta para evitar la competencia comercial de los ciudadanos asiáticos.

EL DEMÓCRATA Sinaloenese, uno de los periódicos más importantes de la época, publicó el siguiente titular el 28 de julio de 1922: "No se permitirá la plantación de adormideras en Sinaloa". El cabezal, más una profecía incumplida que una determinación oficial, daba pie a una nota en la que se hablaba indirectamente de los chinos, al asegurar que se combatiría a "ciertos elementos extranjeros" dedicados a la siembra y venta ilegal de "sustancias tóxicas" como el opio y la mariguana.

En Sinaloa nació Luis Astorga, un investigador mexicano que se ha dedicado como pocos a analizar el tema de las drogas y el comportamiento de los narcotraficantes a lo largo de la historia y durante la época actual. Sus libros reflexionan en torno al narcocorrido o la mitología del narco, entre otras aristas. A pesar de residir varios años en Francia, donde estudió un doctorado, y de radicar más de una década en la ciudad de México, donde se la pasa entre archivos históricos y su cubículo en el Instituto de Investigaciones Jurídicas de la Universidad Nacional Autónoma de México, no deja de tener cierto acento sinaloense cuando relata sus hallazgos. Delgado, de lentes y asiduo de los *jeans*, Astorga es un reconocido estudioso que suele ser gentil ante la pasarela interminable de periodistas y académicos de otros países que buscan platicar con él para entender el complejo mundo de las drogas en México. Sus descubrimientos en torno al origen del narcotráfico son considerados como los más fiables por parte de otros estudio-

sos del tema. De acuerdo con estas indagaciones, existen datos de
que en 1886 ya se contaba la adormidera blanca entre la flora
de Sinaloa, así como el cáñamo indio o la mariguana, plantas que
eran clasificadas como textiles u oleaginosas.

En opinión de Astorga, a principios del siglo pasado, cuando
se hablaba de fumadores de opio se les relacionaba invariablemente con las minorías chinas. En el archivo del registro civil
de Mazatlán encontró el caso de un divorcio entre un chino y
una mexicana, el cual da pie a comentarios sobre las "costum-
bres extrañas" atribuidas al esposo, quien, se dice en los escritos, "come ratoncillos con limón y otros guisos de este género,
practica el culto de Mahoma, se niega a tomar baños, todo lo
cual quería, como método de vida, lo emplease su compañera,
además de pretender que usase hasta las prendas de ropa usada
en China y que fumara opio".

Los registros de los años veinte indican también que en varios lugares del país había establecimientos en los que se podía
fumar opio sin demasiado problema. Se ubicaban fumaderos
en la calle de Peña y Peña y en la de Mesones de la ciudad de
México; en la calle Colón de Ciudad Juárez; sobre la avenida
Juárez de Mexicali, y en las calles de Carnaval y Benito Juárez
en Tampico y en Tijuana. En cuanto a la siembra de adormidera, en ese entonces los plantíos aparecían lo mismo en Xochi-
milco que en el desierto de Altar, Sonora, o en los límites de
Michoacán y Guanajuato, y en Villa Mariano Escobedo, Jalisco.
Sin embargo, era en Sinaloa donde se concentraba la mayoría de
los fumaderos de opio y de las primeras plantaciones.

En 1926, *El Demócrata Sinaloense* ya no auguraba el fin de la
adormidera. Resignado, en uno de sus editoriales denunciaba

la existencia de un fumadero de opio en Mazatlán, donde "las mismas autoridades colocan un vigilante para que cuide a los viciosos que allí se congreguen a aspirar la enervante droga".

MANUEL Lazcano y Ochoa es uno de los observadores privilegiados de Sinaloa en el siglo XX. Nació el 3 de julio de 1912 a la orilla del río San Lorenzo, en un pueblito llamado Santa Cruz de Alayá, parte del municipio de Cosalá. Fue procurador de Justicia del estado en tres ocasiones: la primera en 1945, luego del asesinato del gobernador Rodolfo T. Loaiza; la segunda de 1963 a 1968, con Leopoldo Sánchez Celis, y la más reciente entre 1987 y 1992, cuando Francisco Labastida Ochoa fue gobernador. Durante el mandato de Labastida también fungió como secretario de Gobierno en el último año de la administración. La suya es una mirada desde la primera fila de los acontecimientos sinaloenses. Por iniciativa de Manuel Gómora Luna, jefe de asesores durante el gobierno de Labastida Ochoa, el maestro universitario Nery Córdova empezó a conversar con él, a fin de ayudarle a escribir sus memorias. El resultado fue *Una vida en la vida sinaloense*. A quienes se topan con el libro se les advierte en la portada que es "una visión autorizada de la historia de la entidad y del fenómeno social del narcotráfico". Las memorias de Manuel Lazcano fueron publicadas por él mismo en una edición de autor que parece increíble que no haya sido distribuida en mayor medida por alguna editorial formal, ante los abundantes y reveladores testimonios directos y esclarecedores que hay en ella en torno al narcotráfico sinaloense. Documentos como éste son tan raros de hallar como los eclipses de Luna.

En las primeras páginas, el ex procurador Lazcano reflexiona sobre los chinos y la droga.

Siempre se señala a los chinos como muy dados a trabajar en actividades de la droga. Yo conocí chinos que se dedicaban a eso, estaban una temporada sí y otra no, eran muy inestables. Se les veía un tiempo por ahí y luego cuando se necesitaban para algo, simplemente no se les hallaba por ningún lado. Andaban de arriba para abajo. Además, por asociación de ideas, la gente ha señalado a los chinos como traficantes por excelencia. En efecto, conocían de droga, trajeron la amapola; sabíamos que en las regiones asiáticas se consumía mucho opio y además esos inmigrantes abrieron en México sus propios casinos. Entonces, cuando la gente pensaba en un chino lo encasillaba en ese papel, aunque no se tuviera razón, aunque se careciera de pruebas.

Los chinos no eran los únicos extranjeros involucrados de alguna forma con el mundo de las drogas, anota más adelante Lazcano.

También venían muchos norteamericanos a México a adquirir directamente la droga. En ese entonces el tráfico parecía estar en relación con los negocios de la guerra, aunque después la industria en los Estados Unidos, junto con el enviciamiento de importantes sectores de su población, habría de adquirir carta de naturalidad.

Los propios sinaloenses, sin embargo, eran los actores centrales del tráfico incipiente de los veinte y treinta.

Yo conocí a varias personas que sembraban. Se trataba de amigos míos que cultivaban amapola y luego de la cosecha se iban a Nogales, vestidos como campesinos, con cuatro o cinco bolas en un veliz o en unos morrales, y lo curioso es que en la frontera pasaban en la aduana sin ningún problema, sin ningún peligro. A la vista de los aduaneros. Entregaban su cargamento a donde tenían que entregarlo y regresaban muy campantes, era evidente que los dejaban pasar.

Todo embonaba, da la impresión, antes como ahora en el mundo del narco. Campesinos productores, traficantes bien relacionados con los gobiernos y consumidores estadounidenses con suficiente dinero constituían una incipiente red de comercio ilegal. La pequeña maquinaria del narcotráfico desde esos años comenzaba a establecerse a lo largo de Sinaloa como algo natural, sin demasiados aspavientos.

Lazcano recuerda en sus memorias la ocasión en que fue candidato a diputado local por el municipio de Culiacán y Badiraguato. En Badiraguato, el pueblo de Santiago de los Caballeros era señalado como el centro productor más grande de adormidera y mariguana de todo el país. Un reportero del *Excélsior* describió así la zona:

> En el municipio de Badiraguato, como en otros lugares de Sinaloa, hay una forma de vivir holgadamente […] En la práctica ha resultado esa criminal inclinación al cultivo de la nefasta yerba, tanto más perjudicial para la sociedad, que los levantamientos en el sur de nuestro estado […] es más perjudicial que cualquier otra inclinación por criminal que ella sea, ya que su consumo degenera al individuo, y su comercio se presta para el desprestigio de todos los mexicanos.

Decir en esos tiempos que la amapola de esa región era de mejor calidad que la de Esmirna, Turquía, ya era un lugar común.

La anécdota de la gira proselitista contada por Lazcano en sus memorias inicia en la alcaldía de Badiraguato, donde el entonces candidato es recibido por el presidente municipal. Tras conversar y cenar, Lazcano y su equipo se fueron a dormir al cuarto de una casa vieja y con portales enormes que era propiedad de una de las familias más conocidas de Badiraguato.

—Aquí va a dormir, señor candidato —le dijo su anfitriona.

Lazcano se recostó y minutos más tarde sintió un olor penetrante que impregnaba el lugar. No lo dejaba dormir. Se levantó y vio una trinchera de tablones, debajo de la cual había latas mantequeras. Tras quitar el tablón de encima se dio cuenta de que las latas estaban llenas de goma de opio. Lazcano pasó la noche acompañado por los olores espirituales.

A la mañana siguiente, durante el desayuno, contó a su anfitriona lo sucedido.

—Lo que pasa, señor candidato, es que por aquí ha estado Enrique comprando para el general Juan José Mares —contestó la mujer.

La venta de droga era algo que no se ocultaba en aquellos años.

CONFORME crecía la siembra de mariguana y adormidera en Sinaloa y otros lugares del país, en Estados Unidos se encendían las alarmas por parte de la derecha y de un sector de la izquierda también. El 12 de agosto de 1937, el Congreso de los Estados Unidos aprobaba la Marihuana Tax Act, una ley federal que hasta la fecha prohíbe el consumo, posesión y comercio de mariguana en todo el país. El director del FBI, Harry J. Anslinger, dio ese día un discurso desaforado:

Hay cien mil fumadores de mariguana en los Estados Unidos, y la mayoría de ellos son negros, hispanos, filipinos y artistas del espectáculo. Su música satánica, el jazz y el swing, es resultado del uso de la mariguana. La mariguana hace que las mujeres blancas busquen relaciones sexuales con negros, artistas y demás. La mariguana conduce al pacifismo y al lavado de cerebro comunista. Te fumas un churro y probablemente mates a tu hermano. La mariguana es la droga que más violencia está causando en la historia de la humanidad.

Esta cruzada de Anslinger incluyó reportes en los que afirmaba que cuando Estados Unidos entró en la segunda Guerra Mundial, un grupo de mafiosos estadounidenses de la camarilla de Benjamin Siegel, conocido como *Bugsy*, propuso impulsar el cultivo de adormidera en México. *Bugsy* en persona viajó por Nayarit, Sinaloa, Sonora y Baja California para organizar la siembra y luego se instaló durante algunas semanas en un hotel de la ciudad de México, acompañado por Virginia Hill, una de las actrices del momento. Durante esos días, *Bugsy* y la bella mujer fueron anfitriones de "las fiestas más fastuosas de las que se tiene memoria con el fin de 'convencer' a los políticos (mexicanos) que a ellas asistían", dicen los reportes de Anslinger.

En su libro *El siglo de las drogas*, Luis Astorga cita extractos periodísticos de esos años, donde se sugiere la forma en que se dio el arribo de la mafia de *Bugsy* a México, en especial a Sinaloa.

Una poderosa mafia de agricultores llegó hace años a Sonora y Sinaloa con el deliberado propósito de cultivar modestas y románticas amapolas […] Los 20 000 chinos que radican en el territorio de la Baja California fueron terreno propicio [*sic*] donde sembrar la semilla de contrabando. Y dos nuevas mafias surgieron a la vida del hampa: las que encabezaban los chinos Chie Kung Tong y Kno Ming Tong.

David Alfaro Siqueiros narra en sus memorias una sesión del Sindicato de Pintores, Escultores y Grabadores Revolucionarios de México, en la cual su enemigo íntimo, Diego Rivera, propone que se vote un acuerdo para fumar "oficialmente" mariguana. "No hubo discusión; positivamente emocionados y con la mirada puesta en el futuro glorioso que ya se veía delante de nosotros, aprobamos fumar la mariguana para llegar así a la excelsitud de los plásticos de la antigüedad pregachupina de México", escribe Siqueiros, quien cuenta que Rivera llevó a una de las sesiones a Chema, "catedrático de la mariguana", que les aclararía dudas a los presentes. Chema empezó diciéndoles a los artistas que la mariguana era lo único trascendente que México había dado al mundo. Fermín Revueltas lo interrumpió:

> Propongo que enviemos inmediatamente una protesta al presidente de la República y a todas las autoridades que intervengan en problemas del orden correspondiente, por haber venido considerando que el consumo de mariguana constituye un delito. Y exigiendo, a la vez, que por decreto se establezca el uso de la mariguana como saludable para la capacidad cerebral de los hombres de nuestro país. Que en ese mismo documento se haga constar que la prohibición de la mariguana dictada por los conquistadores y más tarde reafirmada por los virreyes, tenía por objeto precisamente provocar la decadencia de los pueblos de América para poderlos sojuzgar mejor.

Astorga recoge también testimonios históricos que afirman que Victoriano Huerta era aficionado a la mariguana y que entre la gente "elegante" y jóvenes escritores de esa época había quienes se jactaban de haber asistido a un fumadero, o declaraban ante sus amistades estar poseídos por el "vicio asiático". A raíz de las medidas tomadas en Estados Unidos contra los "contrabandistas de narcóticos" y el aumento de "la legión de viciosos, como consecuencia de la ley seca", en México se siguió el ejemplo y se empezó a perseguir no solamente a los chinos, sino a "los viciosos en general".

EN SUS PRIMEROS días como procurador de Justicia de Sinaloa, Manuel Lazcano recibió el informe de que había sido encontrada una pequeña fábrica de drogas en Culiacán. Tenía la apariencia de ser un taller de hojalatería. A simple vista, había máquinas de soldar, cortadoras y láminas. Las láminas se usaban para fabricar pequeños botes similares a los del tabaco para pipa, pero se utilizaban para medir onzas exactas de droga traída de Badiraguato en botes mantequeros o petroleros. Lazcano ordenó que llevaran a su oficina a un hombre llamado Andrés, quien era dueño de una hojalatería ubicada en el cruce de las calles de Rosales y Rubí. El hojalatero explicó en la Procuraduría que cuando se daba la recolección de mariguana y adormidera en la zona de Badiraguato, se fabricaban los botecitos y se enlataba el producto antes de ser enviado a Culiacán. Las investigaciones de la Procuraduría arrojaron que la droga almacenada en ese taller tenía como destino unas fiestas muy famosas que se hacían en Tucson, Arizona, cada 5 de mayo, a las cuales solían ir los gobernadores en turno de Sinaloa, Sonora y Arizona.

En ese tiempo no existían agencias del Ministerio Público federal para esos delitos. Cada vez que la policía detenía a un traficante de droga, el procurador Lazcano turnaba los casos al jefe de la Oficina Federal de Hacienda. Para que quedara claro que el producto era en realidad opio, el Departamento de

Servicios Coordinados de Salubridad emitía un peritaje y daba fe. Lo común, sin embargo, era que los dictámenes señalaran que lo incautado no era droga. El mismo procurador Lazcano envió varias veces velices, cartones y cajas, que finalmente eran dictaminados no como opio, sino como un producto conocido como goma de copalquín, que no servía para nada. La goma de copalquín era silvestre y se convirtió, con complicidades de funcionarios corruptos, en un artificio para que los primeros traficantes sinaloenses no pisaran la cárcel. Para ese entonces el narcotráfico ya era un negocio en marcha, prometedor.

> El asunto creció y la federación intervino —recuerda Lazcano en sus memorias—. Se creó un cuerpo policiaco que se llamó Policía Federal de Narcóticos, que dependía de la Secretaría de Salud. Cuando la industria estaba por rendir sus primeros frutos en términos de capitales, a mí no se me ha olvidado una frase que le oí al presidente Miguel Alemán. Eran las épocas en las cuales empezó todo esto, cuando el fenómeno se ramificaba y crecía y la gente involucrada empezaba a armarse. La idea era diáfana, clara, ilustrativa de la forma en que se contemplaba el fenómeno: "Pues es que produce divisas. Que produce divisas".

LA CREENCIA de que el gobierno de los Estados Unidos alentó de manera formal la siembra de mariguana y adormidera en Sinaloa es tan fuerte, que hasta la fecha los sinaloenses de a pie suelen dar esa explicación. El profesor e investigador español Carlos Resa Nestares, quien hizo consultorías para la PGR en la década de los noventa, considera como uno de los 10 mitos sobre el narcotráfico en México la idea de que el gobierno estadounidense permitió, e incluso favoreció, el cultivo de drogas en el país durante la segunda Guerra Mundial. Dice que esta idea se ha hecho tan popular en los últimos 20 años, que la han dado como cierta un secretario de la Defensa Nacional, un secretario de Relaciones Exteriores, un procurador general de la República, un jefe de la Interpol en México e incluso un alto funcionario del Departamento de Estado de Estados Unidos.

El mito es el siguiente. El gobierno estadounidense de Franklin Delano Roosevelt impulsó y financió, en los treinta y principios de los cuarenta, el cultivo de adormidera. Las necesidades de morfina para atemperar los dolores de los soldados estadounidenses heridos en las batallas impulsaron a la administración de Roosevelt a promover la producción en México. Mediante un acuerdo oficial con el gobierno de Manuel Ávila Camacho, se eligió la zona serrana de Sinaloa por sus condiciones favorables para el cultivo de adormidera.

En sus análisis, Resa Nestares llega a la conclusión de que existen bastantes elementos para cuestionar la verosimilitud de esta historia creída por muchos en Sinaloa. En primer lugar, debido a que no hay ninguna evidencia de que un territorio como el de Sinaloa dé origen a una mayor eficiencia en la producción de adormidera y opio que, por ejemplo, los más fértiles valles bajos del mismo estado. Según el profesor de la Universidad Autónoma de Madrid, es imposible encontrar sustento científico para la afirmación con que ambas especies crecen mejor en zonas montañosas con duras condiciones climáticas que en tierras llanas, más fértiles y con mejor acceso al agua y a los fertilizantes.

Como segundo punto, rebate Resa Nestares, sería muy original la decisión de promover en otro país una actividad que pudo haberse realizado sin tantos problemas en Estados Unidos y conforme a premisas legales justificadas sobre la base de las necesidades bélicas del momento. Más absurdo aún, recuerda el profesor español, cuando el comisionado del FBI, Harry J. Anslinger, se encargó de firmar acuerdos bien documentados con los gobiernos de Turquía, Irán e India para garantizarse suministros de opio. "Anslinger, junto a todo el Departamento de Estado de Estados Unidos, de hecho, trabajó en cercana colaboración para desalentar la producción de opio en México, lo cual incluía el ofrecimiento de recompensas a los agentes mexicanos por información sobre cultivadores de drogas", resalta Resa Nestares, quien añade que

> los archivos de la segunda Guerra Mundial muestran un profundo descontento de los funcionarios estadounidenses con sus homólogos mexicanos por su incapacidad para controlar la producción y exportación de drogas. En una versión menos conspirativa, un origen más posible de esta historia es que algún sagaz intermediario ofreció el relato a los campesinos como parte de su argumento de convencimiento para que se iniciara la producción de adormidera o mariguana.

ALGUNOS REPORTES confidenciales de la década de los treinta relatan la forma en que el gobierno emprendía sus primeras misiones antinarcóticos en ciudades como Guadalajara, que desde los inicios del narcotráfico en Sinaloa, y aún más con el paso del tiempo, se convertiría en un lugar estratégico para el comercio de las drogas ilegales. En esos documentos aparecen por igual nombres de ciudadanos chinos que de mexicanos, así como de oficiales corrompidos por el negocio de las drogas ilegales.

El siguiente es uno de los reportes elaborados en esos años por el Departamento Confidencial, el órgano de inteligencia gubernamental que antecedió a la Dirección de Investigaciones Políticas y Sociales, y al actual Centro de Investigación y Seguridad Nacional.

INFORME CONFIDENCIAL RELACIONADO CON EL TRÁFICO ILÍCITO DE DROGAS EN LA CIUDAD DE GUADALAJARA, JALISCO

Con respecto al tráfico de drogas logramos saber lo siguiente: que las principales personas que se encuentran complicadas [*sic*] en el tráfico de drogas son las que a continuación se expresan:

Carlos García o Carlos Liy, de nacionalidad china, que vive en la calle Cabadas número 125.

José Chulí, de nacionalidad china, y se hace pasar con el nombre de José Carlos Antonio. Vive en la calle de Medrano número 443.

Manuel o Luis, de nacionalidad china, individuo que tiene un puesto de pan en el Portal Hidalgo.

Elena es una mujer únicamente conocida por este nombre y que vive en la avenida Independencia número 184.

En la Botica denominada Aldama, sita en la avenida Insurgentes número 151, es surtidora de drogas.

María C. de la Barca, que vive en la avenida Hidalgo número 308, colonia Guadalupe de Tampico, Tamaulipas, de esta señora supimos que dos días antes de nuestra llegada a la población, fue a la casa de José Chulí para comprarle a éste la cantidad de 1 400 de droga, esta señora regentea una casa de asignación en el domicilio de ella antes mencionado.

Las personas que apoyan a las ya mencionadas son las siguientes: Martín O. Lupercio, ex jefe de las Comisiones de Seguridad, hoy agente confidencial del C. gobernador y del presidente municipal.

El ex coronel de La Toba, persona que fue inspector general de la policía y que hoy cuida del establo del ex gobernador Allende Manuel Romero, jefe de grupo de las Comisiones de Seguridad, personas estas de cuidar de que nadie moleste a los traficantes y por consiguiente de absoluta confianza de Lupercio y de Romero.

Estando nosotros con uno de los traficantes de droga llamado Carlos y que es muy conocido en la cantina denominada Salón París, sito en la contraesquina de Palacio, y lugar donde la expende, nos ofreció la venta de dicha droga, dándonos a cuatro el cuarto de gramo y quedamos apalabrados con él, para el día siguiente hacer la operación. Nos dirigimos a ver al C. juez de distrito, señor licenciado Valencia, persona esta de absoluta confianza del señor presidente de la República, y que nos recomendó que no hiciéramos ninguna aprehensión si no íbamos acompañados de un señor abogado del Departamento para poder darle forma legal.

Nosotros en nuestras investigaciones logramos saber también que hay agentes de las Comisiones de Seguridad, encargados de vigilar a las personas que creen conveniente, para que en esta forma den todas las seguridades a los traficantes, pues nosotros en un principio fuimos vigilados por dos agentes y un agente de nombre Carlos Fernández que anduvo con nosotros, elemento de nuestra absoluta confianza, fue cesado por el solo hecho de que lo - - [ilegible en el original].

Nos permitimos proponer al superior conocimiento de usted que, en nuestro concepto, pueden hacerse más investigaciones y llevarlas a feliz éxito, siempre que en ellas nos acompañe un señor abogado del Departamento.

Es por ahora todo lo que tenemos el honor de hacer del superior conocimiento de usted, para lo que a bien tenga determinar.

Protestamos a usted nuestra atenta consideración.

México, DF, a 30 de enero de 1936.

3

La guerrilla

De Guerrero a Nuevo León, la distancia puede medirse en centenares de kilómetros, o bien tomando en cuenta la diferencia entre Cochoapa el Grande, el municipio más pobre de México, y San Pedro Garza García, el más rico. Tan cerca y tan lejos, la distancia no se mide nada más en kilómetros. Si en San Pedro Garza García lo común es que empresarios como Mauricio Fernández Garza se metan a la política, en Guerrero nadie se asombra ya de que los campesinos decidan participar en la política, incluso acompañados por el uso de las armas como forma de defensa de sus ideas. Y de sus vidas.

En cuanto a las disputas por el control del narcotráfico, otra diferencia que hay entre Nuevo León y Guerrero es que en el estado norteño estas batallas pasan eventualmente por escritorios finos, mientras en Guerrero se libran casi por completo en el monte.

La siembra de mariguana en cantidades importantes en Guerrero se remonta a los setenta, cuando el ejército emprendía en la sierra de Badiraguato, Sinaloa, la Operación Cóndor, destruyendo sembradíos de enervantes. Por esos años surgieron nuevos lugares donde sembrar la droga en grandes proporciones con el fin de abastecer a los mercados de consumo europeos y estadounidenses. Michoacán fue uno de esos sitios y Guerrero el otro. En Guerrero, la siembra fue introducida por Alberto Sicilia Falcón, el capo cubanoamericano que, según investigaciones del historiador Froylán Enciso, habría contado con la complicidad de algunos militares para crear un nuevo monopolio de la siembra de mariguana en esa zona del país, justo en el momento en que la tierra sinaloense vivía la mayor embestida que ha habido en la historia en contra del cultivo de adormidera y mariguana, la cual también sirvió como pretexto para reprimir a grupos opositores al regímen priísta.

Un reporte confidencial del Departamento de Investigaciones Políticas y Sociales, elaborado el 30 de junio de 1971, revela que agentes del ministerio público, una diputada y partidas militares completas evitaban combatir la siembra de mariguana en Guerrero. El informe, desclasificado hace unos años y firmado en el pueblo de Arcelia, inicia diciendo que "en la zona existen grupos antes dedicados al abigeato y que ahora se han ampliado sus operaciones al cultivo de la mariguana en las zonas alejadas donde también escondían ganado robado". De acuerdo con el escrito, los grupos señalados tenían "el apoyo del ministerio público en Arcelia, Guerrero, Rubén Soto Álvarez, y de la diputado local Celia Espinosa de Olea. (El licenciado Soto Álvarez posee un rancho en Pachivia, cerca de Teloloapan, donde tiene ganado robado en pequeña cantidad y con frecuencia usa peones prófugos de la justicia.)"

Otra de las cosas que deja entrever el documento de la desaparecida dependencia es la convergencia entre las bandas del narco y el ejército para combatir a la guerrilla de la época mediante la desaparición forzada. El reporte dice que a mediados de 1970, el C. agente del MP, licenciado Soto Álvarez, dio trámite a diversas acusaciones de homicidio y otros delitos, en las que aparecen como acusados elementos del grupo encabezado por Bulmaro González Chavando. Las referidas acusaciones son verdaderos absurdos y parten de la desaparición de personas para cuya aprehensión colaboró Bulmaro González Chavando con las autoridades militares, pero que fueron trasladadas por tales autoridades a otros lugares, sin que conste su muerte pues no han sido encontrados los cadáveres por esa zona.

El jefe de la partida militar coludida con la siembra es un sargento segundo identificado en el escrito como Lucio Cárdenas Robles. Sobre él y el jefe de la zona militar, el general de brigada Juan Manuel Henríquez, recaen las acusaciones hechas por el órgano de inteligencia política que tenía el régimen en esos años. El agente asegura que la partida militar no se percata de que Toribio Abarca, Demetrio Villa y Matilde Villa están cultivando mariguana en Tierra Blanca, mientras la familia Cuevas lo hace en La Planta, y la familia Trujillo en El Manguito. José Mojica y su familia, conocidos todos como *los Coyotes*, siembran en Buena Vista; Benito Román y José Isaac Román, en San Felipe, y Roberto Hurtado Mojica en La Cañita.

El informe pormenorizado sobre las familias que controlaban la siembra en Guerrero concluye diciendo que

el C. jefe de zona, general de brigada Juan Manuel Henríquez, no ha dado atención a las quejas, y el comandante del 49 Batallón, con sede en Iguala, Guerrero, señor general Archila Moreno, ordenó una investigación que resultó tendenciosa y calificó a los quejosos de Ixcatepec de intrigantes, manifestando que son falsas las afirmaciones sobre la existencia de grupos de abigeos o de cultivo masivo de mariguana.

Entre los miles de documentos oficiales de aquellos años, los cuales han sido abiertos a consulta pública en el Archivo General de la Nación, no se han conocido hasta ahora reportes o informes que vinculen a la guerrilla de esos años con el narcotráfico.

A principios de 2007, antes de que los hermanos Beltrán Leyva se separaran de la estructura del cártel de Sinaloa debido a diferencias con Joaquín *el Chapo* Guzmán, el comercio de droga en el estado de Guerrero estaba bajo control de la organización sinaloense. Cuando los Beltrán Leyva dejaron el cártel, Guerrero empezó a convertirse en uno de los principales frentes de la disputa por el control del tráfico de drogas en el país. A sus equipos de sicarios, los hermanos Beltrán Leyva sumaron una alianza con sus antiguos enemigos: *Los Zetas*, quienes habían fracasado en sus intentos por incursionar en la zona. Esa coalición de núcleos paramilitares realizó una de sus operaciones más conocidas los días 4 y 5 de mayo de 2008, en los municipios de Iguala y Petatlán.

Petatlán, en los linderos de la sierra guerrerense y la Costa Grande, es el municipio donde Rogaciano Alba dirigió durante 20 años la Unión Ganadera del estado, hasta que 18 de sus más cercanos fueran asesinados, entre ellos dos de sus hijos, por un comando de los Beltrán Leyva conformado por cerca de 70 hombres, de acuerdo con el testimonio ministerial que rindió luego de su detención Jesús Zambada Reyes, hijo de Jesús Zambada García, *el Rey*, sobrino a su vez de Ismael *el Mayo* Zambada.

La disputa por el control de las costas de Guerrero y Oaxaca entre el ex líder ganadero —representante de Joaquín *el*

Chapo Guzmán— y los operadores de Beltrán Leyva desató el enfrentamiento armado, se dice en la indagatoria PGR/SIEDO/ UEIDCS/350/2008.

> También es integrante de esta organización *Don Rogaciano* [...] y esta persona tenía como función recoger la mercancía en las costas de Ixtapa y Huatulco, lo cual fue campo de guerra por la plaza, dándose la lucha con Borrado y Mario Pineda alias *el* MP, siendo estos dos hermanos integrantes del cártel de los Beltrán Leyva, en contra de Rogaciano, lo que condujo que mataran a sus hijos e hijas de Rogaciano, por lo que se amplió más la guerra. Ahora bien, respecto del Borrado, es el encargado de levantar a la gente y torturarla para sacarle información, la cual Mario utiliza para ubicar a los contrarios y matarlos, siendo por ejemplo el caso de Los Zetas cuando en un cateo le encuentran un video en donde a alguno de ellos le daban un tiro en la cabeza y después para terminar con los tres integrantes que faltaban.

A la par de dirigir a los ganaderos de la entidad, ser una celebridad pública y un fiel ayudante de los gobernadores guerrerenses en turno, hoy se sabe que Rogaciano Alba —quien fue acusado por organismos no gubernamentales de ser el autor intelectual de la muerte de la abogada defensora de derechos humanos Digna Ochoa— era también el máximo representante del cártel de Sinaloa en la entidad. Tras la división interna de la organización sinaloense, Alba, como muchos, quedó irremediablemente en medio, entre los Beltrán Leyva y la alianza Guzmán-Zambada.

Sumergido en la clandestinidad tras el ataque del 4 y 5 de mayo de 2008, el ganadero rebautizó a su grupo de pistoleros como el Ejército Libertador del Pueblo, el cual ha colocado mantas con mensajes amenazantes contra los Beltrán Leyva, además de exaltar su apoyo al ejército mexicano "por sus logros en la lucha contra el narcotráfico". Así, Alba, quien en las indagatorias de la Operación Limpieza emprendida por la SIEDO a finales de 2008 fue señalado como narcotraficante, se ha convertido en el líder de un grupo identificado plenamente como paramilitar, y al cual se le adjudican diversas ejecuciones, entre ellas la del director de la policía de Iguala "por trabajar para los Beltrán Leyva". En uno de sus pocos mensajes difundidos como grupo, el Ejército Libertador planteó el 20 de noviembre de 2008: "Se convoca al pueblo de México a la guerra contra el *narcomenudeo*... En Guerrero nació un Ejército Popular Antidrogas y ya tenemos importantes células en otros estados de la República". De acuerdo con informes oficiales, este grupo criminal opera en Guerrero, Michoacán, Morelos y el Estado de México.

Darío Azzellini, especialista italiano del crimen organizado, y en particular de lo que él llama "las nuevas guerras", equipara la situación de México, en especial la de Guerrero, con la de Colombia, donde las guerrillas fueron atacadas por grupos paramilitares como las Autodefensas Unidas de Colombia, en un contexto del narcotráfico.

Sin embargo —dice Azzellini—, a grandes rasgos, el modelo paramilitar en México es diferente del colombiano. En Colombia se organizaron tropas irregulares que se adueñaron de tierras y casas; en cambio en México se crean comunidades paramilitares. Primero se infiltra a comunidades pacíficas, se les prepara y luego se les vuelve comunidades paramilitares.

En esto coincide Omar Guerrero Solís, un hombre de 32 años que dirige una nutrida columna de guerrilleros que recorre el agreste territorio guerrerense y michoacano organizando una insurrección y combatiendo a narcotraficantes, según cuenta. Este guerrillero de origen campesino fue nombrado *Comandante Ramiro* primero por las comunidades donde suele andar y después por la dirección central del grupo guerrillero del cual forma parte: el Ejército Revolucionario del Pueblo Insurgente, el mejor organizado de la decena de movimientos armados y revolucionarios que existen en esa región del país. En entrevista celebrada a mediados de 2009, este miliciano, que vive en la clandestinidad, dice que a la larga y apenas perceptible guerra de baja intensidad en la sierra de Guerrero entre el ejército y la guerrilla se ha sumado un nuevo actor en los últimos tiempos: el narco.

La historia del *Comandante Ramiro* parece increíble. El 28 de noviembre de 2002, a las tres de la tarde en punto, el jefe del penal de Acapulco empezó a hacer el habitual pase de lista por los pasillos de la cárcel. Jesús Torres Cruz no sabía que después de ese momento su vida de burócrata penitenciario cambiaría. Se arruinaría. Brian Leven Anderson y Wilbert Henry Martínez Taylor, dos narcotraficantes de Colombia con poco tiempo de haber ingresado, no aparecían por ningún lado. Tampoco 12 reos más, entre los que había asesinos, secuestradores, ladrones y un guerrillero. El encargado de la penitenciaría más importante de Guerrero sudaba. Dice que presagiaba lo peor: una fuga masiva. Y eso, lo peor que le podía ocurrir a un guardián, era lo que le había sucedido a él, quien de celador con oficina pasó luego a reo común.

Durante meses, con admirable paciencia y algunas complicidades, un grupo de internos excavó un túnel de 25 metros de longitud y 60 centímetros de diámetro debajo de una barda de cinco metros de altura en la parte trasera del penal, justo frente a las populosas colonias Emiliano Zapata y Radio Koko, que ese 28 de noviembre los vieron perderse entre sus calles. Entre los fugados del penal estaba Omar Guerrero Solís, el campesino de mirada cautelosa que antes de ser encarcelado había evadido en tres ocasiones aparatosos operativos y que con el paso de los años, tras su fuga, se convirtió en la leyenda guerrillera que recorre hoy como susurro las comunidades de la región de Tierra Caliente, una serie de municipios de Michoacán y Guerrero. Entre la reseña de boca en boca y algo mítica que se hace de sus nuevos escapes de operativos infructuosos del ejército, la PGR y las corporaciones estatales que intentan recapturarlo desde que se escapó, la presencia del *Comandante Ramiro* es cada vez más real por esas tierras. Tan real como la influencia que provoca el mito de Lucio Cabañas Barrientos en un estado del país donde hay hombres que se arman desde hace medio siglo soñando la revolución que acabe con la pobreza de Guerrero, una pobreza de primeros lugares en casi todos los índices de marginación del país.

Ese Lucio Cabañas Barrientos, el maestro normalista que fundó el Partido de los Pobres y encabezó una guerrilla de campesinos en la montaña de Guerrero entre los sesenta y setenta, murió el 2 de diciembre de 1974 en un enfrentamiento con el ejército, pero el recuerdo de su cuerpo delgado, fotografiado alguna vez en posición de flor de loto y cargando un rifle, ha servido de inspiración para nuevos insurrectos, como *Ramiro*. En las comunidades más pobres de este rumbo del sur de México hay gente que recuerda a Lucio Cabañas como si aún viviera. Algunas grabaciones de sus modestos pero enérgicos discursos circulan y permiten escucharlo dilucidar lo siguiente, ante el debate de la época sobre si el estalinismo o el trotskismo eran el camino adecuado de los revolucionarios: "El único análisis, compañeros, es que nos están fregando al pueblo y que tenemos que organizarnos para contestarles". En Atoyac de Álvarez, su pueblo natal, la gente le erigió un monumento hace unos años. Ahí está el subversivo Lucio, homenajeado. Y así, el recuerdo del guerrillero está esparcido por muchos rincones de Guerrero, incluso en Chilpancingo, la capital. Ahí, los estudiantes de la Escuela Normal Rural de Ayotzinapa, donde estudió Cabañas, suelen llevarlo estampado en modestas camisetas de algodón.

Pero la fama del guerrillero no gusta a todos. En los comercios establecidos y tendajos de las ciudades grandes de Guerrero —que se cuentan con los dedos de una mano— la exhibición, venta y culto de su figura están prohibidos. Pueden colgar Emilianos Zapatas, Subcomandantes Marcos, Panchos Villas y otros personajes de la rebeldía nacional, pero Lucios no.

—¿Por qué no tienen camisetas de Lucio Cabañas? —pregunté a una vendedora del paseo Zapata, en pleno centro de Chilpancingo.

—Porque luego vienen del gobierno a llamarnos la atención.

—¿Y eso?

—Es que creen que porque no se vendan sus camisetas, ya no va a haber más Lucios en Guerrero… Si supieran.

Ese murmullo alrededor de la figura del fundador del Partido de los Pobres recorre hace tres décadas pueblos y sectores marginados de Guerrero, al igual que lo hace ahora en buena medida el murmullo del *Comandante Ramiro*, de quien activistas de organizaciones sociales, ciudadanos comunes e incluso funcionarios públicos hablan con admiración por su destreza para las armas y para dirigir una célula guerrillera que opera principalmente en la región de Tierra Caliente, y que ha provocado tantos dolores de cabeza al gobierno y ahora también a los narcos, aunque para *Ramiro* ambos son la misma cosa.

El resto de los reos que se escaparon de la penitenciaría aquel 28 de noviembre de 2002, junto con el *Comandante Ramiro* y los narcos colombianos, eran Valdovino Hernández Rodríguez, Eduardo Moreno, Ramiro González Bautista, Héctor Antonio Herrera, Marcelino Díaz Vargas, Álvaro Vega Gaona, Juan Gutiérrez, José Antonio Solano, Horacio Pérez y Aníbal Carranza. Algunos de ellos eran delincuentes comunes que siguieron a *Ramiro* a algún paraje de la montaña, donde fueron adoctrinados y entrenados militarmente, antes de integrarse a una columna guerrillera como nuevos combatientes del ERPI.

A pesar de que no son conocidas a nivel nacional, las escaramuzas entre los guerrilleros y efectivos han sido comunes desde 2006. En un comunicado de 2007, el ERPI asegura que han sido 10 los enfrentamientos con "soldados, policías federales, estatales y grupos paramilitares". Estos últimos son los que opera el ejército mexicano con el apoyo del cártel de Sinaloa, acusa en concreto *Ramiro* en la entrevista concedida.

Pero nosotros ya no vamos a permitir que sigan matando gente; vamos a investigar y actuaremos con toda la fuerza armada del pueblo, porque es un delito grave. Nosotros hemos respetado a la gente, pero si no nos respetan ya saben a lo que se atiene esta gente que manda matarnos, secuestrarnos y robar en las comunidades.

Nosotros invitamos a la población a la autodefensa armada y a no permitir que sus hijos se integren a los cárteles de la droga, que los vuelven bestias, y a que se unan en contra de eso, y que no por traer dinero, auto nuevo se la crean, porque eso es falso y se termina.

Para el guerrillero, los cárteles de la droga, en especial el que dirige *el Chapo* Guzmán, están ayudando al gobierno en labores de contrainsurgencia en la región.

Esa estrategia de combatir al narco es falsa. Aquí en Guerrero, por ejemplo, los narcotraficantes participan en las reuniones que lleva a cabo el ejército. El gobierno del estado golpea a un cártel y protege al otro, pero en esencia son iguales, porque asesinan, secuestran y torturan. Aquí el cártel del *Chapo* Guzmán le está sirviendo al estado, y viceversa. Ahora el problema está en que los cárteles de la droga le están haciendo el trabajo sucio al gobierno mexicano.

En respuesta a las acciones del narco contra la guerrilla, dice *Ramiro*:

el ERPI va a oponer las armas del pueblo, impulsando la autodefensa armada. No vamos a permitir que suceda como en Ciudad Juárez, donde una madre tenga que pagar dinero para que a su hijo no le hagan daño cuando va a la escuela, y regrese sano y salvo. A nosotros no nos preocupa lo que diga el gobierno. Desde que me fugué de la cárcel, me he refugiado en la sierra de Guerrero, y creo que hemos visitado la mayoría de las comunidades de la sierra; la gente nos conoce, sabe quiénes somos, si llegamos a un pueblo y la gente está haciendo su carretera, o está sembrando, nosotros les ayudamos, y de eso hay cientos de testimonios.

85

Si fuera cierto lo que dice el mal gobierno de los ricos sobre nosotros los guerrilleros del ERPI, pues la misma gente ya nos hubiera entregado, y no estuviéramos aquí platicando. La mayoría de los jóvenes que vienen es porque en sus comunidades están amenazados de muerte.

El líder ganadero Rogaciano Alba es descrito por *Ramiro* como el enroque entre el ejército y los cárteles de la droga.

Esta persona no se deja ver, pero lo cierto es que de manera constante estamos enfrentando a sus pistoleros y gatilleros, sobre todo en la zona de la sierra, donde tenía el poder, era amo y señor. Él decidía todo, pero desde hace un buen tiempo ya no se aparece por la sierra. Gracias a que junto con las comunidades hemos implementado la autodefensa armada, pudimos evitar más derramamiento de sangre, porque las bajas nuestras eran pura gente del pueblo. Hubo muchos torturados, desaparecidos y ejecutados.

La llegada al poder de un gobernador del PRD, Zeferino Torreblanca, no cambió nada la guerra de baja intensidad en la sierra de Guerrero, estima el miliciano erpista, quien no condena la palabra *revolución* como sí lo hacen otros antiguos miembros de la izquierda guerrerense que pasaron un tercio de sus vidas preparándola y ahora llevan el otro tercio condenándola.

Nosotros no vamos a dejar de luchar hasta el final. A partir de este gobierno de Zeferino Torreblanca se han querido formar más grupos paramilitares, pero cuando surgen, los ubicamos, y los hemos golpeado y desbaratado, y lo vamos a seguir haciendo, y eso lo sabe el enemigo. En la sierra de Guerrero podemos decir con toda seguridad que los grupos paramilitares y Rogaciano ya no tienen presencia, a diferencia de las partes bajas de la sierra. Ahí sí tienen, por eso se presentan diversos crímenes. Incluso, muchos de los familiares de la gente que ha mandado matar Rogaciano están incorporados a las columnas guerrilleras del ERPI. Hace unos meses, por cierto, Rogaciano bautizó a un grupo como Ejército Libertador del Pueblo (ELP), pero es falso, no existe, por eso nadie le hizo caso. Para nosotros está muy claro que a Rogaciano lo protegen Felipe Calderón y Zeferino Torreblanca. Se instalan retenes militares, y es extraño, pasan junto a ellos y no los detienen.

Se le pregunta cómo sortea el ERPI el problema del narcotráfico y la siembra de estupefacientes en las comunidades. Su respuesta es clara:

No podemos negar que exista la siembra de diversos tipos de droga, cosa que no estamos de acuerdo, pero tampoco nos ponemos en contra de los campesinos. ¿Qué le podemos ofrecer a la gente?, ¿decirle que no siembre mariguana sino maíz? Por eso mientras no haya una alternativa para ellos, no les podemos decir que no lo hagan. Si en cambio les dijéramos que hay fábricas para que trabajen, que hay escuelas y hospitales, y que pueden llevar a sus hijos a pasear a cualquier parte, pues seguramente otra cosa sería.

En la sierra de Guerrero la gente es consciente de que no se debe sembrar droga, y saben también que eso se acabará hasta que el pueblo organizado tome las riendas de este país. La situación en esta zona es tan grave que los campesinos están luchando por créditos para el campo, pero el gobierno no les hace caso. Hemos percibido que solamente en donde hay grupos paramilitares, los niños y las niñas se drogan, como sucede en algunos pueblos grandes, en la parte baja de la Tierra Caliente.

Pero también está la otra cara de la moneda: en muchas ocasiones nos invitan las comunidades para que les ayudemos a quitar esos vicios. Podemos decir con orgullo que en comunidades de la Costa Grande y la Tierra Caliente no se venden bebidas alcohólicas ni drogas, y mucho menos se permite el tráfico de madera. Desde hace varios años hemos impedido su saqueo, tuvimos que quemar maquinaria y les explicamos a los trabajadores los motivos de nuestra acción, y en general estuvieron de acuerdo.

Para Érik Montúfar, quien es director de la policía ministerial de Guerrero, "la banda de Ramiro" es una organización criminal, no un grupo guerrillero. Según él, mantienen secuestrados a ganaderos y han ajusticiado a civiles. Los reportes de la administración estatal aseguran que los integrantes del grupo armado portan fusiles G3, R-15, AK-47, pistolas calibre .38 súper y .9 milímetros, entre otras armas, además de bombas molotov y salchichas de explosivos emulgel HP1000. El ejército se ha sumado infructuosamente a la cacería de *Ramiro*. El 29 de agosto de 2007, 100 soldados del 40 Batallón de Infantería con sede en Ciudad Altamirano realizaron un operativo especial en Tierra Caliente, cateando casas en las que tenían indicios de que se encontraba el guerrillero. En efecto, el miliciano erpista estuvo ahí, pero horas antes alcanzó a escapar, advertido por pobladores de la región.

El interés de las autoridades, tanto a nivel federal como estatal, por lograr la captura de *Ramiro* es tal, que la PGR lo incluyó en 2008 en la lista de los fugitivos más buscados, bajo la causa penal 51/2001 y 26/2002, por los delitos de secuestro y robo agravado. Omar Guerrero Solís, el *Comandante Ramiro*, encabeza la lista de "los más buscados por las procuradurías de la zona centro del país", documento en que se reseña la causa penal 171/2002-1, iniciada el 7 de agosto de 1999 por el secuestro del empresario Rodrigo Borja, dueño de la clínica Centro Médico de Ciudad Altamirano, Guerrero. Además se le acusa de homicidio y otros supuestos secuestros.

El 28 de junio de 1996, el Ejército Popular Revolucionario (EPR) irrumpió en un acto de conmemoración del primer aniversario de la matanza de 17 integrantes de la Organización Campesina de la Sierra del Sur, perpetrada por policías estatales en Aguas Blancas. Con el paso del tiempo, este grupo armado, heredero del Partido Revolucionario Obrero Clandestino Unión del Pueblo, se escindiría y nacería el ERPI. El ERPI, organización en la cual milita *Ramiro*, en informes de inteligencia del gobierno federal es señalado como "el grupo más delincuencial y el que hace alianza con algunos sembradores de mariguana en las zonas de Guerrero donde opera". En tanto, los reportes estatales sobre el tema de la guerrilla ubican al ERPI como el grupo con la mayor base social, sobre todo en la Costa Chica, Montaña y Tierra Caliente, además de que se resalta "la penetración del EPR en organizaciones políticas y movimientos sociales".

La posibilidad de una escalada del conflicto armado en Guerrero es vista con seriedad por diversos dirigentes políticos del estado. Durante 2008, los presidentes del PRD, PRI y PAN plantearon la posibilidad de crear una mesa de diálogo para disminuir la tensión. "No se puede desaparecer a los grupos guerrilleros con armas, con violencia; hay que desarmarlos quitándoles las banderas, y esas banderas se van a quitar cuando se acabe la marginación y la pobreza", asegura el dirigente estatal perredista Sebastián de la Rosa, en referencia a los operativos contra el *Co-*

mandante Ramiro. Aunque la administración estatal es emanada del mismo partido, hay diferencia de opiniones en cuanto al tema. O por lo menos eso parece. Para el secretario de Seguridad Pública y Protección Ciudadana del estado, general Heriberto Salinas Altés, el *Comandante Ramiro* "no es un guerrillero, sino un delincuente que ha cometido una serie de ilícitos".

La reputación de *Ramiro* podría ser equiparada con la mala fama de Pancho Villa antes de la Revolución, piensan sus seguidores urbanos. El historiador Eric Hobsbawm llama a este fenómeno "bandolerismo social". En su libro *Bandidos* explica que es un fenómeno universal que se da en las sociedades basadas en la agricultura, entre campesinos y trabajadores sin tierra oprimidos y explotados. Una epidemia de bandolerismo representa algo más que una simple multiplicación de hombres capaces, que toman por la fuerza de las armas lo que necesitan antes de morir de inanición. Según el historiador, puede reflejar la distorsión de toda una sociedad, la aparición de estructuras y clases sociales nuevas o la resistencia de comunidades o pueblos enteros frente a la destrucción de su forma tradicional de vida. "Un bandolero social no es un revolucionario; es un reformista", define el investigador.

Más allá de teorías de escritorio, *Ramiro* habla en entrevista sobre cómo son sus días clandestinos en el monte:

> Para mí la sierra es el lugar más seguro, y muy pronto será para todos. Con los operativos que se han implementado en nuestra contra, estando en la ciudad ya nos hubieran tomado presos, habría otros resultados, pero aquí en la sierra es distinto. Mientras contemos con el apoyo de las comunidades no nos pasará nada, porque los pueblos nos ayudan.

Se define como

gente del campo, siempre he sido campesino, y me acuerdo que desde niño empecé a luchar por obras sociales. El gobierno se enojaba porque nosotros no pedíamos sino exigíamos solución a los problemas, pero luego nos empezaron a reprimir y a perseguir, y por eso muchos pasamos de la lucha civil y pacífica a la lucha armada.

Ramiro y los de su columna, cerca de 50, son hombres que parecen incansables, que se cubren el rosto con paliacates, usan uniformes de campaña, gorras americanas cortesía de la migración, cuernos de chivo, rifles automáticos, radios de comunicación y botas de montaña. Casi todos son campesinos. Y además son muy jóvenes.

En estos momentos de crisis económica nosotros llamamos al pueblo a dejar la camita y a la mujer aunque no se quiera. Hay que alzar la voz. Los invitamos a sumarse a la lucha armada. Yo sé que es muy duro, porque van a morir sus hijos… nuestros hijos, hermanos y amigos, pero yo digo que es el momento, que ha llegado el momento de la lucha armada, y va a llegar el momento, como cuando Zapata, que se iban todos a la bola. El gobierno se está armando, y a la par divide a la gente a través de la religión, los partidos políticos y ahora también con los cárteles de la droga.

La vida guerrillera en la sierra de Guerrero y sus combates inadvertidos, sus muertos desconocidos, es una realidad que algún día nos va a estallar. Ramiro habla con esa especie de calmada certeza que sostiene a un hombre en las épocas difíciles. El mundo que ha visto no lo ha vuelto una persona espiritual.

Aquí —relata— los narcos han levantado a compañeros. Sabemos que tan sólo en la Tierra Caliente han levantado y asesinado a unas 25 personas desde hace unos 10 años a la fecha, y continúan los asesinatos y las desapariciones. Algunas de las personas a las que se señala como responsables de estos hechos son Roberto Salto, ex miembro de la policía federal; José Espinosa, Carlos Lagunas y el Chuyo Lagunas (que murió siendo jefe); Isabel Santiago, José Rauda, Ismael Serrano, Daniel Bautista García, Marcelino Acosta Ávila, la mayoría gente cercana a Rogaciano Alba que han cometido muchas muertes protegidos por el actual gobierno estatal y federal. En total hemos contado en ese lapso alrededor de 60 personas, entre compañeros y gente del pueblo, todos ellos inocentes que fueron desaparecidos o ejecutados por el narco en la Costa Grande y la Tierra Caliente.

¡Por eso ya hay urgencia de una revolución! Hace como tres años llegamos a una comunidad de la Tierra Caliente y nos reclamaban unos compas que ya tenían entre 65 y 70 años, que cuándo iba a iniciar la guerra, la revolución, porque ya no les iba a tocar verla. Entre risas me decían: "pero hay que hacerla; búscate a pura gente de nuestra edad, aunque nosotros ya no corremos". Me acuerdo de que me llamaba la atención de esa comunidad el que estaba vacía, que no había jóvenes porque se habían ido a los Estados Unidos. Sólo había mujeres, niños y ancianos. Mucha gente como la de ese pueblo ya murió con la esperanza de hacer la revolución, y nosotros no los vamos a defraudar, ni a ellos ni a mucha gente que, aquí y allá en las ciudades, ya quiere que inicie la revolución.

Mientras tanto, una cosa es cierta: los enfrentamientos con los grupos paramilitares en la sierra de Guerrero continúan, pero también es cierto que el ERPI les está combatiendo. Les hemos ido quitando a los delatores que operaban en la sierra, los hemos ido limpiando para que no sienten sus bases paramilitares en la sierra y repriman a los pueblos. En muchas ocasiones los paramilitares han robado sus cuatrimotos, las camionetas, los secuestran y nos echan la culpa, pero cuando se dan cuenta de esas mentiras, los pueblos los enfrentan como una forma de autodefensa armada.

Esta revolución que estamos impulsando es una lucha por las ideas y sobre todo para acabar con tantas injusticias que padecen los campesinos y obreros de nuestro país. No vamos a parar hasta que acabemos con el gobierno de los ricos. Para ello vamos a utilizar palos y piedras, pero sobre todo las armas, porque el enemigo tiene armas modernas y sofisticadas, pero no tiene al pueblo de su lado. Sólo que no alcancen las armas, entonces sí se utilizarán más garrotes y machetes; sin embargo, sabemos que el millón de policías y soldados que hay en el país van a desertar cuando empiece a fondo la lucha armada.

El día que la gente se dé cuenta de que el gobierno está actuando mal, ese día se va a derrumbar este cochino sistema capitalista. Quiero decir que si un día cualquiera agarramos preso a un soldado, o a un policía, no lo vamos a matar como hace el gobierno de los ricos, que luego desaparece guerrilleros. Solamente le vamos a quitar su arma, porque sabemos que ellos también son gente pobre. Que quede muy claro: si no nos disparan, no les vamos a disparar, que nos entreguen sus armas y ya. Si a un soldado sus jefes lo mandan a hacer cosas malas, le pedimos que deserte, que los desobedezca, porque a partir de hoy si nuestras comunidades son atacadas, vamos a responder.

Se le pregunta a *Ramiro* qué representa para el ERPI el año 2010, centenario de la Revolución y bicentenario de la Independencia:

Es sólo una fecha, un año más. Nosotros estamos dando la lucha todos los días, a diario. Aquí en nuestras columnas guerrilleras tenemos a gente de tiempo completo, que son los más decididos; otros vienen por temporadas. La mayoría son campesinos, pero todos vienen de manera voluntaria. Hay unos que vienen por tres meses, pero al siguiente día ya se quieren regresar, y otros que venían por un día y se quedan para siempre. Yo al menos, nunca he tenido vacaciones. Todo va por pasos. ¿Cómo vivimos? El pueblo les da de comer a las columnas, y nosotros, cuando se puede, les llevamos también algo de lo que les hace falta, principalmente comida y otros productos más. Si un día a un guerrillero lo detienen, puede decir sin vergüenza que lucha por el pueblo, pero un narco nunca va a poder decir que cortó cabezas por el pueblo. El guerrillero puede decir con orgullo que es parte de la autodefensa armada.

Otra cosa: Queremos decirles a los jóvenes que no se dejen engañar: es mejor diez mil veces decir que son guerrilleros y no sicarios, gente sin conciencia, asesinos y torturadores.

4

El Gitano

No había existido otro pistolero como él. Poseía una brutal sangre fría que se convirtió en leyenda en Sinaloa a partir del 21 de febrero de 1944, durante la madrugada del carnaval de Mazatlán. En el patio Andaluz, espacio de fiesta del hotel Belmar, Rodolfo Valdés, *el Gitano*, asesinó al gobernador de Sinaloa, Rodolfo T. Loaiza. La bala entró por la nuca del coronel y le salió entre los ojos. Corrió la sangre en los festejos del puerto. Los pistoleros que iban con *el Gitano*, nacido en Aguacaliente y descrito físicamente como imponente, con la corpulencia de un jugador de futbol americano, armaron la balacera con los que cuidaban al gobernador ya caído. *El Kelly*, uno de los acompañantes del gatillero, fue la única baja de la gavilla. Antes de morir reveló a la policía los nombres del *Gitano* y los demás responsables del magnicidio.

Ninguno era chino.

El Gitano —sangre helada, ternura escasa— ya tenía fama negra en Sinaloa, sobre todo en el sur del estado, donde trabajaba como matón al servicio de terratenientes que se oponían a la reforma agraria impulsada con vehemencia por el gobierno del general Lázaro Cárdenas del Río. Las primeras bandas criminales sinaloenses que desafiaron al gobierno habían sido creadas por caciques para evitar que los campesinos sin tierra ocuparan pedazos de los latifundios de la región, tal y como se los debía la reciente Revolución. Sin que se tenga certeza, se habla de hasta 50 agraristas ejecutados por *el Gitano* y los suyos. Quizá sean muchos más. Uno de los asesinatos más conocidos de la banda fue el de José Esparza, *el Tarzán*, un carismático dirigente campesino. Las guardias blancas dirigidas por *el Gitano* no tuvieron piedad alguna. Dice la leyenda que el pistolero era tan temerario que ese día usó balas marcadas con su apodo.

Antes de atentar contra el gobernador Loaiza, los miembros de la banda de pistoleros, conocida como *Los Dorados*, bebían en la cantina La Nueva Costeña. Por un momento, *el Gitano*, quien también es descrito como un hombre feroz pero con la inteligencia de un niño, se arrepintió de la misión que tenía encomendada. "A mí me ha hecho favores el viejo. Una vez hasta me regaló 2000 pesos. Me ha tratado bien", decía, según testigos. Uno de los favores que le habían hecho desde el gobierno era perdonarle la pena por el crimen de una amante que tuvo en el pueblo de Urías, a la cual asesinó borracho en una parranda que parecía no terminar nunca.

—Pues así será, pero ahora ya estás comprometido. No puedes echarte para atrás —le recordó uno de sus pistoleros.

—Está bien. Está bueno. Pa que no se diga. Pues vamos a echarnos unos tacos de sesos del viejo pelón —respondió *el Gitano*.

El hotel Belmar sigue abierto. El magnicidio se ha convertido en un elemento turístico más del sitio, como tantos otros hechos de violencia sucedidos en la ciudad. En 2009, la administración municipal de Mazatlán promociona el hotel de esta forma:

Uno de los sucesos más famosos ocurridos en el hotel Belmar fue el artero crimen cometido durante las fiestas de carnaval de 1944, del gobernador del estado, el coronel Rodolfo T. Loaiza, a manos de un asesino a sueldo oriundo del poblado de Aguacaliente de Gárate, llamado Rodolfo Valdés y mejor conocido como *el Gitano*; mientras el prominente político atendía el baile de coronación de la recordada reina del carnaval Lucila Medrano. Este magnicidio fue el más escandaloso suceso en que se vio envuelto el puerto por muchos años. Nunca se supo quién fue el asesino intelectual, aunque muchos rumores circularon y apuntaban que este crimen había sido obra de militares encumbrados; esta hipótesis nunca se pudo comprobar plenamente al no existir pruebas fehacientes que así lo indicaran, pero aquí cabría hacer notar que ese aciago día, contrario a lo que se acostumbra normalmente, los jefes militares destacamentados en la plaza recibieron instrucciones precisas de no hacer acto de presencia en ninguno de los actos en los que estuviera el gobernador, por lo que todos ellos festejaban esa trágica noche en el popular Círculo Benito Juárez.

Una traición del gobernador Loaiza a los traficantes de droga de la época fue considerada como una de las causas de su muerte. El investigador Luis Astorga recuperó un artículo periodístico publicado por Luis Spota en el periódico *Excélsior*, el 13 de junio de 1944, en el que el escritor y periodista cita una fuente anónima que le contó el supuesto móvil del crimen:

El declarante elaboró una versión creíble: Loaiza recibió 80 000 pesos que le obsequiaron los traficantes de opio de Sinaloa para asegurarse impunidad y recoger libremente la cosecha de adormidera a principio de año; el gobernador aceptó el dinero sin comprometerse a nada; luego solicitó los servicios de alguna policía capitalina para que arrasara los plantíos, cosa que se hizo […] los traficantes burlados planearon la venganza, que se ejecutó brutalmente en las primeras horas del 21 de febrero de 1944, durante las fiestas del carnaval mazatleco. Al tiempo que Loaiza caía —y éste es un detalle poco conocido— manos misteriosas saquearon su residencia oficial en Culiacán.

En esos años, los latifundistas estaban resueltos a impedir a sangre y fuego la cesión de sus tierras. Las guardias blancas de los terratenientes mataban campesinos y éstos se defendían con las armas. En ese ambiente nació la mafia en Sinaloa: para proteger la propiedad privada en una época en que el lema "Tierra y Libertad" no era el eslogan de un partido político y permanecía fresco en la memoria de miles de campesinos que invocaban la Revolución de 1910. Los más ricos agricultores, dueños de feudos de la época, se valieron de pistoleros como *el Gitano* para mantener intactos sus privilegios mediante la aplicación de una ley propia, cuya sentencia habitual era la pena de muerte a los enemigos del latifundio. Erigida sobre la protección de la propiedad privada, con el paso del tiempo la mafia fue aprovechando su poder de corrupción gubernamental y de infundir temor entre la población para extenderse a otras actividades económicas, como la siembra y venta de mariguana y adormidera.

El ex procurador Manuel Lazcano y Ochoa afirma en sus memorias que el clima de encono se aminoraría cuando asumió la gubernatura Pablo Macías. "El general Jesús Arias Sánchez calmaría los ánimos y pacificaría el sur del estado. Por eso se le llamó el pacificador del sur. Pero en muchos sentidos se trató de la paz de los panteones, la paz de los sepulcros, porque mucha gente se murió." El nuevo gobernador, también un militar con rango de general, fue señalado por el propio *Gitano*, tras una reunión privada con Lázaro Cárdenas, como uno de los que le ordenaron el asesinato de Loaiza, quien fuera uno de los cardenistas más feroces del noroeste del país, en esos años en que la figura del general que expropió la industria petrolera comenzaba a provocar tormentas dentro del partido oficial.

Aunque se manejó que la confesión del *Gitano* se dio casi un año después del crimen, cuando un general brigadier llamado Rafael Cerón Medina, quien había sido jefe del Estado Mayor del gobernador asesinado, se entrevistó en la clandestinidad con el pistolero en un lugar conocido como La Barrigona, hay dudas al respecto.

Eusebio Olalde Hernández, un médico militar de Guanajuato encargado de sanidad durante la campaña emprendida por el general Jesús Arias Sánchez en los cuarenta y que ahora, a sus casi 90 años, radica en Mazatlán, el 14 de abril de 2008 dio una entrevista a la reportera Consuelo Lizárraga del diario *Noroeste*, en la cual ofrece un relato distinto sobre la forma en que fue capturado el pistolero, además de dejar entrever la personalidad del *Gitano*:

Cuando se entregó Rodolfo Valdés, *el Gitano*, presunto asesino del ex gobernador Rodolfo T. Loaiza, yo estaba ahí. Lo teníamos cercado enfrente de Aguacaliente, vio que estaba perdido y salió con una bandera blanca. Lo trajeron a la prisión militar de Mazatlán, lo tenían en una celda cavada en la roca del cerro del Vigía al que le pusieron rejas; apenas cabía y era un poco más alto que yo.

—Sáquenlo a que le dé el sol porque se va a tullir —le dije al comandante—, que camine un poco.

Así es que *el Gitano* me agarró confianza. Otro día le dije:

—Oye, Rodolfo, ¿es cierto que con tus manos mataste como a 300?

—No, médico, son cosas del periódico que siempre le echan de más; nomás como 200. ¡*El Sordo* mató más! —así le decían a Jesús Arias Sánchez.

La reportera le preguntó si el general Arias Sánchez había puesto orden en Sinaloa.

—¡Claro! En menos de dos años acabó con las gavillas. Cuando regresó de Sonora a El Rosario ya no había tanto problema. Quería que fuera mi padrino de bodas y cuando se lo dije me contestó: "Si yo entro a la iglesia se caen los santos de espaldas". Después fue mi compadre, porque bautizó a mi hijo Jorge Luis. Murió en Tucson.

—¿Considera que el general fue quien pacificó la zona?

—¡Claro! Él era enérgico, no abusivo. No le gustaba perder tiempo con tantas citas con el ministerio público.

El 16 de enero de 1945, *el Gitano* fue trasladado en un avión de la Fuerza Aérea al Distrito Federal, a la prisión militar de Santiago Tlatelolco. Una vez que charló en privado con Lázaro Cárdenas, quien en ese momento era secretario de Guerra y Marina, el pistolero fue presentado públicamente como el autor confeso del crimen. El ministerio público militar, a través del juez cuarto de Instrucción Militar, lo consignó y el juicio comenzó mientras corrían con mayor fuerza los rumores de que Pablo Macías, el gobernador que había remplazado a Loaiza, estaba implicado en el asesinato.

Tiempo después, a la misma prisión de Santiago Tlatelolco fue enviado el general Cerón Medina, acusado de haber protegido la fuga del *Gitano*, quien era su compadre, según se reveló en ese momento. Cerón negó las acusaciones y señaló a su vez al general Juan José Ríos, comandante de la zona militar con sede en Culiacán, de haberle impedido la persecución del *Gitano*.

En medio de esas aguas turbulentas del ejército, se desató con mayor fuerza el rumor de que el sucesor del gobernador asesinado sería detenido también. Explica en sus memorias Manuel Lazcano y Ochoa, quien empezó en esos años su larga carrera como funcionario de la justicia de Sinaloa:

> Era evidente que la campaña en contra de don Pablo Macías tenía el respaldo del ex presidente de la República, Lázaro Cárdenas. Y éste, en ese momento, era nada menos que el secretario de Guerra y Marina. Se logró instruir una investigación penal en el fuero militar. Dijeron que tenía capacidad el fuero castrense porque el muerto era un militar. Hasta llegó a haber orden de aprehensión en contra del gobernador Pablo Macías. Fue algo muy duro, muy difícil para nosotros.

Sin embargo, el gobernador Macías también había sido titular de la Secretaría de Guerra y Marina en el régimen de Manuel Ávila Camacho y tenía prestigio, relaciones e influencia. Su secretario particular, un teniente coronel apellidado Wadgymar, le avisó que un grupo de agentes del ministerio público militar andaba en Culiacán.

Ante la amenaza, el mandatario decidió ir a la ciudad de México para entrevistarse en persona con el presidente Ávila Camacho. Rentó un *pullman* de ferrocarril y se fueron con él 20 obreros de Navolato comandados por José Saúl Rivera, y otros 20 de Los Mochis, liderados por Carlos Ramón García, un dirigente de los sembradores de caña locales. Así de protegido, el gobernador amenazado con ser detenido por el asesinato de su antecesor se la jugó.

Durante el viaje a la ciudad de México, la comitiva que iba en el ferrocarril se bajó en la estación de Tequila, Jalisco, donde el entonces mandatario de esa entidad, Jesús González Gallo, le dio un auto para que continuara su viaje. En esos años, viajar de una ciudad a otra en automóvil era algo atrevido, pues no existían carreteras bien trazadas. Al llegar a la capital, el gobernador Macías se entrevistó con Ávila Camacho, quien le dijo que solucionara su problema con el secretario de Gobernación, Miguel Alemán. Entonces las cosas comenzaron a cambiar en favor del mandatario sinaloense, afirma Lazcano y Ochoa.

Se inició un expediente de competencia por inhibitorio por el Juzgado Penal de Mazatlán al C. juez cuarto instructor militar de la ciudad de México. La Suprema Corte de Justicia de la Nación resolvió declarando que la competencia radicaba en el juez penal de Mazatlán. Se alegó y determinó en consecuencia que la investigación del crimen de Loaiza no era de competencia federal. Luego se turnó el caso a los juzgados de la Concordia y de Mazatlán, pero ya con la competencia del fuero común. En suma: con nosotros. El jurista Alberto Sánchez actuó como instructor en estos trámites. Así pudo resolverse la amenaza que se cernía sobre el general Macías.

LA SOMBRA de duda en torno al comercio de las drogas prohibi-
das ya cubría a muchos hombres poderosos en la Sinaloa de los
años del *Gitano*. Aunque el fenómeno del narcotráfico era visto
como un problema de "gomeros" —así llamaban a los traficantes—, el magnicidio de Loaiza visibilizó aún más la lucha de
intereses políticos y económicos que se daba, y a la cual no era
ajeno el incipiente tráfico de enervantes.

En los primeros días de noviembre de 1947 hubo una gira
oficial de trabajo por Sinaloa, en la cual iban autoridades judiciales, militares y de salud, con el fin de poner en marcha un
plan presidencial para combatir a los traficantes de drogas en el
noroeste del país, relata Luis Astorga en *El siglo de las drogas*. La
prensa capitalina publicó rumores escuchados en la PGR según
los cuales dos gobernadores norteños estaban "mezclados en el
tráfico de enervantes". El periodista Armando Rivas Torres, de
Excélsior, quien acompañó a los funcionarios en la gira, calificó
a la capital sinaloense como "base de operaciones de los contrabandistas de opio", y anotó que el gobernador Pablo Macías
"es señalado por mucha gente como uno de los cabecillas de
la banda de traficantes en drogas, cosa que está por probar-
se". Contó también que las autoridades federales encontraron
un "ambiente francamente hostil" y que agentes de la policía
federal habían logrado saber que se pensaba atentar contra los
periodistas, por lo que les brindaron protección día y noche.
Al ver eso, el procurador de Sinaloa, Manuel Lazcano, les dijo
que "no había necesidad de ello, ya que si ocurriese algo sería
en perjuicio directo del gobernador del estado, y que podía te-
nerse la seguridad de que los traficantes, que casi no existen, no
comprometerían al gobierno local".

Mientras tanto, el diario *Últimas Noticias* publicó notas cuyos títulos eran: "Acumulan datos contra el gobernador cabecilla", "Íntimos colaboradores de Macías vendían el opio", "Ahora no escapará el gobernador traficante". Otra de las notas periodísticas rescatadas de las hemerotecas por Astorga es la del enviado especial del diario *El Universal*, Eduardo Téllez, quien escribió que en Sinaloa se dice que "políticos de altura, influyentes y hasta aparentes comerciantes e industriales están mezclados en el condenable tráfico". Y ya desde la capital del país señaló acerca de Macías que "extraoficialmente se sabe que es dueño de cuatro avionetas en que se ha contrabandeado opio; hasta se dice que él personalmente se encarga de entregar la droga enlatada en un lugar de la Baja California".

Macías concluyó su gobierno. Nunca pisó la cárcel.

MANUEL Lazcano y Ochoa, el procurador responsable de investigar el crimen en que se involucraba a su jefe, el gobernador Pablo Macías, negó la implicación de éste en su momento, y también muchos años después en sus memorias. En 1991 recordó:

> En ese tiempo yo era procurador de Justicia. Con mucha cercanía con el gobernador. Y esa relación se logró de manera similar con otros de sus jóvenes colaboradores. Conocí en consecuencia todo el proceso de la muerte de Loaiza. Estoy convencido de que Rodolfo Valdés, *el Gitano*, gatillero al servicio de los terratenientes del sur, fue el responsable. Cuando voluntariamente declaró ante el juez cuarto instructor militar, éste dictó su formal prisión como presunto responsable del asesinato del gobernador,

y cuando se le notificó el auto relativo, se manifestó conforme, agregando que había dicho la verdad.

Fue un activo gatillero contra actos que instrumentaba la reforma agraria, como la dotación de tierras, la ejecución de resoluciones y la creación de ejidos. Fueron organizados los grupos de matones por parte de los latifundistas para amedrentar a los campesinos. Eran las famosas guardias blancas. *El Gitano* estaba muy bien organizado, muy bien respaldado. Ya tenía fama. De esas famas clásicas de los matones de leyenda. El sujeto era de buena estampa. Bueno para tirar. Bien relacionado. Afortunado en amores. De esa forma de mito. Pintoresco. Igual como lo narran los corridos.

Pero como todo crimen político, todavía ahora hay gente que dice que no está resuelto. Hubo muchas versiones. En aquel momento ya se estaba hablando de la sucesión de Manuel Ávila Camacho y que Rodolfo T. Loaiza, que era aún gobernador, había hecho una reunión con gobernadores con tendencias a favorecer a *x* candidato. Y se decía que el hermano del presidente Ávila Camacho, general Maximino Ávila Camacho, quería ser el sucesor en la presidencia de la República...

Sin embargo, desde mi punto de vista, la muerte del gobernador se debió más bien a los siguientes hechos: fue producto de la venganza de la familia de Alfonso *Poncho* Tirado, un rico terrateniente y hombre de negocios de la zona de Mazatlán, La Noria y La Palma. Se dijo que Tirado podía ser candidato a gobernador, en contra de los intereses del grupo de Loaiza. Pero habría de ser asesinado en Culiacán, en el hotel Rosales. Lo mató un pistolero que había estado al servicio de Loaiza: Alfonso Leyzaola. La familia Tirado decidió entonces vengar la muerte de don Alfonso Tirado.

Entre ellos estaba uno al que le decían *el Mocho* Tirado, porque le faltaba un dedo de la mano derecha y que tenía una flota pesquera en Guaymas, con buena capacidad económica; así como Silvano Pérez Ramos, que se dedicaba también a los negocios de ganado y aserraderos. Eran gente de dinero. Se reunieron para vengar la muerte de *Poncho*, que no está por demás decir que en su momento fue un tipo muy popular en el sur del estado. Era carismático, simpático, de buen humor, de muy buen ambiente, de atractiva presencia. Hicieron una colecta, en aquel tiempo creo de entre 25 y 30 000 pesos cada uno. Recolectaron una buena cantidad y contrataron a los gatilleros para que ejecutaran la venganza. Al día siguiente del crimen, me acuerdo que la opinión pública no decía otra cosa respecto a quién había sido el criminal: culpaba al famoso *Gitano*. Aunque después se intentó desviar la atención, y se empezó a decir que había sido éste y luego que otro. Pero al final fue sentenciado *el Gitano*, quien estuvo purgando su pena en México. Cuando años más tarde llegó al gobierno del estado Leopoldo Sánchez Celis, por compromiso con algunos familiares, solicitó que el gatillero viniera a purgar la sentencia al penal de Mazatlán. Así ocurrió. Y murió aquí, oficialmente, dentro de la cárcel. Digo esto porque oficialmente estaba preso en Mazatlán, pero en realidad *el Gitano* vivía sus días de preso en la ciudad de Culiacán. Aunque insisto: oficialmente seguía recluido en la cárcel.

EN REALIDAD, la cárcel de Mazatlán se convirtió en un hotel para *el Gitano*.

El 14 de agosto de 1969, un agente secreto del Departamento de Investigaciones Políticas y Sociales elaboró un reporte sobre *el Gitano* y sus nexos con el narcotráfico. En el documento desclasificado que hoy en día puede ser consultado en el Archivo General de la Nación, el agente cuyas iniciales eran JCH describe una balacera desatada en Guadalajara, cuando elementos de la PGR trataban de detener al *Gitano* al momento de recibir un cargamento de cocaína.

> Hoy a las 12:15 horas en las calles de Sicilia número 1868 de la colonia Chapultepec Country, dos agentes de la Procuraduría General de la República, Juan Castro Avilés y Gilberto Pinto Vargas, sostuvieron un tiroteo con el narcotraficante Rodolfo Valdés alias *el Gitano*, resultando muerto el agente judicial Gilberto Pinto Vargas y con heridas clasificadas Rodolfo Valdés, ya que le fue vaciado el ojo derecho, con un balazo de 38 Súper.

Posteriormente se explica que los policías federales llevaban varios días esperando interceptar el cargamento de droga que recibiría *el Gitano*. Los hechos —según el informante— se desarrollaron de la siguiente forma:

> Los agentes Castro Avilés y Pinto Vargas, se situaron en las cercanías del domicilio de Rodolfo Valdés (a) *el Gitano*, con el objeto de detener a todas las personas que llegaran a él, y a las 12 horas se presentó *el Gitano* el cual fue conminado a entregarse, por el agente Gilberto Pinto Vargas, contestando *el Gitano* con fuego nutrido y después de cuatro balazos cayó mortalmente herido Pinto Vargas. El agente Juan Castro Avilés hizo varios disparos hiriendo al *Gitano* en el ojo derecho. Al caer herido *el Gitano*, una de sus hijas tomó la pistola de su padre, tratando de hacer uso de

ella en contra del agente Castro Avilés, no consiguiéndolo, gracias a que el agente se protegió detrás de un vehículo, mientras la hija se dio a la fuga no habiendo sido detenida.

Rodolfo Valdés, el primer pistolero sinaloense afamado, es el antecedente de Javier Torres Félix, *el JT,* o bien de Édgar Valdés Villarreal, el texano que en los alrededores de 2010 trabaja para el cártel de Sinaloa con el apodo de *la Barbie,* el cual poco tiene que ver con la frialdad sanguinaria con la que mata este heredero del rito de violencia y muerte iniciado hace 60 años por *el Gitano.*

5

La cruz

La presencia de periodistas en el convoy militar reduce las bromas habituales entre soldados a una chismología sin gracia, y a absurdos comentarios y especulaciones en torno al clima. Los últimos días han sido secos y calurosos, así es que la charla se vuelve sosa, abigarrada, como el estado del tiempo actual. Si alguien pregunta una cosa distinta de la situación climática, cualquier cosa, se crea de inmediato un ambiente tenso. "¿Definirían como 'guerra' las acciones actuales contra el narco?", cuestiona un periodista a un teniente de piel morena, bigote bien recortado y grandes ojeras. "Sí", responde. Y ahí acaba la conversación. Los monosílabos también viajan con nosotros.

Vamos en la parte trasera de un camión de asalto, en un convoy que para a la orilla de la carretera para que uno de los mandos, que va en los asientos delanteros de un Hummer, se ponga de acuerdo con otro oficial, antes de que entremos a Badiraguato. Entre preguntas desagradables y charlas sobre la lluvia, escuché ese día por primera vez *Cruz de mariguana*, un corrido de Los Tigres del Norte que salía de un potente estéreo dentro de la tienda frente a la que nos habíamos detenido. El corrido dice así:

Cuando me muera levanten
una cruz de mariguana,
con diez botellas de vino
y cien barajas clavadas.
Al fin ¿qué fue mi destino?
Andar en las sendas malas.

En mi caja de la fina
mis metrallas de tesoro.
Gocé todito en la vida:
joyas, mujeres y oro.
Yo soy narcotraficante,
sé la rifa por el polvo.

Sobre mi tumba levanten
una cruz de mariguana.
No quiero llanto ni rezo,
tampoco tierra sagrada;
que me entierren en la sierra
con leones de mi manada.

Que esa cruz de mariguana
la rieguen finos licores
siete días a la semana,
y que me toquen mis sones;
con la música norteña,
ahí canten mis canciones.

Que mi memoria la escriban
con llanto de amapola,
y que con balas se diga
la forma de mi pistola,
para gallos en mi tierra,
la sierra fue nuestra gloria.

Una vez que los mandos terminan de ultimar detalles, seguimos nuestro camino. En Badiraguato no hay un solo letrero oficial que dé la bienvenida. Ni a los automovilistas comunes y corrientes, ni mucho menos a los soldados. Los Hummers del ejército mexicano entran acompañados de nosotros los reporteros a este municipio serrano donde nacieron Rafael Caro Quintero, Juan José Esparragoza, *el Azul*, Ernesto *Don Neto* Fonseca, los hermanos Beltrán Leyva y Joaquín *el Chapo* Guzmán. Puros *jefes de jefes, varones bien pesados, capos*, los máximos operadores —conocidos— del narcotráfico en México durante los últimos años.

Ellos son la cruz de Badiraguato.

Como es domingo al mediodía, pocos pobladores del casco asoman sus cabezas ante el desfile de vehículos y uniformes color verde olivo que pasan delante de ellos.

—Parece que la gente nos mira con mucho coraje —le digo a un colega reportero.

—No —me corrige—; nos ven cara de cadáveres...

—Al contrario —tercia otro compañero—: se están muriendo de la risa de nosotros y de este *performance* en el que estamos participando.

Lo que se pretende con esta incursión militar es mostrar a la prensa lo que significa el Operativo Sierra Madre, implementado por el gobierno de Felipe Calderón en 2007 para combatir la siembra de mariguana en las comunidades del llamado Triángulo Dorado.

Desde hace años es grande la sombra de duda en torno a la colusión del ejército con el cártel de Sinaloa. Un batallón de infantería completo, el número 65, integrado por 600 soldados, fue desarticulado el 14 de octubre de 2002 por el secretario de la Defensa Nacional, el general Clemente Vega. El batallón recibía instrucciones de la Tercera Región Militar, que en ese entonces era comandada por el general Heriberto Salinas Altés, quien con el paso del tiempo se iría a Guerrero a trabajar como secretario de Seguridad Pública durante el gobierno de Zeferino Torreblanca. Cuarenta y ocho soldados estaban acusados de recibir dinero del cártel de Sinaloa a cambio de no destruir plantíos de mariguana y adormidera justo en esta zona de Badiraguato por la que ahora viajamos. El general Salinas Altés había enviado, 12 días antes de la decisión del secretario de la Defensa, un informe confidencial en el cual acusaba al general brigadier Héctor Porfirio Petronio Guadarrama Reynoso, un antiguo mando de ese batallón, de ser el enlace con los traficantes. Un teniente llamado Walter Armando González dijo luego ante las autoridades que el general Guadarrama tenía vínculos con Alfredo Beltrán Leyva, Jaime Palma Valenzuela y Miguel Beltrán Uriarte, operadores del cártel en la zona. Alfredo Beltrán Leyva, alias *el Mochomo* —según las declaraciones del teniente González—, había enseñado al general Guadarrama y a otros militares a pilotear avionetas Cessna con la finalidad de que también colaboraran en el traslado de la mariguana sembrada en la región.

Hoy en día, sin embargo, la relación entre el ejército y el cártel no parece ser tan buena como antes. Hace unas semanas, César Crisóstomos y Ventura Gamboa viajaban en la unidad militar 0894131 de la Secretaría de la Defensa Nacional. A la altura de la calzada Ciudades Hermanas, en Culiacán, su vehículo fue rociado de balas. Sus cuerpos recibieron después varios tiros de gracia. La sangre fría de los sicarios del cártel alcanzaba para cometer la ejecución a tres calles de la residencia oficial del gobernador de Sinaloa, Jesús Aguilar Padilla. En apenas 10 minutos quedaba consumada la operación con dedicatoria para los militares. Los pistoleros iban en una camioneta Ford Lobo roja y —según testigos— reían ese día por la tarde mientras daban los últimos disparos al cabo de intendencia Crisóstomos y al soldado raso Gamboa.

Hubo otros atentados del cártel de Sinaloa por esas fechas. La madrugada del 18 de septiembre de 2006, un comando arrojó frente a la entrada de la Novena Zona Militar el cadáver de Jesús Enrique Parra Torres. El cuerpo sin vida traía un mensaje dedicado al entonces principal mando militar de Sinaloa. El recado decía: "Por dedo… Eddy". Se referían a Rolando Eugenio Hidalgo Eddy, el general de división que luego de ese suceso sería enviado como agregado militar de la embajada de México en un país de Europa del Este, del cual volvería en 2009 para encargarse de la Secretaría de Seguridad Pública de Aguascalientes.

Durante los nueve meses que estuvo en Sinaloa, el general Hidalgo Eddy se distinguió por tratar de mandar de regreso al penal de máxima seguridad de Puente Grande a Joaquín *el Chapo* Guzmán. La Tuna, Santiago de Los Caballeros, Huixiopa, El Limón de los Aguirre, La Lechuguilla, San José del Llano, Bacacoragua, Soyatita, Revolcaderos, en Sinaloa; Bastantita, El Durazno, Chacala y la cabecera municipal de Tamazula, en Durango, fueron algunas de las poblaciones del Triángulo Dorado que constantemente recibieron tropas al mando del general. Pero al capo nunca lo hallaron.

De esa cruzada, que arreció entre abril y mayo de 2006 —antes de las elecciones— para tratar de capturar de nuevo al *Chapo* Guzmán, la Comisión Estatal de Derechos Humanos de Sinaloa hizo una relatoría basada en quejas por supuestas violaciones a los derechos humanos. La relatoría es a la vez una especie de crónica del fracaso para ubicar a uno de los 500 hombres más ricos del mundo según la revista *Forbes*:

—El 13 de abril llegan a La Tuna, Badiraguato, más de 350 soldados supuestamente buscando al *Chapo* Guzmán.

—Desde el 14 al 17 de abril levantan un campamento junto al rancho de María Consuelo Loera Pérez, madre del capo.

—El 19 de abril la Sedena dio a conocer la captura de dos individuos armados en las inmediaciones de La Tuna: Isaías Valdez Ríos y Carlos Terrazas Corrales.

—Entre el 25 y 28 de abril, vecinos de Soyatita, Badiraguato y El Durazno, Durango, denuncian que soldados sitiaron las comunidades y amenazaron a la gente.

—Entre el 2 y 5 de mayo efectivos militares destruyeron las pistas de aterrizaje en las comunidades de Bacacoragua y La Tuna, Badiraguato.

—El 13 de mayo, un grupo del 94 Batallón de Infantería dinamitó la pista de Huixiopa.

—El 15 de mayo, un pelotón de soldados incursiona en La Lechuguilla y La Huerta, Badiraguato, causando el temor de sus habitantes, a quienes supuestamente exigen informes sobre narcos de la región.

—Para el 17 de mayo, la Novena Zona Militar difundió un boletín donde informa que en las inmediaciones de La Tuna descubrieron un enorme deshuesadero de vehículos, además de la localización de decenas de unidades que tenían reporte de robo.

—El 20 de mayo, fuerzas castrenses, en dos helicópteros y vehículos, aseguraron un rancho que presumen es propiedad del *Chapo*, en las inmediaciones del poblado Teguciapa, en el municipio de Tamazula.

—El 21 de mayo, pobladores de Huixiopa denuncian que el ejército no permitió aterrizar un avión para trasladar al enfermo Justo Chávez a Culiacán, por lo que falleció.

—El 22 de mayo, soldados arriban a Las Palmitas, Badiraguato. Descansan en unas cabañas durante el día, por la noche se van, pero los vecinos les atribuyen el destrozo que sufrieron dos chozas, además de llevarse alimentos y cobijas.

—Del 23 al 25 de mayo, soldados pernoctaron en El Limón de los Aguirre. Vecinos señalan que esculcaron residencias, robaron comida y agua, sitiaron el pueblo y golpearon a dos hombres.

—El 25 de mayo, un pelotón de soldados pasa por Lo de Pablo, Chihuahua, y amenaza a mujeres y niños. Los hombres se escondieron en el monte. Y ese mismo día un comando militar recorre Bastantita, Durango, preguntando por *el Chapo*. Los habitantes denuncian excesos y amenazas.

El Chapo Guzmán se convirtió hace tiempo en el Bin Laden mexicano. Un forajido famoso que nadie ve nunca, pero que parece que siempre anda cerca.

Ante la exhibición del ejército, la ejecución de soldados y el inicio del mandato del presidente Felipe Calderón, el gobierno federal ordenó reforzar la presencia militar en el estado. He aquí la razón por la cual, de repente, han empotrado a un grupo de periodistas en un convoy militar, con la finalidad de ver cómo combate el ejército la siembra de mariguana en Sinaloa.

No es la primera vez que estoy en Badiraguato. He venido otras veces y me queda claro que mucha gente aquí quiere más a los narcos que al ejército. Lo sabe todo el mundo. Y también se saben las razones: la pobreza lacerante y el abandono oficial han sido aligerados por los traficantes. "El señor Guzmán", como se le dice al *Chapo*, además de nacer aquí en el poblado de La Tuna, es hoy en día la cara principal del cártel de Sinaloa, "la empresa" a la que miles de campesinos de Badiraguato venden sus cosechas de mariguana y adormidera.

Pequeñas muestras de la marginación aparecen a la orilla del camino de terracería por donde va el convoy militar. Tras dos horas de viaje, en medio de la aparente nada, se ven casas de adobe con los techos de palma, de tejamanil, de madera, de lámina de asbesto y de teja. ¿Y los pisos? Los pisos son de tierra. Niños descalzos, morenos, indígenas algunos, asoman sus rostros tristes al paso de la caravana. Sus caras pequeñas, delgadas y polvorientas también dan una idea de la fragilidad en la que pasan los días. Si repentinamente tuvieran una enfermedad no habría aquí en la sierra un solo médico gubernamental que los atendiera. Para llegar a Culiacán son horas de recorrido y no siempre hay "mueble" disponible, o sea vehículo para hacer el viaje que urge. Una opción sería subirse a la avioneta "del señor Guzmán", o de cualquiera de los otros jefes de la zona, e irse a Culiacán para ser atendido. Así sucede muy seguido.

Nuestro andar por caminos de la sierra acaba después de

que los Hummers cruzan un arroyuelo. Los soldados bajan, se alistan y comienzan a caminar entre veredas que los campesinos de la mariguana también caminan y que algunos operadores del cártel de Sinaloa suelen recorrer en cuatrimotos, vigilantes. Parece que estamos en una zona agrícola más, nada extraordinaria. Milpas y milpas. Muchas milpas de esas gomas de verde que suele haber en el campo: verde amarillento, verde brilloso, verde esmeralda, verde pálido, verde fosforescente y, de repente, el verde buscado, el verde mariguana.

Los reporteros que vamos en el convoy hemos de tener una mínima condición física —o inventarla ahora— para aguantar los tres kilómetros de camino accidentado. Uno que otro derrapa, cae, se lastima y sigue, o se queda y camina más tarde. Por entre las veredas andadas aparecen a la vista pequeñas matas de mariguana entre cardones y otras hierbas silvestres. Son las "hijitas", los indicios de que cerca de aquí está "la madre", la plantación mayor a la que vamos.

Aunque Badiraguato es visto como una especie de santuario del narcotráfico en México, no todo es narco aquí. Es también un área de extraordinaria riqueza y belleza natural, donde existen pueblitos como Surutato, considerado por especialistas en el tema como uno los 10 mejores paisajes serranos del país; además, Surutato es la sede del Centro de Estudios Justo Sierra, donde existe un interesante proyecto de educación comunitaria iniciado en los años setenta y que comienza a irradiar en la región, como alternativa al narco. "Surutato es la prueba de que Badiraguato puede salir adelante", me ha dicho el historiador Froylán Enciso, un sinaloense apasionado.

La Operación Sierra Madre no tiene ninguna estrategia

social en la zona. Absolutamente ninguna. Se limita a ser "la operación militar más grande que ha realizado hasta hoy la administración federal en Sinaloa", según dice la publicidad lanzada por el gobierno de Felipe Calderón. La Sierra Madre mueve a 9 054 militares, y además utiliza 40 aviones y 20 helicópteros. Pero no hay ni siquiera un trabajador social incluido en la operación.

La Sierra Madre está enfocada en el Triángulo Dorado, el histórico corredor de sembradíos de mariguana y adormidera entre Sinaloa, Chihuahua y Durango. Según un parte militar, en 2007, en esa zona se habían instalado 119 bases de operación en 12 municipios y realizado 169 acciones aéreas, detectando 4 923 plantíos de mariguana y asegurando una centena de toneladas, 325 kilos de semilla de *cannabis*, decenas de armas largas y cortas, vehículos, dinero en efectivo y 20 personas implicadas en delitos contra la salud.

Tras caminar los tres kilómetros, finalmente llegamos al primer punto del recorrido. Se trata de un sembradío de 17 hectáreas ubicado en una ranchería. Se nos dice que el Noveno Batallón de Infantería lo detectó mediante una inspección. A través del escáner de la radiofrecuencia local, cuando se acercaban a incautarlo, los soldados alcanzaron a escuchar que uno de los vigilantes del campo dijo por su transmisor: "Ni aunque traigan al FBI nos van a agarrar". Y efectivamente —aunque al parecer con nosotros no iba nadie del FBI—, ninguno de los responsables de la plantación ilegal fue capturado. Todos huyeron.

—Hay mucho orgullo y mucha satisfacción, pero también hay miedo —me dice un militar del Noveno Batallón que corta las plantas de mariguana recién encontradas. Acaba de iniciar su faena, encorvado, cargando un fusil de asalto en la espalda. Nació en Oaxaca, tiene 24 años de edad y es hijo de campesinos pobres, muy pobres, de la costa. Sus hermanos están de mojados en los Estados Unidos y su única hermana es sirvienta en una casa del Distrito Federal.

—¿Cuando tengas hijos entrarán al ejército? —sigo preguntando, tratando de romper la infranqueable muralla que hace que reporteros y militares sólo hablemos del estado del tiempo.

—No sé. A lo mejor no —me responde.

—Está pesada la situación, ¿no?

—Así es siempre.

—Pero ahora más…

—Para nosotros siempre ha sido así. No nos quejamos.

Y ahí acabó el intento de conversación.

—Ojalá que no llueva al rato —le digo, asumiendo mi rol.

—Yo creo que no va a llover hoy —me responde, mientras sigue quitando hierba mala aquí, hierba mala allá.

Y el intento de dialogar con uno de los mandos del operativo resulta aún peor. Mi charla con el teniente parece una entrevista en una embajada en la que, por razones protocolarias, los interlocutores no deben excederse en la duración y mucho menos en la familiaridad de los comentarios.

Después de casi una hora, militares y reporteros nos vamos a otro sembradío detectado por la tropa, el cual se encuentra muy cerca del primero. Ahí nos topamos con tres campos "pequeños" que suman en total siete hectáreas. Parecen muchísimas las matas. Y lo son. "Son 12 plantas por cada metro cuadrado", me informa un soldado que mide con un aparato GPS las características de los sembradíos. La planta que nos hemos encontrado aquí es la de la mariguana índica-colombiana, que de acuerdo con algunos militares es la más demandada por el mercado ilegal, al ser de mucho mejor calidad. "Claro que ahora hay hasta mariguana orgánica y transgénica. Y está muy buena", bromea uno de los reporteros.

La siembra de la mariguana requiere cuidados especiales. Quien se dedica a sembrarla por lo general no dispone de tiempo para el maíz u otro cultivo. La inversión es costosa, ya que se necesitan fungicidas, insecticidas, fertilizantes y foliares que tienen un alto costo para los campesinos. A los cientos, quizá miles de sinaloenses que por años se han dedicado a la siembra de mariguana, parece que se les han sumado muchos labriegos que antes se dedicaban al maíz, el cual cada vez es menos costeable para los pequeños productores. Para colmo, el sistema de entrega de apoyos económicos oficiales para el campo es de risa. Muchos de éstos terminan en manos de quienes supuestamente son los "enemigos" de esta "guerra" declarada ante los medios de comunicación por el presidente Calderón. Aquí en Sinaloa, Víctor Emilio Cázares Gastélum, quien según la DEA traficó "cientos de toneladas de cocaína, mariguana y anfetaminas" de Venezuela y Colombia hacia Estados Unidos, recibió dinero del gobierno federal para mantener trabajando un rancho ganadero. Según los padrones de 2004 y 2005 del Programa de Estímulos a la Productividad Ganadera de la Sagarpa, Cázares Gastélum recibió un total de 210 000 pesos como "apoyo para la reproducción de 600 cabezas de bovino". El primer cheque, por 90 000 pesos, fue obtenido el 25 de mayo de 2004 según el folio GE 03014428 del programa federal, y el segundo, por 110 000 pesos, el 1° de agosto de 2005, de acuerdo con el folio GE 05005660.

De acuerdo con el reporte de la DEA, este "ganadero" dirigía una organización criminal "internacional" que introducía droga a los Estados Unidos en el cruce de Mexicali, Baja California y Caléxico, California, para luego distribuirla a Nevada, Arizona, Nueva York, Nueva Jersey, Ohio, Colorado, Alabama, Arkansas, Kentucky, Connecticut, Massachusetts, Maryland, Texas, Missouri, Oklahoma, Illinois, Kansas, Florida, Georgia, Carolina del Norte, Washington y Oregon. Una auténtica empresa, al parecer. Incluso, en conferencia de prensa, el procurador de Justicia estadounidense, Alberto Gonzales —evidenciando la *cartelitis* de la política antinarcóticos estadounidense—, llamó a toda esta organización el "cártel de los Cázares Gastélum" y la catalogó como una de las organizaciones "más poderosas" de las que se dedican al trasiego y la venta de la droga en el vecino país del norte.

Ante un panorama tan devastador para los campesinos sinaloenses que no se dedican a la siembra de mariguana o adormidera, desde hace varios años se rumora en la ciudad de Culiacán que la pésima paga por la cosecha del maíz ha hecho que "la sierra baje a los valles", en referencia a la aparición del fenómeno de los añejos "narcocultivos" de lugares como Badiraguato, ahora en los valles de la capital del estado en cantidades antes inimaginables.

Cuando llegamos al tercer sembradío detectado, los soldados reinician su faena: cortan ordenadamente con las manos planta por planta, las amontonan al centro del plantío y luego otros prenden fuego. En su labor invariablemente los acompaña un fusil HK-G3, calibre .762, de esos que autoriza la Organización del Tratado del Atlántico Norte (OTAN) para que los ejércitos de todo el mundo hagan sus guerras. Al cabo de una hora de desbrozar, uno de los soldados saca una pequeña cámara digital y los del batallón se toman la fotografía del recuerdo. Algunos no abandonan la figura pétrea, permanecen en guardia, con su metralleta en alto y la mirada desconfiada incluso ante la lente del compañero que está por disparar su cámara. Otros sí se relajan un poco y hasta retozan en posición de combate, apuntando sus armas, acomodando el cuerpo camuflado de verde.

El soldado fotógrafo carga su HK–G3 en el hombro derecho y en el izquierdo un maletín con accesorios fotográficos. El verde vivaz de las matas de mariguana a punto de ser incendiadas seguro hará buen contraste con la humareda blanca en la gráfica apenas tomada.

En unas horas más estaremos en Culiacán. Durante el viaje de regreso, reporteros y soldados seguramente hablaremos sobre el cielo nublado que empieza a verse mientras cae la noche.

6

Los leones

No era difícil saber en Badiraguato cuándo había llegado a Estados Unidos un cargamento de la mariguana y la adormidera que se sembraba ahí en los años sesenta. El ruido de las balas disparadas al aire, la música de banda y los gritos de euforia lo anunciaban de manera intempestiva ciertas noches.

Cuando un cargamento cruzaba la frontera norte solía haber fiestas, y todos estaban invitados. Si un traficante quería una larga carrera, debía mostrarse filántropo, por lo menos con los de su comunidad, ya que de otra forma podía hasta ser catalogado como un vulgar asesino o contrabandista, en lugar de ser "el señor". La celebración después de colocar un cargamento podía durar hasta una semana mediante la rotación de los músicos y el incesante fluir del alcohol. Pueblos completos dejaban el silencio acompañado por insectos nocturnos y se volcaban a festejar los buenos tiempos bailando.

El negocio de la siembra y venta de droga era cada vez más generoso con algunos en Badiraguato. Durante esos años, el complejo mundo de las drogas se reduce a los nombres de unos cuantos, quienes son el antecedente de lo que luego serían los capos: se mencionan los nombres de Jorge Favela, Eduardo

Fernández, apodado *Don Lalo*, y Pedro Avilés Pérez, quienes se encargan del "negocio", un término que ayer y hoy es uno de los eufemismos más comunes para referirse al tráfico de drogas.

Desde entonces, la siembra y venta de mariguana y adormidera en la región ya era algo tan serio como la vida misma. La miseria, el miedo y la ausencia de Estado, los componentes sociales de la mafia, empiezan a consolidarse en algunas comunidades sinaloenses. En los cuarenta, un grupo encabezado por el jefe de la policía judicial, Alfonso Leyzaola, llega a Los Alisos, en Badiraguato, y destruye un sembradío de flores de amapola, además de decomisar varias latas de goma. Al regresar a Culiacán, entre la maleza de la serranía aparece una docena de hombres armados que emboscan a los judiciales. Francisco Urías, secretario del jefe de la policía, se lleva a Leyzaola, malherido, a una choza cercana al poblado de Santiago de los Caballeros. El resto de los judiciales huyen. Mientras el jefe de la policía está siendo curado en la choza, los pistoleros llegan y se lo llevan a otra casa donde lo torturan un par de horas antes de colgarlo de un árbol como advertencia de que Badiraguato no dejará de ser un lugar productor de drogas.

Otros hechos violentos ocurrieron en Sinaloa durante esa época. El 9 de mayo de 1953, una bomba oculta en una maleta explotó en el aeropuerto de Mazatlán. La maleta estaba por ser acomodada en el portaequipaje del avión XA-HEP, el cual viajaría del puerto sinaloense a La Paz, Baja California Sur. A causa de la explosión, tres personas murieron: dos eran los empleados que llevaban el equipaje; el otro, el gerente del aeropuerto. La primera versión que circuló fue que el atentado estaba dirigido contra Francisco de la Vega, el comandante encargado del aeropuerto, supuestamente coludido con los traficantes de droga. La bomba, de fabricación casera, había sido armada con una pila seca, un reloj y 15 kilogramos de dinamita goma, fulminato de mercurio con alto poder explosivo, cuenta José Alfredo Andrade Bojorges, abogado de Amado Carrillo Fuentes y autor de *La historia secreta del narco*, libro en el que plasma un sinfín de relatos del mundo de las drogas en México, sobre todo alrededor de la figura del *Señor de los Cielos*, el sinaloense nacido en Navolato que dirigió en los noventa el cártel de Juárez.

El gobernador de Sinaloa Rigoberto Aguilar Pico —relata Andrade— de inmediato responsabilizó de los acontecimientos al narcotráfico, y aseguró que los sembradíos de amapola desaparecerían con la apertura de caminos, y que con un programa de empleos iban a terminar con el problema de las drogas. El político no supo digerir su plato grande de sapos, temía por su vida. Pasó los días siguientes al atentado en la ciudad de México, entre el despacho de Ruiz Cortines, las oficinas del PRI nacional y una casa en la calle de Andes, en Las Lomas de Chapultepec.

Finalmente hubo algunas personas detenidas y se afirmó que el objetivo del ataque era cobrar un seguro millonario. Sin embargo, en Mazatlán son pocos los que creen una versión distinta a la de un atentado de narcotraficantes. El suceso quedó como uno de esos casos en los que las historias se transmiten y las verdades se omiten, algo no muy raro en Sinaloa.

El año del bombazo en el aeropuerto, 1953, el Departamento de Aeronáutica Civil ordenó la suspensión de vuelos comerciales sobre los campos aéreos de Sinaloa, Sonora, Chihuahua y Durango, además de cerrar la escuela de aviación de Culiacán.

La palabra *narcotraficante*, que hasta ese momento no existía, comenzó a utilizarse por parte del gobierno y, por ende, también por la prensa, atenta al glosario de términos oficiales nuevos y lista en ocasiones para asumir como suya la voz institucional. *Gomeros, raqueteros, gánsteres, mafiosos, traficantes, cultivadores, contrabandistas, negociantes* y *hampones*, fueron las palabras que antecedieron al término *narcotraficante*. Durante el gobierno de Adolfo López Mateos se procuró con mayor frecuencia el uso de la palabra *narco*, y el lenguaje del poder se sumó al del combate al tráfico de drogas en Sinaloa.

El procurador de ese sexenio, Fernando López Arias, presume en la memoria oficial de su paso por la PGR un operativo en contra de una banda dirigida por Jorge Moreno Chauvet, la cual compraba heroína en Sinaloa, la transportaba a Matamoros, Tamaulipas, y luego la cruzaba a Estados Unidos y la llevaba a Nueva York, de donde salía embarcada a Francia. Según el mismo informe de esos años, "los feudos de la droga en Badiraguato" eran: Cañón de Paredes Bocarahua, Cañón de la Vainilla, Barranco de Otatita, Barranco el Rincón, Barranco de Agua Caliente, Barranco el Chipel, Barranco las Tranquilitas, Barranco Guamúchil, Arroyo Soledad, Barranco el Bruco, Arroyo Bamopa, Barranco Naranjitos, Barranco Las Sarillas, Barranca El Toro, Arroyo Tecoripa, El Cedrito, Barranco de San Pedro, Barranco de Santa Rosalía, Arroyo Batocomilo, Rancho Los Algodones, Arroyo Guajolote, La Ladrillera y Arroyo de San Antonio.

El desmantelamiento de la banda de Moreno Chauvet —quien la dirigía desde su casa, en el 151 de la avenida México, en el Distrito Federal— fue considerado como un gran logro de la PGR, dice el informe del procurador López Arias, donde también se presume la causa 124/62 del juez primero de distrito en Sonora, con la cual se logró la orden de aprehensión, "como probables responsables de delitos contra la salud, de Alfonso Márquez Siqueiros, Ernesto Fonseca Carrillo y Rafael Fonseca Carrillo". Sin embargo, sólo uno de los tres sería detenido al salir del hotel Arenas en Mazatlán, el 6 de septiembre de 1963. Se trataba de Ernesto Fonseca Carrillo, a quien aún le esperaba una larga vida en el mundo de las drogas, donde acabaría siendo conocido como *Don Neto*.

Durante esos años en que comenzaba a crecer el narcotráfico, el nombre de Pedro Avilés Pérez era uno de los más conocidos. Narran los corridos que al *León de la Sierra* —como apodaban a Avilés— le gustaba decir que exportar mariguana y opio era un negocio más al que solamente había que mezclar la menor sangre posible. El estereotipo de que en Sinaloa sabían apretar el gatillo ya comenzaba a cobrar fama nacional. De acuerdo con Andrade, *el León de la Sierra* coordinaba el tráfico de drogas con la ayuda de Ernesto Fonseca Carrillo en Sinaloa, Jaime Herrera Nevares en Durango y Miguel Urías Uriarte en Sonora.

El León de la Sierra aprendió a meterse entre las estrategias de los gringos, a que no lo utilizaran, sino a tratar de que pudieran salir las mejores condiciones. Solía decir: "Ellos se levantan todos los días a ver cómo pueden chingarme y yo a no dejarme". En esa época la policía estadounidense buscó entrevistarse con Avilés para decirle que podía meter toda la droga que quisiera a Estados

Unidos. A cambio de eso no podía sacar el dinero obtenido por la venta de enervantes; tenía que invertirlo allá. Avilés mandó decir que aceptaba siempre que le vendieran la oficina de narcóticos, lo único que deseaba comprar en Estados Unidos.

La hipocresía de la política antidrogas de los Estados Unidos para decidir cuándo y dónde era bueno o malo el narco, ya era muy cuestionada a causa del apoyo que dio el ejército estadounidense a sembradores y traficantes de heroína del llamado Triángulo de Oro Asiático, quienes ayudaban a los soldados norteamericanos a combatir a la guerrilla comunista de Vietnam. El historiador Froylán Enciso rescata algunas opiniones que generaba Sinaloa entre los funcionarios estadounidenses de esos años. Robert DuPont, asesor sobre drogas de la Casa Blanca en tiempos de Gerald Ford, visitó Culiacán poco después de que éste asumiera la presidencia de Estados Unidos en sustitución de Richard Nixon, en 1974. A su regreso, dijo que Culiacán era lo más cercano al Viejo Oeste que había visto. Otro observador, Richard Craig, visitó Sinaloa en 1976. En un artículo describió así su experiencia:

No sólo es el estado clave de la industria mexicana de la heroína, sino un microcosmos clásico de lo bueno y malo del milagro mexicano. Por un lado, Sinaloa es el estado agrícola líder nacional, el lugar de la agricultura de exportación más avanzado, un centro minero de importancia y la sede de dos hermosas, aunque muy diferentes ciudades, Mazatlán y Culiacán. Por el otro lado, es el centro de una pobreza apabullante, repetidas confiscaciones de tierras, desafío abierto y armado a la autoridad, notoria corrupción, ley marcial y, hasta hace muy poco, el sitio de una de las mayores concentraciones de producción de heroína en el mundo.

Con el apoyo de la policía judicial federal, San Luis Río Colorado, municipio fronterizo de Sonora, y Mexicali, Baja California, eran los principales cruces que empleaba *el León de la Sierra* para introducir la droga a los Estados Unidos. De hecho, siguen siendo dos de las principales rutas usadas por el cártel de Sinaloa. La Dirección de Investigaciones Políticas y Sociales advertía de esto en septiembre de 1972. El 15 de ese mes, un agente cuyas iniciales eran GML informaba a la ciudad de México que Jovita Martínez, una funcionaria del ministerio público del fuero común en Mexicali, estaba segura de que "los agentes federales estaban llenos de compromisos con el hampa" y que todos ellos eran "propietarios de fincas muy costosas, van y vienen a diario a San Luis Río Colorado, Sonora". En el documento desclasificado se explica que "uno de los grandes en el tráfico de drogas, nombrados 'los Intocables', es Pedro Avilés [quien] a raíz de una decomisación de seis toneladas de mariguana, tronó al procurador de Justicia de Sonora y mandó encarcelar al jefe de grupo y agentes de la policía judicial del estado destacados en San Luis Río Colorado". Otros de "los grandes" en el tráfico que se mencionan en el escrito son Arturo Samohano o Arturo Ochoa Flores, así como Salvador Hirales Barrera, cuyos "incondicionales" —dice el informe— son: *el Chino* Jaime Sam Fierro, Marco Antonio Reyes, Rodolfo Medina Fuentes, "este hermano de la mafia del diputado Francisco Zárate Vidal, teniente José Molina, a estos individuos que son consentidos del jefe policiaco se les ve gastando bastante dinero en los centros nocturnos y son considerados como fieras entre el hampa".

En Sinaloa, el dinero del narcotráfico también servía para

alimentar la corrupción policial. Óscar Sánchez Díaz, jefe de la policía judicial del estado a principios de 1971, es citado a declarar el 25 de junio de ese año, acusado de decomisar droga y venderla después por su cuenta. En los archivos abiertos de Investigaciones Políticas y Sociales, se da cuenta del día en que el jefe policial acude a declarar ante el ministerio público federal. Sánchez Díaz niega las acusaciones que le hace un grupo de agentes, quienes lo señalan como el responsable directo de la venta de droga, "ya que dictaba órdenes a sus agentes para que la mariguana o cualquier otra droga que decomisaran la entregaran a determinadas personas en forma particular para su venta". El agente concluye su reporte diciendo que "en lo que respecta a Sánchez Díaz, después de rendir su declaración ante el procurador de Justicia del estado (Arturo Ignacio Cota Rivera), volvió a abandonar la ciudad protegido por el propio procurador, a quien también señalan como responsable".

Otros casos de presunta corrupción policial en esos años no terminan en los juzgados. La madrugada del 5 de diciembre de 1972, en la calle de Ahome, de la colonia Nuevo Culiacán, atacan a balazos a uno de los mandos de la judicial federal de Sinaloa. El atentado es ocultado a la prensa por las autoridades, pero un informante de Investigaciones Políticas y Sociales se entera y elabora un reporte sobre los sucesos: "La madrugada de hoy fue balaceado el subjefe de la policía judicial federal del estado, Melesio León Arrieta, al parecer por narcotraficantes de quienes se rumora es protector". Señala que entre los vecinos de la colonia donde vivía el jefe policiaco

se pudo saber que el atentado es posible que se trate de una venganza dado que el jefe de la judicial es afecto a proteger narcotraficantes y recibe consigna de ellos para detener y consignar a sus competidores y eso pudo ocasionar que trataran de asesinarlo. En la jefatura de la judicial existe un hermético silencio hacia este hecho, sabiéndose que se está investigando sobre el presunto o presuntos responsables.

Concluye con una pequeña explicación del contexto para sus superiores en la ciudad de México: "Este tipo de actos son comunes entre los narcotraficantes y por eso se cree que efectivamente se trata de una venganza por los nexos que este funcionario tiene con ellos".

En los archivos también aparecen policías involucrados en el tráfico de armas traídas de Estados Unidos e intercambiadas en México por droga, con la complicidad de algunos militares. En Sinaloa, el 18 de noviembre de 1972, se da cuenta en un informe de que un ex policía judicial del estado, "quien se dice agente de la Secretaría de Gobernación", se dedica a esta actividad que hoy en día sigue generando millonarios ingresos para vendedores de armas estadounidenses.

Antonio Gárate Bustamante, ex jefe de grupo de la policía judicial del estado, en donde fue dado de baja por habérsele comprobado nexos con contrabandistas y narcotraficantes y que actualmente dice ser agente de la Secretaría de Gobernación, se ha comprobado plenamente que actualmente se dedica al contrabando de armas de grueso calibre, las cuales cambia por producto a los propios narcotraficantes, contando con la complicidad del jefe de la policía judicial del estado licenciado Tomás González Verdugo y subjefe del estado mayor de la zona militar teniente coronel Arias.

Según el informe, Gárate tenía en su casa cerca de 100 armas, entre las que destacan los rifles 30-M1, R-15 y 5/18, las cuales "cambia por heroína y cocaína que él mismo vende en los Estados Unidos de Norteamérica, adonde hace viajes periódicos. Él se jacta de decir que cuenta con la protección de los elementos de la judicial federal destacamentados en Sinaloa".

En los diarios de esos años en los que el PRI ejercía una presión férrea sobre los medios de comunicación, las noticias acerca de la corrupción policial y el mundo del narcotráfico casi no eran reseñadas. La mayoría de las veces, el tema del narco se abordaba desde la perspectiva oficial, dando cuenta de operativos de decomiso de droga o detención de traficantes. El 30 de septiembre de 1972, un diario nacional daba la noticia de que en Culiacán se había descubierto un laboratorio clandestino en la calle cuarta número 1870, de la colonia Hidalgo, donde había sido detenido el dueño de la casa, Manuel Pérez Ibarra, junto con su esposa Antonia Bernal Urías y Alberto Vega Sánchez, Heliodoro Valenzuela Rivera, Pedro Romero Arias y Margarita Romero Guzmán. En el lugar se hallaron nueve kilogramos de morfina base que los detenidos dijeron que habían comprado en Ixtapan de la Sal, Estado de México. La morfina base —u opio crudo— es el último proceso para obtener la heroína. Otra noticia de ese mismo día se refiere a la captura de un narcodistribuidor de la colonia Guerrero, de nombre Óscar Rosas Trigueros, quien vendía mariguana a estudiantes de Culiacán, cobrándoles 40 pesos por carrujo o paquete.

Sin embargo, en la edición de ese día, la noticia más importante del mundo de las drogas ilegales tenía el siguiente encabezado: "Peliculesca detención de dos narcotraficantes en Culiacán". En la nota se informaba que policías judiciales federales, a bordo de un helicóptero oficial, habían ubicado en la zona Altata-Culiacán "a dos narcotraficantes que hacían señas con sus camisas a una avioneta que luego se dio a la fuga. Los dos narcotraficantes al verse sorprendidos utilizaron sus armas largas, averiaron la aeronave, pero uno de ellos fue lesionado y finalmente ambos fueron aprehendidos". El lesionado era Jorge Alejandro Pacheco y el otro era John Thomas Brady, un estadounidense. Llevaban 225 kilogramos de mariguana que iban a entregar a una avioneta particular conducida por Miguel Ángel Gutiérrez.

El mandato de Pedro Avilés en el mundo de las drogas en Sinaloa duró hasta septiembre de 1978, cuando fue ejecutado. Luis Astorga reconstruye así la muerte del *León de la Sierra*:

> La noche del 15 de noviembre de 1978, en el entronque de los caminos hacia Tepuche y La Pitayita, a menos de 20 kilómetros de Culiacán, hubo un enfrentamiento a tiros entre agentes de la PJF y "presuntos narcotraficantes". Así, por casualidad, pues no lo andaban buscando a él precisamente, terminó sus días Pedro Avilés Pérez, quien también utilizaba el nombre de Guillermo Pérez, originario de Las Ciénegas de los Silva, Durango. Figura importante en el "bajo mundo" sinaloense, según la DEA; "el más grande de los siete del reinado", según uno de sus corridos; "uno de los más famosos narcotraficantes a nivel nacional", según la PGR. Avilés era buscado hacía cinco años y jamás había sido detenido a pesar de las más de 25 órdenes de aprehensión en su contra.

Sin embargo, Andrade Bojorges ofrece otras versiones sobre la muerte de Avilés: "La balacera tuvo lugar a las ocho de la noche. Una versión dice que el comandante Cruz López Garza, quien había recibido sobornos de Avilés, lo citó para pedirle dinero y preparó la celada en camionetas regaladas por el capo. Murieron nueve traficantes y fueron heridos cinco policías".

Algo más que también apunta el abogado del *Señor de los Cielos* es que "el crimen del *León de la Sierra* significó la posibilidad de sacar al narcotráfico del medio rural. Bajar a las drogas del caballo", o sea que la mafia agrícola que creó al *Gitano* y al *León de la Sierra* ya empezaba a transformar su estilo y riqueza, dando un enorme salto cultural.

7

La *Federación*

El lema oficial de la administración municipal 2002-2004 es: "Nuevo Laredo, una ciudad sin límites". La frase revienta con ironía mientras uno está delante del Paseo Colón y la avenida Reforma, donde hace unos días quedaron regados más de 700 casquillos percutidos luego del enfrentamiento de dos comandos.

La ciudad de Nuevo Laredo hereda su nombre del pueblo de San Agustín de Laredo que se estableció en la margen derecha del Río Bravo a mediados del siglo XVIII. Los libros de historia dicen que cuando se firmó el Tratado de Guadalupe-Hidalgo, que establece nuevos límites entre México y los Estados Unidos, aquella villa quedó dividida en dos, y a manera de añoranza por el territorio perdido, el lado mexicano fue nombrado Nuevo Laredo. Me explica un historiador local que el vocablo Laredo proviene de *glaretum*, que significa arenal, lugar lleno de cascajo.

He llegado aquí para reportear por qué se está matando la gente. En Nuevo Laredo, estos tiempos violentos son cortesía de las bandas del narcotráfico que se disputan el poder ilegal (¿casi legal?) sobre la zona. Su batalla de sangre y plomo está enmarcada en una época de grandes mutaciones culturales, sociales y económicas que la globalización produce sin cesar.

La globalización también impacta en los cárteles de la droga, los cuales han aprovechado las nuevas tecnologías para incursionar en el comercio de otros "productos", como los órganos humanos, cuya transportación, anteriormente, era muy difícil de realizar. Las fuerzas que impulsan el cambio globalizador del mundo terminan siendo las mismas que empujan el auge de las redes mundiales de los cárteles de la droga.

La violencia de 2003 en Nuevo Laredo, la cual llegó a su punto más alto este 1° de agosto con la lluvia de balas que duró casi una hora, tiene una explicación en algunos informes de la PGR que resaltan que lo que hay de fondo es un enfrentamiento de células del cártel del Golfo contra una especie de alianza entre los cárteles de Sinaloa y de Juárez, a la cual la DEA le adjudicó el nombre de "Federación". Según estos reportes, un operador del cártel de Sinaloa, Arturo Beltrán Leyva, emprendió la conquista de la "plaza", luego de la detención de Osiel Cárdenas Guillén, efectuada por el ejército mexicano el 15 de marzo de este año. Los sinaloenses ya habían intentado apoderarse del control de la ciudad fronteriza de Tamulipas mediante la ayuda de un grupo armado conocido como *los Chachos*, el cual operó bajo las órdenes de Dionisio *el Chacho* Román García, hasta que éste fue ejecutado por *Los Zetas*. La historia se ha venido desarrollando así, entre ataques y ataques de ambas bandas, pero éstos nunca habían sido tan frontales, tan a la vista y espectaculares como el de este 1° de agosto.

No es poca cosa lo que disputa el crimen organizado. Los tres puentes internacionales de esta ciudad ven pasar un promedio de 8 000 vehículos y 300 000 personas al día, lo que vuelve imposible que los agentes aduanales de ambos países revisen a todos los que van y vienen entre México y Estados Unidos. Cuestión de mera estadística y probabilidad: drogas, armas y dinero tienen muchas posibilidades de colarse sin problema alguno.

La importancia de Nuevo Laredo dentro del mundo del narcotráfico no es nueva. Entre finales de los sesenta y principios de los setenta, ya era considerada una ruta clave del tráfico de heroína, cocaína y mariguana. El 27 de agosto de 1971, un juez federal del condado Webb, en los Estados Unidos, procesó a Luis Alberto Azcárraga Milmo, pariente del actual accionista principal de Televisa, Emilio Azcárraga Jean, por introducir ilegalmente por Nuevo Laredo heroína pura con un valor de 10 millones de dólares. Azcárraga Milmo, quien durante el juicio declaró ser agente teatral radicado en la calle Agua 203 de la ciudad de México, fue sorprendido por agentes estadounidenses introduciendo 19 bolsas plásticas con 13 kilos y medio de heroína. La noticia fue difundida por la agencia de noticias United Press International, y un día después, el periodista José Rodríguez, corresponsal del diario *El Universal* en la zona, envió un despacho informativo a la ciudad de México diciendo: "Gran revuelo causó en esta ciudad la notificación de la captura de Luis Alberto Azcárraga". De acuerdo con el reportero, Azcárraga Milmo viajaba en un coche Dodge, modelo 1970, con placas 57-PXF, en el cual llevaba escondido el cargamento, a un costado de la llanta de refacción.

Anoche —cuenta en su nota— cuando Luis Alberto pretendía introducirse en territorio norteamericano, en la garita aduanal fueron sometidos él y su vehículo a minuciosa inspección por el policía Dean G. Scheaffer y el teniente L. Lewer, encontrando en el interior del vehículo la valiosa carga de heroína. Se informó que el detenido alegó diversos puntos en su defensa. Las autoridades norteamericanas le fijaron una fianza en efectivo de 250 000 dólares. El magistrado federal Laurence Mann fue quien fijó la fianza, y como el acusado no la pudo entregar en efectivo fue encarcelado en la cárcel del condado en la ciudad de Laredo, Texas. Las autoridades estadounidenses se han dirigido al agente del ministerio público federal de esta ciudad, licenciado Enrique González, en busca de mayores datos.

Hoy en día, Joaquín *el Chapo* Guzmán Loera y Vicente Carrillo Fuentes son los capos sinaloenses que buscan quedarse con esta infraestructura y hacer desaparecer de la escena local a Jorge Eduardo Costilla Sánchez, *el Coss*, y Gregorio Sauceda, *el Caramuela*, los herederos que comparten el poder que tenía Cárdenas Guillén, quien aún dicta órdenes desde la prisión. Los brazos armados de los dos capos fueron los que se enfrentaron el 1º de agosto. A uno de estos equipos de sicarios suele identificársele con el nombre de *Los Zetas* y está integrado por Jesús Enrique Rejón, *el Manito*; Heriberto Lazcano, *el Lazca*; Luis Alberto Guerrero, *el Guerrero*; Óscar Guerrero Silva, *El Winnie Pooh*; entre otros militares desertores del Grupo Aeromóvil de Fuerzas Especiales del Ejército Mexicano. Al otro grupo armado, el de la *Federación*, se le identifica como *los Negros* o *los Chapos*, y entre ellos están quienes fueron miembros de una banda armada muy famosa en la región desde hace varias décadas: *los Chachos*.

"La balacera de Reforma" —como se les empieza a llamar a los sucesos del 1º de agosto— no sólo provocó inquietud en las colonias Campestre, Militar y Madero, sino a lo largo y ancho de una ciudad a la que cada día arriban más policías ministeriales y estatales, según dice el gobierno, buscando establecer el orden y devolver la paz. El enfrentamiento ha causado zozobra en la ciudad. Se nota en el sermón dominical del sacerdote Leonardo López: "Pareciera que cuando no hay un ejecutado o un levantón [secuestro], poco tenemos de que platicar con las personas. ¿Qué vamos a hacer?"

En medio de esta "guerra" también hay "daños colaterales". José Andrés Olivo Martínez, jovencito de 13 años de edad, fue secuestrado el 30 de junio por un comando de gatilleros que buscaban a un adversario, José Tamez García. La madre del chico, inconsolable, pide a los sicarios a través de la televisión que por el amor de Dios se apiaden y liberen a su hijo inocente de las escaramuzas entre los dos bandos.

Las instalaciones de la policía municipal, cuyos elementos son sospechosos de trabajar para los dos cárteles y no para la población, están desoladas. Casi 200 de sus miembros, entre ellos el jefe de la dependencia, Jesús Muro, están suspendidos y bajo investigación. El teniente Fidel Herrera, responsable momentáneo de la corporación, no oculta su desánimo ante el panorama y dice que simplemente hace lo que puede. Y nada más. El cuartel no parece un cuartel. Hoy es un sitio silencioso; tanto, que el silencio zumba en los oídos.

En el kilómetro 14 de la carretera Monterrey-Nuevo Laredo un letrero da la bienvenida a esta frontera: "La puerta de entrada de Latinoamérica a Estados Unidos", dice. A unos cuantos metros del letrero, hace unos días fueron tirados los cadáveres de Jesús Meza Muñoz y Rodolfo Javier Solís Lazcano, un par de hombres ejecutados con las manos esposadas. Nadie sabe para cuál de los dos cárteles trabajaban. Tampoco hay mucho ánimo de investigar al respecto. Si no lo hay por la policía, menos por los periódicos locales, cuyas noticias de estos días giran en torno a la "irresponsabilidad del ayuntamiento local" en la conservación de cadáveres, puesto que no existen instalaciones forenses propias y se tienen que rentar estos servicios a las funerarias particulares, cuyos dueños se están haciendo más ricos con tanta muerte.

"Yo no entiendo ya esta ciudad", dice Floriberto López Hernández, el velador de un antiguo lote de autos que ahora es un viejo bodegón en venta y que durante la balacera del 1º de agosto recibió siete balazos que atravesaron el cristal y que han quedado como vestigios de la violencia que se vive en Nuevo Laredo. "Sólo Dios para esto", comenta el obrero originario de Tapachula, Chiapas, que se quedó a vivir en la ciudad hace 10 años. Con un dedo señala uno de los agujeros de bala. "Sólo Dios para esto", me insiste.

CUANDO Joaquín *el Chapo* Guzmán escapó del penal de Puente Grande, una de las primeras cosas que hizo fue celebrar una fiesta en uno de sus ranchos de Badiraguato. La otra fue reunirse con capos sinaloenses para acordar la conformación de una coalición nacional de dos de los principales cárteles de la droga, el de Sinaloa y el de Juárez, este último dirigido por los Carrillo Fuentes. *Federación* fue el nombre con el que se conoció en los órganos de inteligencia a este intento por formar un supercártel.

El grupo de capos sinaloenses se reunió en Cuernavaca, Morelos, en 2001, según refiere el informe C1/C4/ZC/03 40/05, elaborado por el Centro Nacional de Planeación, Análisis e Información para el Combate a la Delincuencia de la PGR, el cual fue dado a conocer por el periodista Alberto Nájar en el desaparecido suplemento *Masiosare* del periódico *La Jornada*. En el encuentro habría participado una veintena de personas, entre las cuales se encontraban Vicente Carrillo Fuentes, Vicente Zambada Niebla, Alfredo Beltrán Leyva, Ismael Zambada y *el Chapo* Guzmán. El tema puesto sobre la mesa, cita el reportero Nájar, era "la restructuración de la organización en todo el país para el tráfico, traslado y acopio de drogas". Como parte de esa restructuración, se incluía el arrebatar "la plaza" de Nuevo Laredo al cártel del Golfo. Dicha misión había sido encomendada a Arturo Beltrán Leyva, quien llevaba años operando en la región.

Arturo Beltrán Leyva, *el Barbas*, junto con sus hermanos Héctor, Mario, Carlos y Alfredo, formaban una célula que, según el periodista de la revista *Proceso*, Ricardo Ravelo, es una de las más viejas en el negocio de las drogas. Los Beltrán Leyva, a quienes el secretario de Seguridad Pública federal, Genaro García Luna, les atribuyó públicamente un intento de atentar contra la vida del fallecido subprocurador José Luis Santiago Vasconcelos, se mantuvieron durante varios años como un ala importante del cártel de Juárez, y tras la muerte de Amado Carrillo Fuentes decidieron operar por su cuenta y en sociedad con Joaquín *el Chapo* Guzmán. De acuerdo con Ravelo, los Beltrán Leyva habían introducido al *Chapo* en el negocio de las drogas luego de que éste se peleara con Miguel Ángel Félix Gallardo.

Marcelo Peña, un cuñado del *Chapo* que se acogió al programa de testigos protegidos bajo el nombre clave de Julio, fue quien comunicó a las autoridades esta versión de que los Beltrán Leyva introdujeron en el narcotráfico a Joaquín Guzmán Loera. "Arturo Beltrán Leyva es primo lejano del *Chapo*, a quien inició en el negocio de la cocaína, ya que me lo dijo Beltrán una vez que fui a pedir dinero por parte del *Chapo* a la ciudad de Querétaro, esto fue por 1995 o 1996." El testigo protegido aseguró también que durante la estancia del *Chapo* Guzmán en la cárcel, primero en Almoloya y luego en Puente Grande, los Beltrán Leyva le enviaban dinero para aprovechar la corrupción penitenciaria y vivir con lujo.

Para cumplir la encomienda acordada en la reunión de capos de Cuernavaca, la cual consistía en conquistar la plaza de Nuevo Laredo para la naciente *Federación*, los hermanos Beltrán Leyva contrataron a un joven pistolero texano que conocía bien la ciudad tamaulipeca. Édgar Valdés Villarreal, a quien por sus ojos azules, facciones delicadas y piel blanca apodan *la Barbie*, tenía además la fama de ser uno de los mejores sicarios de la frontera noreste. El pistolero, de acuerdo con reportes policiales, reclutó a sicarios michoacanos y a pandilleros de la *Mara Salvatrucha* para que le ayudaran en la encomienda. Además, *la Barbie* también consiguió protección institucional del entonces director de Operaciones Especiales de la Agencia Federal de Investigaciones, Domingo González Díaz.

Las escaramuzas en Nuevo Laredo entre el cártel de Sinaloa y el del Golfo duraron varios meses y se extendieron a Monterrey, Nuevo León, causando decenas de bajas de ambos grupos. Sin embargo, *Los Zetas* mantendrían el control de Nuevo Laredo, y además expandirían su dominio a gran parte de los estados del Golfo de México.

En algún momento de la disputa por Nuevo Laredo, *la Barbie* pagó la publicación de un desplegado en 2006, en el cual enviaba un mensaje al próximo presidente de la República:

> Convoco al nuevo sexenio que se aproxima, y al hombre que se le deposite la confianza para encabezarlo por medio del sufragio, tenga el valor para hacer prevalecer el Estado de derecho, mismo que debe regir de manera igualitaria, un sexenio que contenga acciones contundentes y firmes para acabar con ese gran cáncer de narco-secuestradores y asesinos de mujeres y niños.

Sobre sí mismo, el pistolero buscado por la DEA aclaraba:

> No pretendo hacerme ver como una blanca paloma, ni tampoco limpiar mi imagen, pues estoy seguro de lo que he hecho y de lo que soy responsable. No es la intención de limpiar mi reputación, ni tampoco pretendo excusarme de la responsabilidad que a mí me corresponde [...] sólo estoy alertando [...] del gran cáncer que representan *Los Zetas*, ya que cualquier territorio que pisan, lo convierten en una zona de muerte siempre con el afán de querer achacarme sus acciones.

Para ese entonces, la batalla por Nuevo Laredo ya era del dominio público. Según el pistolero al servicio de la organización sinaloense, *Los Zetas* "quieren apoderarse totalmente del estado, tal y como lo hacen en Veracruz, Coahuila, Chiapas, Michoacán, sólo por mencionar algunos".

La *Federación* duró lo que un lirio.

El 11 de septiembre de 2004, más de 500 balas fueron disparadas en el estacionamiento del Cinépolis de Culiacán. Varias de esas balas atravesaron los cuerpos de un cuidacoches, cinco sicarios, así como de Rodolfo Carrillo Fuentes y Giovanna Quevedo, su hermosa novia de 18 años. Al hermano menor del *Señor de los Cielos* le decían *el Niño de Oro* y su muerte simbolizó el fin de la alianza que habían formado el cártel de Sinaloa y el de Juárez para conformar un solo grupo que controlara el tráfico de drogas en todo el país.

De acuerdo con informes oficiales filtrados a la prensa, los autores intelectuales de la ejecución habrían sido Ismael *el Mayo* Zambada y Joaquín *el Chapo* Guzmán, quienes la habrían ordenado luego de una reunión que supuestamente sucedió en Monterrey, dos meses antes del ataque al *Niño de Oro*. Al fracaso de la *Federación* en su intento de controlar el tráfico de drogas por Nuevo Laredo, se sumaba ahora una disputa interna que cobró decenas de vidas de ambos bandos, entre las cuales se incluyó la de Miguel Beltrán Lugo, *el Ceja Güera*, y la de Arturo *el Pollo* Guzmán, el hermano del *Chapo*, quien murió asesinado a tiros el 31 de diciembre de 2004 en el interior del penal de máxima seguridad ubicado en Almoloya.

La razón de la muerte del *Niño de Oro*, de acuerdo con reportes oficiales dados a conocer cuatro días después de la ejecución, es que el menor de los Carrillo Fuentes había ejecutado antes a cinco socios y cómplices del *Chapo* Guzmán. Según esta versión, en enero de 2004 encabezó personalmente las ejecuciones de dos hombres muy cercanos al *Chapo*, quienes habían introducido cocaína a Estados Unidos sin su consentimiento.

Tres meses más tarde, Carrillo Fuentes haría lo mismo con José Humberto Terrones Soto, un trailero apodado *el Niño Rojo*, quien era el encargado de la logística para el transporte de droga a Estados Unidos de la organización del *Chapo* Guzmán.

Ahí quedó desmembrada la *Federación* y se desató una guerra entre sus antiguos miembros, la cual se intensificó en 2008 y 2009 en Ciudad Juárez, Chihuahua, donde se estima que los enfrentamientos entre ambos cárteles dirigidos por sinaloenses provocaron la muerte de más de 1 500 personas.

EL JUEVES 12 de octubre de 2006, poco antes de dejar su cargo, el procurador Daniel Cabeza de Vaca le dio una larga entrevista al periodista Raymundo Riva Palacio.

En la conversación, el funcionario federal dejaba entrever lo que se vendría después, durante el nuevo gobierno de Felipe Calderón.

—¿La legislación protege a delincuentes? —preguntó Riva Palacio.

—No es que proteja a los delincuentes; protege los derechos humanos. Lo que necesitamos es buscar un justo medio, en el cual las instituciones de procuración de justicia no estén atadas de manos, y que se sigan respetando los derechos humanos.

—¿Están atados de manos hoy en día?

—En muchas cosas, sí. Son muy pocas las capacidades de investigación que se tienen. Por ejemplo, las capacidades para hacer información de inteligencia son mínimas. La policía como tal no tiene facultades para investigar. Esa facultad la tiene el ministerio público, que no está capacitado para investigar.

Riva Palacio preguntó al procurador si había "gente poderosa que maneja los cárteles". Éste le respondió:

Difícil saberlo. Es difícil pensar, por ejemplo, que *el Chapo* Guzmán esté liderando al cártel de Sinaloa, cuando su trabajo es a salto de mata, cuando el señor no puede ni tomar un celular ni tomar una llamada telefónica. Es difícil pensar que él sea el líder de este cártel en la situación en la que está. Cada vez más estos grupos tienden a funcionar como corporaciones en las cuales no es una sola persona, no es un solo líder el que comanda, sino que son distintas gentes en distintas áreas las que tienen que funcionar. Es evidente que la gente que maneja los aspectos económicos de los grupos delictivos son muy diferentes a la gente que maneja la operación de recibir la droga o de las ejecuciones, o de toda la parte sucia de este trabajo. Más que pensar en algún líder oculto, lo que debemos es estar conscientes de que funcionan como verdaderas corporaciones ya estos grupos.

—¿En dónde están los campos de batalla del narco en México?

—Guerrero y Michoacán, donde se hacen los desembarcos de droga y empieza el recorrido del crimen organizado. En Nuevo Laredo, Matamoros, Reynosa, Ciudad Juárez y Tijuana también, que es por donde entra principalmente la droga por tierra a Estados Unidos.

—¿Existen nuevas alianzas en el tráfico de drogas?

—En el narcotráfico hemos observado que las alianzas se establecen y se rompen con mucha facilidad. Vemos grupos que de repente empiezan a trabajar juntos y de repente se separan. Sin embargo, sí hemos registrado que hay acuerdos que al ir descabezando algunos grupos delictivos, tienden a formar lo que los norteamericanos han llamado una gran federación o grandes grupos.

—¿Es correcta?

—Es eventual. Nosotros tenemos registradas que ya no son tales. Por ejemplo, lo del caso de los Valencia con el cártel de Sinaloa. No los vemos trabajando tan en conjunto. Vemos que se separan con frecuencia, y hay ciertas células que, incluso, se intentan independizar. Es muy complejo.

—¿Nuevo Laredo y Reynosa siguen siendo territorio del cártel del Golfo?

—Ha habido interferencia del cártel de Sinaloa, lo que ha provocado enfrentamientos.

8

Los cóndores

Usar la guerra contra el narcotráfico como pretexto para golpear a adversarios políticos o grupos sociales opositores al gobierno no es algo nuevo. Casi 40 años después, en el Fondo Documental de la Secretaría de la Defensa Nacional del Archivo General de la Nación, es posible conocer una serie de reportes confidenciales de finales de los años sesenta y setenta, cuando se emprendieron diversos operativos militares antidrogas en Sinaloa, teniendo a la Operación Cóndor como la cúspide de estas acciones. Los documentos desclasificados, aun cuando están redactados bajo una lógica militar, dan cuenta de la forma en que se llevó a cabo "la guerra contra el narcotráfico" de aquellos años, mezclando en ella la represión de Estado contra los grupos opositores al régimen del PRI, los cuales organizaban su rebeldía lo mismo en sindicatos agrícolas o estudiantiles, que mediante grupos guerrilleros inspirados en la Revolución cubana.

Un informe del comandante de la Novena Zona Militar a la Sección Primera del Estado Mayor (caja 229, expediente 662, fojas 1-3, 23 de octubre de 1968) habla de un grupo de gente armada que merodeaba en el Cerro del Fraile, ubicado entre Sinaloa y Chihuahua, donde los vecinos del pueblo de Rocaroybo,

149

cercano al aserradero de las Lagunillas, los habían visto transmitiendo mensajes por radio y acudiendo a casas de indígenas de la zona para conseguir alimento. El grupo de hombres, calculado en 27 por los informantes militares, estaba conformado por jóvenes armados con pistolas, armas largas y carrilleras. Según el documento, al hacer un recorrido por la zona, los militares no pudieron ver "ninguna persona con esas características, pero por la frecuencia con que los pobladores hacen referencia de ellos, se tiene la seguridad de que existen, y su forma de actuar es clásica de elementos guerrilleros". El documento concluye diciendo que éstos podrían ser parte de un grupo que operaba bajo las órdenes de Óscar González Equiarte, asesinado en Sonora.

Otros telegramas confidenciales enviados a la ciudad de México (caja 229, expediente 662, foja 40, 13 de junio de 1969) dan cuenta de la detención e incomunicación durante varios días de Eduardo Fernández Juárez, Roberto Fernández Morales y Ambrosio Urías Uriarte, quienes, se explica, "fueron detenidos para hacer averiguaciones por parte de la policía judicial, que por no tener separos suficientes los concentró en la Novena Zona Militar, pero fueron trasladados a la penitenciaría del estado, y que no intervinieron militares en detenciones y averiguaciones".

Bajo la misma lógica, Jaime Sergio Palacios Barrera, José Carlos Islas Rubio y Roberto Yarahuen García, detenidos por militares en el poblado Mesa de Rodeo —municipio de Tamazula, Durango, colindante con Sinaloa—, acusados de ser propietarios de 18 plantíos de amapola, fueron "incomunicados" y "torturados", a pesar de que habían obtenido amparos a su favor, según se asienta en otro telegrama (caja 226, expediente 65, foja 10-14, 4 de abril de 1972).

En otra comunicación militar (caja 229, expediente 661, foja 58, 10 de noviembre de 1972), el comandante de la Novena Zona le avisa a la Sección Segunda del Estado Mayor, el principal órgano de inteligencia militar, que

tiene conocimiento que en 19 de diciembre último el ex sargento primero de caballería, Ángel Gualberto Sánchez Gaxiola, junto con Anastasio Mendoza (a) *la Tacha* encabezaron 200 campesinos que invadieron varios predios en el valle del Guamúchil; dicho ex militar entre los campesinos les impuso un régimen militar, e informó que tiene gente adiestrada y armada para repeler cualquier agresión, en caso de ser negadas sus demandas amenazan levantarse en armas e internarse en la sierra y formar una guerrilla. El individuo se (enseñó) en la jurisdicción de la 25ª Z. M. (Puebla, Puebla), en donde se dedicaba a hacer invitaciones al personal militar para participar en actividades subversivas.

Otro reporte elaborado por el general Alberto Sánchez López, jefe del Estado Mayor, y dirigido a la Sección Tercera de Operaciones (caja 229, expediente 661, foja 53, 28 de diciembre de 1972), vincula a la guerrilla de Lucio Cabañas con la siembra de drogas en la zona.

Sobre los asuntos tratados en la junta referente a los problemas de invasión de tierras y tráfico de enervantes en la jurisdicción de la Novena Z. M., algunos de los puntos importantes son:
—C. Los invasores fueron instigados por estudiantes, seudoestudiantes y gente que se dedica a esta clase de actividades. Entre los más connotados tenemos a Marcelo Loya y Gilberto Obeso (este último probable contacto de Lucio Cabañas en este lugar).

—D. Marcelo Loya con otras seis personas, al no ser resueltas sus demandas, secuestró al señor José Morales, por cuyo rescate exigen cinco millones de pesos [...].

—E. Entre los invasores se encuentran dos elementos de Chihuahua infiltrados entre los campesinos, los que, se supone, se dedican a actividades del narcotráfico. Éstos son: José Luis García (a) *el Chiquito* y otro denominado *el Güero*.

Según una serie de oficios y telegramas firmados por el secretario de la Defensa Nacional, Hermenegildo Cuenca Díaz, y dirigidos al presidente Luis Echeverría (caja 227, expediente 656, fojas 88-89, 92, 2 de abril de 1974), el 1º de abril en el campo agrícola Ruiz Cortines, municipio de Guasave, Sinaloa, tres estudiantes incitaron a huelga a los trabajadores, logrando que cerca de 80 de ellos se transportaran en camiones para seguirlos a otros pueblos y promover nuevas protestas. En el trayecto, los estudiantes encontraron a Francisco Rodríguez, encargado del mantenimiento del equipo de radio en los campos, y lo balacearon sin herirlo de gravedad, mientras en el campo Longoria se dispersaron al encontrar patrullas de la policía municipal de Guasave, siendo aprehendido el campesino Abundio Morales Rendón. El reporte concluye diciendo que "durante estos actos se distribuyó propaganda comunista suscrita por el Comité de Dirección Revolucionaria, fechada en Guerrero el 13 de marzo de 1974".

En un telegrama posterior (caja 149, expediente 491. fojas 7-8, 13 de julio de 1974), el comandante de la Novena Zona Militar informa al subjefe del Estado Mayor que el 12 de julio elementos de la policía municipal tuvieron un encuentro con dos individuos [y] uno de éstos portaba una carabina 30 M-1; al ser perseguidos, uno de ellos disparó una pistola hiriendo a un policía; al ser capturado manifestó llamarse Óscar Morán Angulo (a) *el Cristo* o *el Cristóbal*, ser estudiante de primer año de preparatoria y miembro de la Liga 23 de Septiembre, que las armas las llevaban a un individuo a quien conoce por *el Chapito*, que las utilizaría para ajusticiar a tres individuos de la milicia ya designados; el otro de sus compañeros logró huir teniendo como referencia únicamente que se conoce como *el Güero*; declaró también que el día 11 secuestraron al rector de la Universidad Autónoma de Sinaloa (U.A.S.) Lic. Arturo Campos Román, en el que intervinieron otros individuos quienes sólo conoce como *el Amor y Paz, el Mon, el Güero, el Guerras, la Pelos, la Gorda* y *la Palmera*; solicitaron al rector la cantidad de 140 000 pesos, la que se les entregó y la repartieron junto con otros conocidos que son: *el Richas, el Ciego, el Pelos Parados* y *el Rusel*. Se informó que dicha comandancia no tenía conocimiento del secuestro, ya que no hubo denuncia oficial.

Un oficio de la Procuraduría General de Justicia Militar, dirigido al secretario de Gobernación (caja 149, expediente 493, fojas 1-2, 16 de junio de 1975), contiene un periódico titulado *Periodismo y política*, dirigido por Santos Torres Delgadillo y Jorge Luis Torres Morales, quienes publican un artículo titulado "Violencia y torturas del ejército son un peligro para nuestro sistema", en el que, según el oficio militar, se "narran algunos acontecimientos ocurridos el 1° mayo, durante el gobierno de Alfredo Velásquez Montoya, denunciando la sádica matanza de inocentes (hombres, mujeres, niños y ancianos) efectuada en el poblado del Rosalito. Los autores de esa matanza dicen que fueron grupos armados del ejército".

El oficio militar confidencial, dirigido al secretario de Gobernación, continúa diciendo que

> un grupo de vecinos del poblado de Huisiopa informan que estuvo a punto de producirse una nueva masacre el día 22 de marzo, cuando se celebraba una típica fiesta en el poblado serrano de Huisiopa, cercano a los límites en el estado de Chihuahua, cuando llegó un grupo de soldados, algunos en estado de embriaguez, quienes trataron a las gentes y señoritas en tono grosero, forzándolas a invitaciones fuera de su voluntad. Esto desagradó a los vecinos, alguno disparó en el anonimato, y mató a un soldado, desatando esto una balacera, ametrallando casas, secuestrando menores de edad, señoritas; aprehendieron a muchos hombres, proporcionándoles tormentos a mucha gente, entre ellos a la señora Rosario Iribe Meza. También desnudaron y atormentaron a mujeres inocentes, y estos hechos han quedado impunes. Éstos son los hechos que denuncian por medio de dicho folleto.

En una síntesis mensual de información de la Novena Zona Militar (caja 228, expediente 659, fojas 201-205 (204), 2 de julio de 1976), se reseña que elementos de la Dirección Federal de Seguridad trataron de aprehender a guerrilleros de la Liga 23 de Septiembre, lo cual originó un enfrentamiento en una casa de la colonia Margarita,

> resultando muertos los elementos subversivos Froylán Rendón Estrada *el Cubanito* o *Gumaro* y Enrique Guillermo Pérez Mora *el Tenebras* y herido Pablo Antonio Armenta Rodríguez *Memo*

(estudiante de la Escuela de Agricultura, dependiente de la UAS), internado en el hospital civil; se detuvo a Miguel Ángel Valenzuela Rojo. Por parte de los agentes federales resultó herido Gerardo Toledo Sánchez, quien posteriormente falleció en el hospital del IMSS.

Los archivos desclasificados de la Secretaría de la Defensa Nacional dan cuenta también de la carta que un hombre llamado Pedro Sandoval envió al secretario de la Defensa Nacional, Félix Galván (caja 228, expediente 660, fojas 238-239, 10 de agosto de 1978), y en la cual denuncia el asesinato de su hermano Gilberto Sandoval, quien era ejidatario de Quila. El resumen hecho para el secretario dice que

el señor Pedro Sandoval ha recabado la siguiente información sobre el asunto: el día 14 de julio a las 7:00 p.m., dos camionetas, una civil y otra de la policía; entraron en el ejido; las personas que se dieron cuenta de esto gritaron que venía la policía, para darle aviso a su hermano. Éste se encontraba en su casa con sus hijos. En ese momento, los policías rodearon la casa y comenzaron a disparar; algunos elementos de la policía iban vestidos de civil; su hermano, frente a su casa, hizo fuego con una pistola que portaba, matando a un policía, y en ese momento hicieron fuego contra él, de tal forma que se le desprendió el brazo izquierdo, cayendo muerto. Dentro de la casa se encontraba un cuñado de él, a quien golpearon. En su casa tiene una tienda de abarrotes en la que entraron destruyéndolo todo, incluso una camioneta que balacearon dejándola inutilizable. Se llevaron artículos de valor. La razón por la que esto sucedió fue que su hermano perteneció a la policía judicial y estaba enterado de muchas cosas que el gobierno hizo en Sinaloa. Unos compañeros de él le informaron que lo buscaban para secuestrarlo y desaparecerlo o asesinarlo en donde lo encontraran. De esta forma fue perseguido hasta que dieron con él. Nota: el señor Pedro Sandoval se encuentra detenido en la cárcel, y desde este lugar escribe su carta.

El 15 de febrero de 1996, en Culiacán, Sinaloa, ante visitadores de la Comisión Nacional de Derechos Humanos, quien fuera un estudiante de la Preparatoria Central en la década de los setenta, dio su testimonio sobre la desaparición de Jorge Guillermo Elenes Valenzuela, su compañero de estudios en los años de juventud:

El día 18 de abril de 1977, me enteré de que fue detenido [Jorge Guillermo Elenes] junto con varias personas en un taller mecánico, en la colonia Tierra Blanca de esta ciudad, y fueron llevados a la Novena Zona Militar [...] personas allegadas a la Zona Militar me informaron que sí se encontraba ahí, pero que ya lo habían matado junto con una muchacha que era integrante de la Liga 23 de Septiembre; al tener conocimiento de esto, por la fuerza me metí a las instalaciones de la Zona Militar, y fue así como me entrevisté con el general Cervantes Rojas, y al preguntarle si estaba muerto, me contestó que así les decía a los familiares de los desaparecidos para quitárselos de encima.

De acuerdo con este testimonio brindado de manera anónima, un mando militar no identificado, a quien apodaban

El Maestro, incluso se jactaba de que había torturado a Elenes antes de reclutarlo. *El Maestro* —continúa la declaración ante la CNDH— había estado comisionado en la Operación Cóndor en el estado de

Sinaloa y yo sabía que en tiempo de esa operación había desaparecido; le pregunté sobre él y *el Maestro* me dijo que cómo se llamaba, y se le mencionó que se llamaba Jorge Guillermo Elenes Valenzuela, a lo que *el Maestro*, sorprendido, manifestó que cómo no lo iba a conocer, si lo había tenido bajo sus órdenes para que lo adiestraran para que ingresara a las fuerzas armadas y que durante su estancia como detenido en las instalaciones militares, durante nueve meses, había demostrado "madera" después de las torturas recibidas [*sic*].

El caso de la desaparición forzada de Elenes durante los años de la Operación Cóndor está documentado en el expediente CNDH/PDS/90/SIN/N00106.000. En ese expediente hay un oficio sin fecha, nombre y firma de su emisor, en el cual se observa una relación de personas desaparecidas en el estado de Sinaloa, donde aparece Elenes, quien tenía 17 años de edad cuando se le vio por última vez. Otro informe —al parecer de la Dirección Federal de Seguridad— da más pistas, quizá falsas, sobre el destino de Elenes:

Se ha logrado establecer que este individuo originario de Culiacán, Sinaloa, fue señalado por Felipe Estrada Martínez como responsable de actividades subversivas, participando con un grupo cuyo nombre se ignora. Se tiene conocimiento que le fue quitada una suma considerable de dinero a la vez que fue raptado el 26 de abril de 1977 por un grupo de sujetos entre los que se encontraba Felipe Estrada Martínez. Por lo anterior se desconoce el destino que le dieron a Elenes Valenzuela, ya que lo habían identificado como una de las personas que tenía el dinero producto de diferentes hechos delictivos y mismo que quería para sí. Todo hace suponer que este individuo fue víctima de venganzas por parte del grupo en el que militaba.

Lo que sucedió con Elenes sigue siendo un enigma hasta hoy. Pero lo que fue la Operación Cóndor en su conjunto, cada vez resulta más claro: que mientras duró la llamada Guerra Fría a nivel mundial, también hubo guerras "calientes" en sótanos institucionales, cárceles y casas de seguridad, con la finalidad de destruir las ideas comunistas de esos años y a quienes se oponían a los gobiernos autoritarios como lo eran los priístas de entonces.

En Sudamérica, Cóndor fue el nombre que recibió una de las mayores operaciones de "guerra caliente", la cual contó con el respaldo del gobierno de los Estados Unidos para mantener en el poder a regímenes militares corruptos y despóticos en Argentina, Chile, Brasil, Paraguay y Bolivia durante los años setenta. El 22 de agosto de 1978, un memorándum de la CIA llegó a las embajadas estadounidenses en los países sudamericanos. En éste se les explicaba a los diplomáticos que la Operación Cóndor era "un esfuerzo cooperativo de inteligencia y seguridad entre muchos países del Cono Sur para combatir el terrorismo y la subversión". Otro documento desclasificado del Departamento de Estado estadounidense, con fecha 18 de agosto de 1976, indica que Henry Kissinger y otros altos mandos del mismo Departamento habían sido alertados de que entre los planes de la Operación Cóndor se incluían "asesinatos de subversivos, políticos y figuras prominentes tanto dentro de las fronteras nacionales como en países del Cono Sur y el extranjero". Chile, donde gobernaba el dictador Augusto Pinochet, fue la sede de la nefasta Operación Cóndor, indican los mismos documentos. A lo largo de toda Sudamérica, miles de personas murieron asesinadas por sus ideas en esos años. Muchas de ellas no pudieron ni siquiera ser enterradas por sus familias.

En México, durante esa época se denominó Cóndor a una operación que supuestamente tenía otra lógica: acabar con la siembra de mariguana y adormidera en Sinaloa, Durango y Chihuahua. La desaparición forzada de Elenes, el joven de 17 años que participaba en protestas estudiantiles, se dio con el pretexto de la batalla contra la droga que libraba el gobierno, así como la mayoría de las 40 desapariciones forzadas que se tienen contabilizadas en esos años.

A lo largo de los setenta, los abusos de autoridad del ejército con el pretexto de combatir la siembra de enervantes no fueron pocos. El 4 de mayo de 1971, un agente del Departamento de Investigaciones Sociales y Políticas, radicado en Sinaloa, envió a la ciudad de México el aviso de que al día siguiente llegaría a Culiacán el subprocurador de la PGR, David Franco Rodríguez, para presenciar la quema de estupefacientes decomisados. El agente advertía que durante esta gira se esperaba que

los diferentes grupos que han tomado como bandera los hechos acaecidos el día 8 del mes próximo pasado en el poblado El Realito del municipio de Badiraguato, traten de entrevistarlo para exigir justicia en torno a la matanza de civiles, efectuada por un pelotón de soldados pertenecientes al 34 Batallón de Infantería dependiente de la IX Zona Militar.

La matanza de El Realito, un poblado de Badiraguato, nunca fue esclarecida, y ha permanecido en la memoria colectiva de esa zona donde a lo largo de los años no han dejado de ocurrir lamentables actuaciones de militares en el supuesto combate al narcotráfico. Una de las más recientes fue el 26 de marzo de 2008, cuando un grupo de soldados disparó contra unos jóvenes que iban a bordo de un Hummer que les pareció sospechoso. Aunque inicialmente el ejército manejó que éste había sido un enfrentamiento, días después se comprobó que ninguno de los chicos llevaba armas y que se dirigían a una fiesta de quince años.

La visita del subprocurador de la PGR no tuvo los problemas que advertía el agente de Investigaciones Sociales y Políticas a causa de la matanza de El Realito. Franco Rodríguez incluso presidió un acto ante otros campesinos sinaloenses, a quienes "explicó el peligro que representa para los ejidatarios el dedicarse a la siembra de enervantes, señalando que de acuerdo con la nueva ley de la Reforma Agraria están expuestos por ese motivo, a perder el patrimonio que les ha dado la Revolución". Según el informe de ese día, el subprocurador "pidió a los campesinos que denuncien a todos aquellos que se dediquen a la siembra de enervantes para que las parcelas que usufructúan se les quiten para entregárselas a auténticos ejidatarios que se dediquen a la siembra de sus cultivos".

Con el pretexto de combatir la siembra ilegal de enervantes, algunas comunidades fueron bombardeadas con fungicidas. Uno de los operadores de aquella campaña contra las drogas, Alejandro Gertz Manero, quien en el 2000 se convertiría en el secretario de Seguridad Pública del primer gobierno federal del PAN, declaraba a la prensa en enero de 1976 que en Sinaloa "había demasiados campos para destruir", por lo que "estamos esperanzados en que los herbicidas hagan la diferencia". Poco después de estas declaraciones, el secretario de la Defensa, Hermenegildo Cuenca Díaz, matizó la decisión oficial diciendo que se hacían "pruebas" con herbicidas en Sinaloa y Guerrero. Luego Gertz Manero volvió a decir: "Sí, estamos usando her-

MEXICO STEPS UP WAR ON NARCOTICS

Air Force and Army Battle Marijuana Farmers

GUADALAJARA, Mexico (Reuters)—The Mexican Army had for years fought a losing war against marijuana farmers who sprinkled their crops with profitable marijuana plants.

By growing maize, wheat, sugar cane and other tall crops around the fringes of their fields, the farmers hid the marijuana plants from the eyes of the curious and the law.

But an army general in this capital of the central Jalisco State has initiated a combined air force and army operation that could well mark the end of the hidden marijuana plantations.

Named Operation Sky-Spy, the endeavor uses Mexican Air Force reconnaissance planes taking off three times a week from this capital to spy on crops as far south as Acapulco.

When an illegal plantation is spotted, the air force pinpoints its location for the army, which then moves in to burn the crop and arrest the grower.

Gen. José Garcia Marquez, commander of the 15th Military Zone and the man who planned the operation, said Sky-Spy had netted a record haul. In the northern states of Sinaloa and Nayarit, the army burned 1,000 acres of marijuana.

The military operation also spies on poppy plantations, as opium and the ingredients of heroin are produced from poppies.

With Mexican authorities clamping down on illicit narcotics traffic to the United States, peddlers across the border could find their supplies cut short, causing prices to soar.

The renewed drive to curb the growing of narcotics, for decades a profitable sideline income for Mexican farmers, was prompted by the evidence that the vice had started to entangle Mexican youths.

The police closed a drive-in marijuana store on a backroad near Mexico City that was run by a young couple. Teen-agers lined up in automobiles outside the store for purchases, which were handed to them through the car windows.

Students Arrested

In the Mexican capital itself, vice-squad detectives broke into a plush apartment and arrested 20 university students for smoking marijuana. All the students arrested were sons and daughters of high-ranking Government officials and industrialists.

"Smoking marijuana helps me relax," one student said. "What's wrong with it. Soon they will legalize the habit anyway." He added that 3 of every 10 students he knew smoked marijuana. He said most of them had picked up the habit from touring hippies.

The Mexican Government, has sharply stepped up deportations of hippies who settle in colonies in the cities and along the Pacific and Gulf coasts.

Mexican papers feature headline stories daily of deportations of "flower children" caught smoking marijuana by the police and deported as a warning to others.

Al comienzo del gobierno de Carlos Salinas de Gortari fue detenido Miguel Ángel Félix Gallardo. La revista *Alarde Policiaco* lanzó en abril de 1989 una edición especial en la cual aseguraba que el flamante gobierno, ensombrecido por el fraude de 1988, acabaría definitivamente con el narcotráfico. CRÉDITO: ESPECIAL

A tres años de distancia, "la guerra contra el narco" va delineándose como lo que fue desde su inicio: un acto de emergencia política más que una decisión real de Estado. Sin una definición de victoria y con declaraciones como la que hizo antes de dejar su cargo el procurador Eduardo Medina Mora, de que "el éxito se mide con muertos", es como se puede percibir esto. En 1969, la Operación Intercepción fue también llamada "guerra contra el narco" y representó un fracaso total, según reconocieron los gobiernos de Estados Unidos y México. CRÉDITO: ESPECIAL

El Jefe de Jefes, como le cantan Los Tigres del Norte a Miguel Ángel Félix Gallardo, dice en sus diarios escritos en Almoloya que no fue él, sino el gobierno, quien repartió las plazas para lo que hoy se conoce como cárteles de la droga en México. CRÉDITO: ESPECIAL

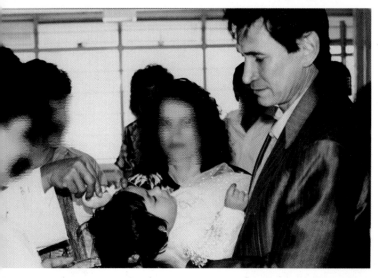

Durante los años setenta, el agente de la Policía Judicial de Sinaloa, Miguel Ángel Félix Gallardo (cargando un bebé), inició carrera como empresario del mundo de las drogas, y en los años ochenta se convirtió en accionista de bancos y socio del colombiano Pablo Escobar. CRÉDITO: ESPECIAL

A Félix Gallardo se le veía en restaurantes, actos académicos y deportivos de Sinaloa, codeándose con políticos y empresarios locales. José Luis Cuevas dedicó a "mi amigo Miguel Félix Gallardo" el cartel de una exposición que montó en Culiacán. Otros artistas como la pintora Martha Chapa —quien le hizo un retrato— y Emilio *Indio* Fernández también fueron parte de sus amistades en el mundo cultural. CRÉDITO: ESPECIAL

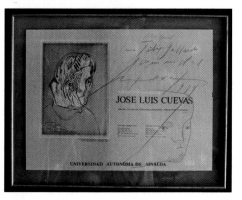

De cintos piteados y corridos de Malverde, la narcocultura de los pobres se habla mucho, pero de la de los ricos no tanto. La página 16 del suplemento comercial del periódico *El Norte*, que circuló el domingo 16 de julio de 2000, muestra a Edelio López Falcón (izquierda), representante del cártel de Sinaloa en Monterrey, al lado del entonces gobernador de Nuevo León, Fernando Canales Clariond, en la fiesta de inauguración de un restaurante. Tres años después de esta foto, el capo murió ejecutado en un restaurante de Guadalajara y el gobernador fue nombrado secretario de Economía por el presidente Vicente Fox. CRÉDITO: ESPECIAL

El lunes 21 de enero de 2008, en la madrugada, un batallón del Ejército encontró en su casa, desarmado y sin escolta, a Alfredo Beltrán Leyva, *el Mochomo*. A partir de ese momento la violencia se desató en Culiacán. El cártel de Sinaloa se dividió en dos facciones: una representada por Joaquín *el Chapo* Guzmán y la otra por Arturo Beltrán Leyva, *el Barbas*. CRÉDITO: LEO ESPINOZA

Al inicio del gobierno del presidente Vicente Fox, tras la fuga de Joaquín *el Chapo* Guzmán del penal de Puente Grande, fueron lanzados algunos operativos federales para recapturarlo. En tanto, el capo sinaloense se alió con otros sinaloenses: los hermanos Carrillo Fuentes, jefes del cártel de Juárez, y conformaron, no por mucho tiempo, una coalición que la DEA calificó como la *Federación*. CRÉDITO: DIEGO ENRIQUE OSORNO

Igual que en 1944, cuando la violencia derivada por intereses del narco provocó la ejecución de un gobernador en Sinaloa, en 2008 esta entidad vivió momentos de zozobra en los que las balaceras y los enfrentamientos entre sicarios se volvieron cotidianos.
CRÉDITO: LEO ESPINOZA

Desde los años en que Lázaro Cárdenas fue presidente, y sobre todo durante la Operación Cóndor, emprendida en la década de los setenta para destruir plantíos de mariguana y adormidera en la sierra de Badiraguato, el Ejército ha tenido una presencia importante en Sinaloa. CRÉDITO: MÓNICA GONZÁLEZ

En la sierra de Guerrero, *Ramiro*, comandante del Ejército Revolucionario del Pueblo Insurgente (ERPI), dice que el cártel de Sinaloa hace trabajos de contrainsurgencia para el Ejército mexicano. CRÉDITO: JOHN GIBLER

En medio de la disputa interna del cártel de Sinaloa, el cuerpo del policía de Culiacán, Aispuro Ramírez, apareció el viernes 25 de julio de 2008, recargado bajo un árbol, con cobija y sombrero de charro, además de un mensaje que decía: "¡Soy el policharro! era soy charro y mochomero por eso estoy aqui sombriando !ajuaaa! a y yo puse a mis compitas del… iba poner a unos cuantos mas pero no alcance !adios!" CRÉDITO: LEO ESPINOZA

La narcocultura de los pobres suele ser representada con la imagen de Jesús Malverde, santo laico que tiene su capilla a un lado de las oficinas centrales del gobierno de Sinaloa. De la narcocultura de los ricos se habla menos, cuenta en entrevista el hijo de un capo sinaloense. Crédito: Mónica González

En Jardines del Humaya, el panteón más importante de Culiacán, sicarios y capos del cártel de Sinaloa comparten tumbas —que parecen mausoleos— con ganaderos, políticos y ex gobernadores. Algunos como Jonathan, adornan sus criptas con fotografías en las cuales aparecen en vida armados. Crédito: Diego Enrique Osorno

El empresario Mauricio Fernández Garza, quien gobierna San Pedro Garza García, el municipio más rico de México, considera que la forma de combatir al narco de manera efectiva es legalizando la mariguana. "La guerra contra el narco" emprendida por el presidente Felipe Calderón —su compañero del PAN— es un modelo valiente pero equivocado, dice. CRÉDITO: RAÚL PALACIOS-MILENIO DIARIO DE MONTERREY

Paul Gootenberg, uno de los mayores expertos en el mundo sobre la cocaína, ha documentado que México y Colombia se convirtieron en las principales rutas de tráfico a Estados Unidos, tras la llegada de Pinochet a Chile y de Fidel Castro a Cuba, los países pioneros en el comercio trasnacional de esta droga. CRÉDITO: DONNA SCHNEIDERMAN

A poco más de un mes de asumir la presidencia en medio de protestas y cuestionamientos, la mañana del 3 de enero de 2008, el presidente Felipe Calderón acudió a una base militar de Apatzingán, Michoacán, vestido con chaqueta y gorra militar. Por la tarde de ese mismo día, en la residencia oficial de Los Pinos se puso la camiseta oficial de las Chivas, el equipo de futbol más popular de México. CRÉDITO: AGENCIA QUADRATÍN bicidas y antes de la primera mitad del año vamos a erradicar completamente el cultivo de drogas".

Félix Galván López fue el secretario de la Defensa que lanzó la Operación Cóndor, seguida por el Plan Canador, acrónimo de *cannabis* y adormidera, cultivos que se buscaría erradicar en las 36 zonas militares. Relata el historiador Froylán Enciso que se usaron alrededor de 40 aeronaves, muchas de ellas proporcionadas por Estados Unidos. También se habilitaron 11 bases aéreas cerca de las zonas productoras para facilitar el transporte del personal asignado: 5 000 soldados y 350 agentes de la policía judicial federal.

> Estados Unidos —explica Enciso— proporcionó además recursos tecnológicos de telecomunicaciones y fotografía aérea, así como helicópteros; incluso capacitó y pagó a pilotos mexicanos. Para disminuir la corrupción se buscó mover de una zona a otra al personal involucrado en la campaña, con lo que se obtuvieron resultados difíciles de evaluar, pero mostraron buena voluntad por parte del gobierno mexicano.

En agosto de 1976, Gertz Manero presumía la aprehensión de "cabezas" del narcotráfico, como Jorge Moreno Chauvet, Alberto Sicilia Falcón, Jorge Azaf, Salvador Chávez Nájera, María Luisa Beltrán Félix, Guillermo Rivera Beltrán y Jorge Favela Escobosa. Al mismo tiempo, la Operación Cóndor desplazó a miles de campesinos de la región de Badiraguato a ciudades como Guamúchil, Guasave y Culiacán. Gertz Manero no lo decía, pero los principales jefes del tráfico se fueron a operar a otras ciudades del país, principalmente a Guadalajara, Jalisco, donde empezaron a organizar a gran escala el comercio de un nuevo producto, la cocaína, que para ese entonces comenzaba a ser altamente demandada en los Estados Unidos, y la cual era proveída por las mafias colombianas asentadas en Medellín, donde Pablo Escobar iniciaba su larga cruzada en el mundo de las drogas, siempre teniendo a México —a través del hondureño Ramón Mata Ballesteros— como una base importante de operaciones, a la par de algunos países caribeños.

Ante matanzas como la de El Realito, la persecución de campesinos por encima de los empresarios de la droga y una serie de violaciones a los derechos humanos cometidas en ese tiempo, la Operación Cóndor se convirtió en una experiencia traumática en muchos pueblos y ciudades de Sinaloa, donde, por el contrario, la industria del narcotráfico se incrementó. En Sinaloa hay quienes piensan que la actual cruzada emprendida por el gobierno de Felipe Calderón podría terminar siendo igual. Los gobiernos de Gustavo Díaz Ordaz, Luis Echeverría y José López Portillo, presionados por el gobierno de los Estados Unidos y marcados por la guerra sucia emprendida por sus órganos represivos en contra de los grupos guerrilleros que brotaron en el país luego de las matanzas de Tlatelolco en 1968 y el Halconazo del 10 de junio de 1971, no tenían demasiado tiempo para solucionar de fondo el tráfico de drogas que ya despuntaba de manera importante en Sinaloa.

La Operación Cóndor, cuyo corte fascista es evidente a la distancia, confundió de forma perversa y estratégica para el Estado a guerrilleros o líderes sociales ajenos a las drogas con narcotraficantes, así como también a muchas personas inocentes que desaparecieron de manera forzada durante esos años, y de los cuales aún no se sabe cuál fue su destino, como es el caso de Jorge Guillermo Elenes.

9

La cocaína

Norman Gibbs se volvió un actor conocido cuando apareció en la película *French Connection*, en la cual Hollywood exhibía el comercio internacional de heroína asiática vía París. Sin embargo, la película que lo lanzó a la fama fue *El Padrino*, basada en la novela que Mario Puzo escribió en un café de Greenwich Village, Nueva York, contando mediante la ficción los secretos de la mafia italiana asentada en la ciudad. En México, pese a que ambas películas se convirtieron en éxitos de taquilla, Gibbs no llegó a ser tan famoso sino hasta el 7 de diciembre de 1972, cuando el periódico *El Sol del Mediodía* publicó una breve noticia de última hora, enviada por la Agencia France Press:

Transportaba droga un actor de *El padrino*
LOS ÁNGELES, 7 de diciembre (AFP).- Norman Gibbs, actor norteamericano que interpretó importantes papeles en dos películas denunciando el mundo de la droga, fue condenado ayer aquí a cuatro años de cárcel por tráfico de cocaína.

Gibbs, quien aparece en las películas *French Connection* y *El Padrino*, crónica de la mafia, fue acusado de introducir cocaína en Estados Unidos.

De 24 años de edad, el actor fue detenido el 23 de julio pasado en el aeropuerto de Los Ángeles cuando llegaba a Acapulco, México. Los aduaneros encontraron siete kilos de cocaína en su maleta.

Por esos años, el tráfico, vía México, de la cocaína traída de Sudamérica empezaba a desplazar al de la mariguana producida en el país. Así como el actor Gibbs, hubo muchos traficantes que emprendieron por su cuenta la aventura de participar en el nuevo y cada vez más lucrativo negocio.

En los archivos abiertos de la desaparecida Dirección de Investigaciones Políticas y Sociales, existe un reporte fechado el 26 de septiembre de 1972, en el que se da cuenta de una red internacional cuya base era Guadalajara, Jalisco, y de la cual habían sido detenidos 11 miembros. Un hombre llamado Federico Carrasco Gómez, de 32 años, era considerado el jefe de "la banda de narcotraficantes". Durante su declaración ante el juez, la cual estuvo custodiada por 30 soldados, Carrasco —según el informe desclasificado— dijo que "en su carrera delictuosa ha ganado cientos de miles de dólares y que la droga que le fue encontrada el día de su captura iba a ser enviada a los Estados Unidos, misma que es de origen peruano, de alta calidad o pura, y se recibía en México entrando por el puerto de Tampico". El líder de la banda, quien fue presentado en los juzgados lleno de hematomas a causa de golpiza que le propinaron sus captores, delató a los hermanos Silvino, Juan y Antonio Guzmán como los principales distribuidores de droga en la ciudad de México en esa época. Carrasco dijo también que el kilo de heroína y cocaína lo compraba a 20 000 dólares para venderlo en 22 o 23 000 dólares, "pero ya cortada, o sea revuelta con otras sustancias químicas", aclaró. La red de la organización, además de la ciudad de México y los Estados Unidos, abarcaba Culiacán, Hermosillo y Monterrey, donde operaban Felipe Espinoza, Pedro Moreno Guzmán, José Flores, Pedro Gaitán, Daniel Berlanga y Jesús Santos Coy.

Para tratar de entender mejor el tráfico de cocaína internacional, y el papel de México y Sinaloa en particular, viajé en febrero de 2009 a Nueva York, con el fin de entrevistar a uno de los mayores expertos en el tema a nivel mundial. Un sarape con la Virgen de Guadalupe, alebrijes de Oaxaca y algunos objetos de Perú reposan en la estancia de la casa de Paul Gootenberg. Pero lo que predomina en el hogar de este estudioso de la cocaína son viejos discos de vinil que el historiador atesora en viejos muebles que cubren paredes enteras. El repertorio abarca desde Bob Dylan hasta uno que otro grupo mexicano.

Me recibió en su casa en Brooklyn, donde las calles suelen permanecer cubiertas de nieve en esa época del año. Este investigador e historiador acababa de publicar, en enero de 2009, el libro *Andean Cocaine: The Making of a Global Drug*. Es probable que dentro de algún tiempo este texto acerca de la historia de la cocaína sea traducido y publicado en español. "Ojalá", dice Gootenberg, quien habla un español aprendido durante sus múltiples periplos latinoamericanos.

El origen del comercio trasnacional de la cocaína no está en el cártel de Sinaloa, ni en el de Medellín; tampoco en Perú, como podría pensarse. De acuerdo con su investigación de varios años, fue en Chile donde se crearon los primeros grupos dedicados al trasiego de droga a escala internacional, teniendo como nicho comercial a ejecutivos de Estados Unidos y Europa que buscaban (y buscan) tener una mayor "productividad" a la hora de trabajar. Por esos valores adjudicados, la cocaína ha sido considerada por algunos como "la droga del capitalismo neoliberal".

—¿Y México qué papel jugó en el origen de la cocaína? —pregunto a Paul.

—Durante los cincuenta, los chilenos usaron a México como una escala a Estados Unidos. Había muchos aliados en la mafia mexicana, sobre todo algunos turcos, pero el movimiento fue mucho más importante después del 59, con los cubanos y la revolución. Algunos se fueron a México expulsados por la Revolución, y crearon fábricas de cocaína durante los sesenta. Según mi investigación, algunos de esos cubanos enseñaron el secreto de la cocaína a México. Sobre todo a los norteños.

—¿Chile como potencia del narcotráfico?

—Es algo desconocido, pero después de la segunda Guerra Mundial empezó un predominio de droga ilícita, primero en el Perú y luego en Bolivia. Después del 52, en Bolivia, con la revolución todo era muy caótico, y se empezaron a crear plantas de cocaína. Todo era nuevo. Pero los que comercializaban, más que nadie, siempre eran los chilenos del norte, y en especial familias de turcos que vivían ahí. Wasab Hart era una familia muy grande con representantes en Bolivia, y eran los más grandes comerciantes de cocaína en los años cincuenta. O sea que eran ellos de Bolivia a Chile, y de Chile a Cuba, y de Cuba a Estados Unidos, y algunas veces por México.

—¿A través de qué ciudades de México?

—No sé exactamente. Por la frontera en general. También se usaban instituciones como bancos y familias mexicanas.

México no era lo más importante en ese momento, lo era Chile. Y lo fue más aún en los años sesenta.

—¿Y qué sucedió para que Chile dejara de ser un país importante para el tráfico?

—La cosa más irónica que descubrí es que el suceso fundamental para el crecimiento de la cocaína a nivel regional fue el golpe de Pinochet al gobierno de Salvador Allende. Hasta ese momento aparecen los colombianos, comerciantes de cocaína que no existían antes, que realmente son algo reciente.

"En colaboración con la DEA, Pinochet realizó una represión muy fuerte en contra de la industria de la cocaína en Chile, diciendo que ésta era de los socialistas, que era una cosa subversiva, etcétera, etcétera. Y lo irónico es que evidentemente así es como han dado el impulso para que en Colombia se empezara a producir. El hecho de tener regímenes represivos en Brasil, Argentina y Chile ha dado impulso a Colombia. Colombia fue como un campo abierto para eso, al tener un gobierno muy débil en esa época. El alza del narcotráfico en cocaína está muy relacionada con las rutas de la Guerra Fría y las políticas de Estados Unidos. Es una droga de la Guerra Fría.

—¿Son chilenos los que se van a Colombia a iniciar una nueva industria?

—No. Eran colombianos. Aunque leí en algunos documentos que al principio los chilenos eran usados también como mulas.

—¿Mulas?

—Sí. Hacia 1970, los chilenos estaban demasiado expuestos. Todo mundo sabía que ellos eran los narcotraficantes; entonces empezaron a usar a algunos colombianos para realizar los traslados. No ha sido muy investigado el inicio de los colombianos en el narcotráfico. Hay muchas anécdotas, pero lo que es obvio es que antes de 1970 Colombia no tenía casi nada que ver con la cocaína, sólo con la mariguana.

—¿Antes de los chilenos existieron otros grupos de traficantes?

—Bueno, antes había peruanos, marineros que hacían comercio a muy pequeña escala, pero muy rápidamente llegan luego los chilenos y como por dos décadas este mercado fue de los chilenos y de Cuba.

—¿Todos latinoamericanos exclusivamente?

—Es una de las cosas más impresionantes sobre la cocaína: es una droga que es 100 por ciento latina, que no tiene ninguna influencia de mafias de otras partes del mundo. Es una ruta de crecimiento latino. Este hecho es parte de la historia secreta de la cocaína. Por eso ha sido muy difícil de reprimir, porque los extranjeros no son parte de la ecuación. La cocaína está demasiado esparcida y demasiado arraigada en América Latina.

—En su libro habla sobre un grupo de alemanes y franceses que estaban en Perú y crearon la cocaína…

—En la parte más histórica de mi libro lo explico. Eran alemanes que se fueron al Perú a finales del siglo XIX. Pero también un peruano, un farmacéutico peruano fue el que inventó el proceso. Soy un historiador de archivos, todo está bastante investigado, y sí, la invención de la cocaína en su forma moderna fue obra de un francés ubicado en Lima, que creó un método que se llama cocaína bruta o cocaína sulfato, para crear cocaína muy rápidamente de la hoja de coca, y ha cambiado la naturaleza del comercio legal de la cocaína con esta fórmula, que fue copiada rápidamente por muchos alemanes que fueron ahí, como Merck, que fue la empresa más importante en la comercialización de la cocaína. Entonces sí, era una red alemana pero aliados con esos peruanos.

—¿Era legal en esa época?

—Completamente legal. Era una droga medicinal.

—¿Para qué tipo de males se usaba?

—En los años ochenta y noventa del siglo XIX la utilizaban para muchas cosas, sobre todo como anestesia local, que era muy importante porque antes no había nada en cuanto a ese tipo de medicamentos.

—¿Y cómo llega a Estados Unidos?

—Había un *boom* de cocaína en Alemania, un poco en Francia y Gran Bretaña, pero Estados Unidos tuvo rápidamente una demanda muy importante de cocaína, para la Coca. Ésta es la otra gran parte de la historia.

—¿Se refiere a la Coca-Cola?

—Sí, y hay mucho en el libro sobre la política oculta de la Coca-Cola, porque tiene una historia secreta relacionada con la cocaína. En Estados Unidos había compañías que hacían cocaína para la Coca-Cola, pero la demanda de hoja de coca era otra cosa, se usaba con otras hierbas medicinales del siglo XIX.

—¿Cómo es que se integra la cocaína a la Coca-Cola, según sus investigaciones?

—La Coca-Cola era una imitación de un producto francés que se llamaba Vine Mariani, que era un vino con coca muy popular en ese momento. La Coca-Cola fue una imitación sin alcohol. Se producía en Atlanta, Georgia, donde era enlatada. Tuvo mucho que ver con el negocio de la coca, porque la mayor demanda en Estados Unidos siempre ha sido por la hoja de coca, para extraer la cocaína con un proceso secreto que podría hacerse en una fábrica de Nueva Jersey y es el extracto de la coca que está en la Coca-Cola.

—¿La Coca-Cola actual tiene coca?

—Oh sí, tiene coca.

—¿Ésa es la receta secreta?

—Es parte de la receta secreta, además de mucha azúcar. La receta tiene siete ingredientes secretos. Hay uno que se llama Marshall, ésa es la coca. La compañía lo niega todo, oficialmente dice que no usa coca.

—¿Cómo documentó todo esto?

—En el Archivo Nacional de los Estados Unidos, que tiene mucho material al respecto. Para escribir este libro fui a Perú y a Londres, pero lo más importante para mí fueron los expedientes de la DEA en el Archivo Nacional. Lo que se necesitaba era desclasificar esos documentos para tener su archivo histórico, que contiene mucha información sobre bebidas de coca. Están llenos de casos sobre la Coca-Cola y sus fórmulas. He usado esos datos de la DEA, del grupo 170 del Archivo General.

—¿Y cuándo empieza a llegar a Estados Unidos la cocaína?

—Hay dos etapas. La primera es a principios del siglo XX. La medicina era un negocio no muy regulado aquí en los Estados Unidos y era uno de los negocios más grandes de la época, entonces había miles y miles de usuarios. Muchas ciudades tenían mercados de cocaína, pero luego decayó. No había una red internacional de la cocaína. Todo era legal, robado de una farmacia, como un mercado negro, pero no muy serio. El negocio de heroína y morfina era mucho más grande, y el de la cocaína era casi totalmente ignorado. A partir de los años veinte, con las leyes de aquí, la cocaína desapareció por casi 30 años.

—¿Hasta cuándo?

—Después de la segunda Guerra Mundial empezaron este comercio muy chiquito grupos de peruanos y chilenos, marineros, trayendo cocaína a Cuba y a Estados Unidos, y así creció un poco en los cuarenta y más y más en los sesenta. Pero era más o menos secreta porque la FBN (Federal Bureau of Narcotics), que fue como la agencia anterior de la DEA, estaba luchando contra eso en América Latina. El público norteamericano no sabía de esta droga ni de lo que estaba pasando, y la FBN trataba de acabar con el tráfico de esta droga, pero obviamente eso fracasó. Pasó justamente lo opuesto. Ése es uno de los puntos de los capítulos finales del libro: que una típica situación de represión creaba más y más redes. Tratando de aplastarlos, eran más y más los traficantes que surgían, y eran cada vez más hábiles.

—¿Y Cuba qué papel jugaba?

—En esa época se empezaba a tener como nuevo destino de la cocaína a Estados Unidos, pero Cuba también era muy importante. En Cuba estaba todo el turismo y la prostitución, hasta la caída de Batista. La cocaína era la droga más conocida en La Habana; muchos turistas latinoamericanos y estadounidenses conocieron allá la cocaína. En ese entonces era una mezcla de mambo y cocaína. Yo digo en mi libro que eran las rutas del mambo.

"Muchos chicos de jazz la usaban. Tengo una teoría de que el bebop tuvo que ver con la cocaína en los años cuarenta, como la música pop en los ochenta."

—¿Con la Revolución del 59 se frenó el tráfico en Cuba?

—Dentro de Cuba, nada; el comunismo es muy eficaz en derrotar la droga. También la mafia nacional cubana fue expulsada. Fidel era completamente puritano, anticapitalista y antimafiosos. Entonces todos los traficantes eran expulsados y la mayoría se iban a Miami o a México. El régimen extremista fue la causa de la expansión de la cocaína.

"Es interesante que por razones políticas, por prohibir las protestas, se propició el crecimiento de la cocaína. La mariguana era la droga principal de México en esta época, era la droga que usaban los estudiantes que protestaban por la guerra en Vietnam. En el 69 y 70, Estados Unidos empezó su guerra contra las drogas, y lo primero que reprime es la mariguana mexicana y también la heroína de Europa, creando un mercado increíble para la cocaína. Porque los colombianos y otros estaban ahí diciendo: 'Miren, tenemos esta otra droga, no hay ninguna represión, es segura'.

"La idea de la cocaína en los setenta era la de una droga segura, una droga para los ricos; entonces muchas estrellas de rock empezaron a utilizar cocaína y muy rápidamente, para el 70 o 71, empezó la explosión de su uso en los Estados Unidos. Pero yo creo que tiene más que ver con la represión en contra de otras drogas. Esto creaba esta oportunidad irresistible para los colombianos, que estaban entrando en ese momento."

—¿El gobierno de Estados Unidos de entonces minimizó los riesgos de la cocaína?

—No sabían lo que estaba pasando. Aún durante la época de Jimmy Carter muchas convenciones que estudiaban la droga decían que la cocaína no era un peligro. Tendrían que esperar hasta 1979, con Reagan, para declarar otra emergencia por el pánico contra las drogas.

—¿Quiénes surtían la droga ya en esos años?

—Colombianos, cubanos y dominicanos.

—¿Y el tráfico de mariguana quedó desplazado por el de cocaína?

—Bueno, la ventaja es que la mariguana es más fácil de confiscar porque huele y es voluminosa. En cualquier caso, casi toda la mariguana consumida en Estados Unidos ya se produce aquí mismo. En California, Washington, Georgia, en esos lugares, toda la economía rural es mariguana, y es un gran negocio que tiene sus raíces en eso. El tráfico de México empezó toda esta generación de mariguana en Estados Unidos, pero también muchos campesinos del sur hacen mariguana porque sus propiedades están en decadencia total, no pueden competir con otros productos, y la mariguana sí es rentable.

—¿California es el estado donde hay mayor consumo de cocaína?

—Eso no lo sé. Lo que sé es que en Estados Unidos usan más cocaína que en cualquier otro país del mundo. Lo sorprendente es que el segundo lugar mundial es Brasil. Se ha vuelto un paraíso para la cocaína, porque ante tanta presión en Colombia, muchos narcotraficantes se empezaron a ir hacia Brasil, África y Europa.

"El orden es el siguiente: Estados Unidos, Brasil y luego Europa, aunque en Estados Unidos se consume menos por persona que en España e Italia. Parece que lo que viene ahora en Estados Unidos es otra época, la de las metanfetaminas, pero ése es otro mercado y otra historia."

10

El funeral

Aquí en San Pablo Mochobampo lo enterraron bajo una tierra blancuzca e hiriente. Serrana. A Miguel Ángel Beltrán Lugo lo despidieron sus deudos con corridos que no esconden su paso por la vida como ladrón, asesino a sueldo, narcotraficante y secuestrador. Canciones del adiós lo recordaron así. Lo exaltaron antes de ser sepultado. El hombre asesinado el 6 de octubre de 2004 en el interior del penal de máxima seguridad de La Palma fue inhumado en su pueblo natal entre música ranchera, cerveza y una muchedumbre llegada de los alrededores. Nervuda, violenta y amable, la gente que vive en esta importante zona ganadera ubicada a más de 200 kilómetros de distancia de Culiacán no condena a quien fue conocido en vida como *el Ceja Güera*.

"Yo soy muy joven… a mí no me consta todo lo que se dice de él", dijo Will Veliz, entonces candidato del PAN a la alcaldía de Sinaloa de Leyva, el municipio al que pertenece el pueblo donde fue enterrado el cuerpo de Beltrán Lugo, y en donde el panismo sinaloense inició formalmente su campaña por el poder en el estado en 2004.

Una videograbación dada a conocer en *Milenio Semanal* mostró que en los funerales del *Ceja Güera* Veliz acompañó a Saúl

Rubio Ayala, quien tras las elecciones se convertiría en líder de la bancada panista en el Congreso de Sinaloa, y fue uno de los coordinadores de campaña de Heriberto Félix Guerra, años después subsecretario durante el gobierno de Felipe Calderón. "Mi amistad es una amistad sincera, solidaria y máxime que esta gente coincide con nuestro proyecto, pues definitivamente que tenemos que estar con ellos", dijo Rubio Ayala, justificando su presencia.

> Estado de Sinaloa, orgulloso debe estar,
> porque tiene mucha gente que sí se anima a jalar
> entre todos sale uno, que es Miguel Ángel Beltrán
> Lo apodan *el Ceja Güera*
> que en una trampa cayó.
> Lo encerraron en Guasave y de ahí se les fugó
> con siete hombres a su mando
> que él mismo los escogió,

cantaba el conjunto norteño el día del funeral. Los Tucanes de Tijuana también dedicaron una canción a quien las autoridades federales vinculan con el cártel de Sinaloa:

> Un 23 de septiembre, era el año 83
> dos carros con judiciales, armados hasta los pies
> llegaron a Los Mezquites, para quererlo aprehender.
> Ahí estaba *el Ceja Güera*, cuando el gobierno cayó,
> le formaron bien el cuadro y siempre se les fugó;
> sólo un carro que ahí estaba, la judicial se llevó,

dice la épica revivida estos días por tierras calurosas.

"¿Que soy narcotraficante? ¡He de ser muy bueno entonces, porque no me descubren nada!", respondía Saúl Rubio Ayala cuando los reporteros le preguntaban sobre sus relaciones con famosos narcotraficantes de Sinaloa de Leyva. "Yo ni siquiera tomo una cerveza, ni fumo un cigarro; estoy desligado totalmente de asuntos del narcotráfico", se defendía.

El panista pedía que lo llamaran luchador social. Y en buena parte lo era. Tosco de modos. Ranchero bueno. Se presentaba también como un comerciante de ganado. Entre sus propiedades había algunas gasolineras. "Yo no estoy metiendo las manos. Tengo todo el cuerpo metido en el asunto de Heriberto Félix Guerra [candidato del PAN a la gubernatura]. ¡Pero todo el cuerpo! Y si tuviera cinco cuerpos, cinco cuerpos metía. Lo que sí, no estoy usando recursos públicos. Son recursos personales y de la familia", dijo a los medios locales a principios de 2004. En aquella ocasión, el panista Félix Guerra había dejado la Secretaría de Desarrollo Económico del gobierno priísta de Juan S. Millán y se había lanzado a buscar la gubernatura frente al priísta Jesús Aguilar. Saúl Rubio Ayala era alcalde en Sinaloa de Leyva y se había sumado a la campaña del panista. Su asistencia a los funerales de Miguel Ángel Beltrán Lugo no fue la primera polémica que desató antes de morir ejecutado en 2005. El 12 de marzo de 2003 Rubio Ayala fue retenido durante más de dos horas por elementos del ejército mexicano debido a que el entonces edil portaba un rifle AR-15 mientras viajaba en su camioneta a la altura de una comunidad conocida como Los Palos. "Soy un hombre de armas, pero no soy un matón ni un guerrillero, ni ando con bazukas, como andan diciendo", alegó después de conocerse el hecho y quedar en libertad.

La siguiente controversia que protagonizó Rubio Ayala fue su asistencia a ese sonado funeral. *El Ceja Güera* ingresó en La Palma el 23 de junio de 1992, procedente de Puente Grande,

Jalisco. Tenía una sentencia de 18 años de prisión por asociación delictuosa, pero estaba vinculado con 16 procesos penales
y delitos como secuestro, homicidio, tentativa de homicidio,
robo con violencia, uso de documentación falsa, portación y
acopio de armas de uso exclusivo de las fuerzas armadas, robo
de vehículos, evasión de reos...

Tres balas calibre .22 en el cráneo y dos más en el tórax recibió
el 6 de octubre de 2004 a las ocho y media de la noche en el área
de comedor del Módulo 4 de la penitenciaría instalada en Almoloya, Estado de México. Lucio Donjuan Govea fue el autor material
del homicidio, de acuerdo con las investigaciones contenidas en la
averiguación previa TOL/AC/III/8185/04. Donjuan Govea tenía 40
años de edad y estaba sentenciado a 42 años de prisión por asaltar
bancos. Apenas había sido trasladado en 2001 a Almoloya, tras una
estancia en Puente Grande, Jalisco. Donjuan Govea dijo que había
matado al *Ceja Güera* porque si no su familia sería ejecutada. Beltrán
y Donjuan Govea se conocían y hasta eran amigos. Mario Aburto,
asesino material del ex candidato presidencial del PRI, Luis Donal-
do Colosio, fue testigo presencial de la ejecución del *Ceja Güera*.

Su muerte estaba enmarcada en una disputa entre cárteles que
se coló a las prisiones de máxima seguridad del país. En mayo de
ese mismo año, el narcotraficante Alberto Soberanes Ramos fue
estrangulado en el área de sanitarios del mismo penal. Al igual
que *el Ceja Güera*, había trabajado para el cártel de Sinaloa.

El cuerpo del *Ceja Güera* viajó en avión de la ciudad de México a Culiacán, de ahí a Guasave, y finalmente la camioneta de
una agencia trasladó el féretro hasta el poblado serrano de San
Pablo Mochobampo, ubicado en las medianías con Sinaloa de
Leyva. Idalia y Pedro, hermanos del *Ceja Güera*, se encargaron
de todos los trámites. En la casa del segundo velaron el cuerpo.

"Fue un acto de cobardía su asesinato", aprovechó para decir durante la misa de cuerpo presente el sacerdote responsable de los oficios religiosos. Los deudos entonaban el Ave María y al cabo de un rato *Las golondrinas, Caminos de la vida, Te vas, ángel mío, La vida no vale nada* y *Olor a carne quemada*. Las canciones que más le gustaban a Miguel Ángel Beltrán Lugo.

TARDAMOS un día en encontrar su tumba. Ahí vamos por la carretera que lleva de Culiacán a Guasave. Es la misma que te acerca hasta Los Mochis. Los Mochis son otra cosa. Ahí hay sinaloenses más refinados. "Más falsos", precisan en una cafetería de Guasave. Vamos en una Suburban modelo 1999. El amigo que conduce conoce bien la región. "Hace menos de cuatro años había pueblos enteros que se dedicaban a secuestrar gente", me comenta. Algunos de ellos serán los que se ven a través de la ventanilla de la camioneta. "Todos contra todos se secuestraban." Sigue habiendo secuestros, pero los índices oficiales dicen que ha bajado el problema.

—¿Qué, usted es hijo de él o qué? —me pregunta la dependienta de una tiendita cuando le pregunto por la tumba del *Ceja Güera*.

—No, señora, pero ando buscando su tumba —le respondo.

—Es que se parece a él, y como ya ve que tuvo muchos hijos por aquí…

En un pueblo como San Pablo Mochobampo, la diferencia entre lo que se sabe sobre una persona y lo que se desconoce de ella es mínima.

La última parte del trayecto es un desastre. Terregosa. Confusa. Brechas idénticas. No hay autopistas por el rumbo. Tampoco policías. En cambio, camionetonas con placas americanas y vidrios ahumados van escoltando a ciertos viajantes con los que nos topamos. Centinelas de alguien. De algo.

La tumba es modesta. Muy modesta. Cuarenta y siete veladoras improvisadas sobre hielo seco acompañan su cuerpo enterrado debajo de esa montañita de arena. Hace un sol abrasador. Es el atardecer. Matorrales a la redonda. Bichos fastidiosos. Miguel Ángel Beltrán Lugo yace en el cementerio de un pueblo donde parece que hay más tumbas que casas. Junto a la cripta de arena donde yace su cuerpo está el de Librado Beltrán, padre del *Ceja Güera*. La lápida dice que nació el 31 de diciembre de 1919 y murió el 14 de septiembre de 1995. *El Ceja Güera* estaba en la cárcel. No pudo asistir al entierro de su padre. Tampoco a muchos otros, de sus conocidos y familiares. Como el que siguió a la matanza del 14 de febrero de 2001, en la que murieron ejecutados dos primos hermanos suyos y un amigo.

A unos metros del panteón campirano, una camioneta hace propaganda a favor del PAN. Perifonea pidiendo apoyo para Saúl Rubio Ayala. El viejo conocido de la ranchería.

ADEMÁS DE SER pistolero, *el Ceja Güera* también se dedicó al secuestro. El 25 de marzo de 1998, en un comunicado del Grupo Especial Antisecuestros de Sinaloa, se alertaba sobre la existencia de un grupo armado de ocho personas que desde la serranía de Sinaloa de Leyva había venido concretando secuestros en Sonora, Chihuahua, Nayarit, Baja California y Zacatecas, entre otras entidades. Se trataba de la banda que con el paso del tiempo pasaría a ser tristemente conocida como *Los Mochadedos*. Cortaban extremidades de sus víctimas y las enviaban a las familias para presionar. *Los Mochadedos* eran en su gran mayoría familiares del *Ceja Güera*, quien los dirigía desde la cárcel junto con otro bandolero de nombre José María Serrano Villa.

Heriberto Beltrán Medina —sobrino del *Ceja Güera*— era uno de los líderes operativos de la banda. Por lo menos hasta principios de 2000. Por esas fechas fue plagiado un martes, ejecutado el jueves y finalmente hallado como cadáver el domingo. Joaquín *el Chapo* Beltrán Rubio y Rosario Guerrero Lugo, *el Chayón* o *el Chayo Brisas*, completan el listado de quienes lideraron el grupo responsable de más de 60 secuestros en el noroeste del país durante poco más de una década. ¿Víctimas conocidas? El hijo del famoso cantante ranchero Vicente Fernández, a quien le trozaron uno de sus dedos. ¿Otros más? El padre del grupo musical Los Temerarios, y el empresario originario de Sonora Robinson Bours. *Los Mochadedos* se convirtieron en un azote para las autoridades y dieron pie a la creación de una Unidad Especializada Antisecuestros por parte del gobierno de Sinaloa. Eran fuertes los reclamos en la entidad. Sobre todo entre las élites locales.

Durante un tiempo, ser secuestrado era algo muy probable en Sinaloa, hasta que vino la reacción de los empresarios: el 23 de agosto de 2001 entró en vigor la reforma al Código Penal del estado, en donde se incrementa la penalidad de 30 a 50 años de cárcel para quien prive de la vida a un secuestrado. Cuando el plagio ocurriera en contra de un menor de 18 años, mayor de 60 o mujer, las penas ascendieron de 30 a 45 años.

Hoy en día, los juglares de Sinaloa ya casi no cuentan historias de secuestros en la entidad. El cártel los prohibió, dicen. Según estos juglares —personajes que revisan la vida del narco apresado, del narco muerto, del narco en desgracia—, *el Ceja Güera* se distinguía por su baja estatura y, evidentemente, sus cejas grandes y rubias; fuera de eso no tenía nada extraordinario: manejaba las armas como cualquiera, bebía cerveza helada y a menudo usaba sombrero.

San Pablo Mochobampo, "su ranchillo", "estaba p'arriba", en las estribaciones de la sierra de Sinaloa de Leyva. El narrador campirano relata:

A nosotros, la plebada, plural de plebe, que a su vez significa jovencito, nos tocó muchas veces verlo llegar a la casa de su primo, interrumpíamos los partidos de beisbol para discutir si era él o no, si venía solo o con el hermano del vecino, Lino Beltrán, del que se decía que en el asalto del campo Las Margaritas había cortado en dos a un judicial a ráfaga de metralleta. *El Ceja...* era el héroe clásico en el imaginario serrano. Enfrentaba a los malos —la policía—, los vencía a veces, lo atrapaban otras, se escapaba siempre. Empezó como asaltabancos, terminó sicario del cártel de Sinaloa —la pequeña empresa no tiene gran futuro, hay que reconocerlo—; vivía su vida, se paseaba tan campante, iba a los bailes y tenía familia como todo mundo, pero se dejó atrapar de forma muy pendeja, cuando compraba juguetes para su niño en una tienda de Los Mochis. Alguien lo reconoció y va p'adentro.

Ya por la noche, en Culiacán. Parroquianos culiches toman la rocola del bar Safari —en el hotel del Mayo— para poner una canción. Se trata de *La fuga del Ceja Güera*. Un clásico revivido por las circunstancias. La melodía corre a cargo del *Gallo* Elizalde. "La judicial reconoce que soy hombre de verdad; primero muerto a balazos que dejarme agarrar. Ya con ésta me despido; no se les vaya a olvidar, estos versos son compuestos a Miguel Ángel Beltrán."

Y así termina el corrido.

11

El golpe

La cacería ya estaba desatada. Miguel Félix Gallardo se fue de Mazatlán en marzo de 1987. Llegó a Guadalajara junto con su esposa y sus hijos, aunque ellos vivían en una casa y él en otra. El abogado Fernando Martínez Inclán lo asesoraba para presentarse en el juzgado cuarto de distrito, a fin de declarar en torno al asesinato del agente de la DEA Enrique Camarena, ocurrido el 7 de febrero de ese año.

Se sentía un intenso ambiente electoral en el país. Cuauhtémoc Cárdenas despuntaba en la elección presidencial frente a Carlos Salinas de Gortari. "Espérate un poco más al cambio de gobierno, te presentaremos amparado, tu caso es de presión política, espérate", le decía Martínez Inclán a Félix Gallardo. Por esos días, Guillermo González Calderoni, quien era subdirector de la policía judicial federal y luego sería director de la División de Investigación contra el Narcotráfico, tenía comunicación con Félix Gallardo a través de intermediarios. Mediante ellos, al llegar a Guadalajara, el capo sinaloense le pidió al policía que no molestara a su familia, según escribe el viejo capo en sus diarios.

El cártel de Sinaloa —también llamado en ese entonces cártel de Guadalajara, debido a que esta ciudad era la residencia de los principales capos del grupo— ya era una realidad. Se trataba de una asociación de sinaloenses que exportaban a Estados Unidos y Europa cocaína colombiana y mariguana sembrada en diversos estados del país. Ernesto Fonseca Carrillo, Rafael Caro Quintero y Miguel Félix Gallardo, todos sinaloenses, eran los principales empresarios del ramo. Sus operadores en diversas ciudades del país eran, entre otros, Amado Carrillo Fuentes, los hermanos Arellano Félix, Joaquín *el Chapo* Guzmán, Héctor *el Güero* Palma, Ismael *el Mayo* Zambada, Manuel Salcido Uzueta, *el Cochiloco*, Jesús Labra. Toda una generación de traficantes que le dio un giro al negocio de las drogas ilegales.

De los tres capos, el primero en ser detenido a causa del asesinato de Enrique Camarena fue Rafael Caro Quintero, quien tenía 30 años de edad cuando lo encerraron. Nacido en La Noria, Badiraguato, Sinaloa, fue descrito por la prensa como "jefe de un ejército de narcotraficantes armados, que se calcula en un millar", y dueño de decenas de inmuebles y empresas en Guadalajara, Zacatecas y Sonora. Luego de Caro Quintero, fue aprehendido en Puerto Vallarta, Jalisco, Ernesto Fonseca Carrillo, quien se escondía en la casa del director de Seguridad Pública de Ameca, Jalisco, Candelario Ramos. Según la PGR, durante su declaración, Fonseca Carrillo acusó a Caro Quintero de haber mandado secuestrar a Camarena para llegar a un acuerdo con la DEA, además de que había visto al policía estadounidense moribundo luego de haber sido golpeado por Caro Quintero.

El siguiente en la lista era Félix Gallardo.

Después de que éste llegó a Guadalajara, González Calderoni le envió al agente Héctor Sánchez Landa para negociar un encuentro, el cual se realizaría semanas más tarde en una casa que Calderoni rentaba por el campus principal de la Universidad de Guadalajara. Ese día, al llegar a la residencia, Calderoni abrió las puertas de la cochera para que entrara el capo en su automóvil. Un par de guacamayas cautivas en una jaula blanca estaban en el pórtico. Félix Gallardo se les quedó mirando. "¿Te gustan? Te las regalo", le dijo González Calderoni. Dentro de la casa, el policía se comunicó a través de un teléfono satelital, muy moderno para esos años, con un hombre de apellido Ayala, al parecer el agente de la DEA encargado de investigar el asesinato de Camarena. González Calderoni y Ayala bromearon sobre el hecho de que ambos estaban grabando mutuamente la conversación y luego empezaron a hablar de Félix Gallardo.

Al acabar la conversación telefónica con Ayala, González Calderoni le dijo al capo: "Mira, con el que hablé es con quien llevó la investigación del caso donde se te menciona (Camarena). Esto es para llenar el requisito de joderte, pero no hay nada firme en tu contra; en el cambio de sexenio ayudaré a que te presentes". La charla siguió sobre otros temas. Al salir, González Calderoni preguntó a qué sitio debía enviarle las guacamayas. Félix Gallardo le dio una dirección de la calle Cosmos, cerca de un conocido restaurante llamado Izao. Unos cuantos días después, las guacamayas de González Calderoni adornaban una de las residencias de Félix Gallardo.

ÉSA NO FUE la única ocasión en que se vieron Miguel Félix Gallardo y Guillermo González Calderoni. Por lo menos lo hicieron de nuevo unas cinco veces más. En una de ellas, Félix

Gallardo recuerda que le pidió al policía que tampoco molestara a René Calderón, hermano de Inés, un operador del cártel de Sinaloa que había sido abatido por los hombres de González Calderoni durante un operativo en Culiacán. La relación se mantuvo, relata Félix Gallardo, hasta que González Calderoni fue cambiado a Monterrey. La despedida se efectuó en la casa de Héctor Sánchez Landa.

De vez en cuando, Félix Gallardo y González Calderoni se comunicaban mediante un hombre identificado como Budy Ramos, a quien el policía le avisaba cuando quería hablar con el capo. Una vez avisado, éste lo llamaba desde otro teléfono. La dinámica se mantuvo así hasta el 8 de abril de 1989, cuando Félix Gallardo llegó a la casa de Budy Ramos y minutos después entraron los agentes Cipriano Martínez Novoa y Roberto Sánchez, junto con otros policías más que tumbaron al capo de un riflazo. La mayoría de los integrantes del grupo de policías que detuvo ese día a Félix Gallardo conocían a éste desde 1971 porque habían trabajado juntos en la policía judicial de Sinaloa, donde Félix Gallardo se inició como escolta de los hijos del gobernador Leopoldo Sánchez Celis.

González Calderoni entró minutos después de que sometieron a Félix Gallardo. Tirado en el suelo, el capo le soltó: "¿Qué pasó, Memo?" La respuesta del policía fue: "No te conozco". Los policías subieron al capo a una camioneta Ichi Van y lo llevaron a una casa de espionaje que tenía González Calderoni. "Discúlpame, pero esto es una orden de México y tuve que cumplirla. No tienes problemas graves, vas a salir pronto de la cárcel, yo te voy a ayudar", le dijo el policía, antes de hablar por teléfono con Javier Coello Trejo, quien acababa de ser nombra-

do por Carlos Salinas de Gortari como titular de la Subprocu-
raduría General de Investigación y Lucha contra el Narcotráfico
de la PGR. "Ya lo tengo", le avisó escuetamente a su superior.
Unos minutos después salieron todos al aeropuerto internacional de Guadalajara. La camioneta donde trasladaban a Félix
Gallardo era escoltada por otros cinco vehículos. El Lear Jet en
que volaron tenía rotulado el nombre de Petróleos Mexicanos.
Durante el vuelo, el policía le pidió al capo que no dijera nada
a Coello Trejo sobre la relación que ambos tenían. Al llegar al
hangar de la PGR en la ciudad de México, el comandante Manuel
Pozos esperaba al detenido, junto con dos camionetas Suburban
retacadas de agentes, en las cuales se dirigieron a las oficinas de
la PGR en la calle Soto. Al llegar, el propio comandante Pozos le
quitó los calcetines a Félix Gallardo y bajó con él a unos separos
del edificio.

Ahí los esperaba Coello Trejo.

LO PRIMERO que le dijo el jefe antidrogas del gobierno de Carlos
Salinas de Gortari fue: "Usted chingó a su madre, don Miguel.
Ya está en mis manos. Cante todo su rollo por la buena o se lo
saco a chingadazos. ¿A quiénes soborna?, ¿con quiénes trabaja?,
¿cuáles cantidades de dinero? Dígame todo o se va a arrepentir
y de todas maneras me lo dirá".

El capo respondió: "No tengo nada que decirle; confórmese
con que ya me tiene aquí. ¿Qué quiere que diga? Tengo años
sin ver a nadie, pocas veces veo a mi familia, no he cometido
ningún delito, y si me prueban algo, pagaré con cárcel. Otra
cosa: Me hubiera llamado y me hubiera presentado".

Según Félix Gallardo, Coello Trejo reconoció después ante él: "No te agarramos nada, pero te voy a chingar", y luego ordenó que lo sacaran de la sala donde estaban reunidos. El día entero, el capo dice que lo pasó bajo torturas, toques y tehuacanazos que recibía de pie o sentado, dependiendo del ánimo de sus torturadores. Manuel Pozos y Luis Manuel Palafox eran los agentes que encabezaban la sesión para conseguir declaraciones ministeriales que inventaban y querían que él ratificara y firmara. Félix Gallardo insiste en que Coello Trejo le dijo que lo vincularía con la muerte de Camarena, a pesar de que reconoció que él no estaba implicado.

Uno de los policías judiciales que custodiaban a Félix Gallardo le aconsejó: "Tú no participaste, pero las presiones que tenemos son fuertes. Florentino Ventura ordenó al último que te inmiscuyera porque no te pudo probar nada. Te hizo famoso; ahora hay que hacer un teatro: declara cualquier cosa del pasado o invéntala, o te va a matar Coello Trejo. Caíste como anillo al dedo. Además, por patriotismo, colabora".

Aunque parezca broma, el agente del ministerio público encargado del caso de Félix Gallardo se llamaba Lino Corleoni. Los careos del capo con policías sinaloenses fueron maratónicos. Coello Trejo presenció uno con un agente de la policía federal de caminos apellidado Fernández Cadena, quien vivía en una casa propiedad de Félix Gallardo, en Sinaloa. Coello le gritó al federal que había recibido un automóvil de parte de Félix Gallardo; luego metió a otros dos policías federales nacidos en Culiacán, Ramón Medina Carrillo y Hugo Palazuelos Soto, para que también participaran en la diligencia. Todos los federales declararon que Félix Gallardo les daba dinero para poder andar armado en la carretera México-Lechería, así como en La Marquesa, lugares que Félix Gallardo dice que nunca conoció. Las diligencias se sucedieron una tras otra. Delante de Félix Gallardo, además de policías, declaraban familiares, amigos y empleados de sus propiedades en Sinaloa y Jalisco. Andrés Herrero Cuamea, quien había sido el gerente de sus hoteles, estuvo un mes en la PGR, señalando todas las propiedades que tenía el capo. Coello Trejo insistía en cuestionar a Félix Gallardo sobre su relación con un político sinaloense, del cual el capo no dice su nombre. "Coello quería hacer de un ratón un elefante", resume Félix Gallardo sus recuerdos sobre esos días.

LA NOCHE previa a ser trasladado de los separos de la PGR al Reclusorio Sur de la ciudad de México, Coello Trejo le dijo a Félix Gallardo que sería entrevistado por agentes de la DEA. Uno de ellos se presentó como Edward Heath. El capo insistió en que no tenía nada que ver con la muerte de Camarena. "Ustedes dijeron que había sido un loco, y yo no estoy loco; lamento profundamente la pérdida de su elemento", afirmó. La conversación duró tan sólo unos minutos. No hubo un interrogatorio a fondo.

Lo llevaron de regreso a su separo y por la madrugada llegaron por él. Lo subieron a empellones a un auto y durante el trayecto pensó que lo matarían, ya que iba vendado, esposado y tirado en el suelo del coche, sintiendo arrancones y frenones intempestivos. Al amanecer entró finalmente en su nuevo hogar: el Reclusorio Sur, donde le quitaron la venda y lo sentaron. Cuando llegó a su celda en el área de máxima seguridad, se acostó y dice que durmió durante cuatro días seguidos.

Poco a poco se enteró de que la PGR le iba quitando casas, muebles, carros, joyas, dinero en bancos y ranchos, los cuales no se canalizaban institucionalmente, sino que Coello Trejo los repartía entre sus allegados, como un botín, asegura en sus escritos. Un comandante llamado Guillermo Pérez le preguntó al encargado de una bodega gubernamental en Naucalpan cuál había sido el destino de las cosas de Félix Gallardo. "Mire, los mejores muebles de salas, cabeceras, escritorios, Coello los repartió. Ordenó que no se pusieran a disposición del juzgado. Ya no existe nada que valga la pena."

Félix Gallardo recibió meses después la visita de Coello Trejo en el Reclusorio Sur. El subprocurador llegó acompañado por un fiscal de apellido Domínguez, el cual se encargaba de investigar el asesinato del periodista Manuel Buendía. "No tema, don Miguel; vine a saludarlo", le dijo Coello Trejo cuando apareció en la celda.

—¿Cómo está? —preguntó después el policía.

—Bien… Oiga, licenciado; cuando fui presentado ante usted, le dijeron Calderoni y el comandante Luis Soto Silva que me habían aprehendido y que no me habían agarrado nada. Usted reconoció también que no me habían agarrado nada. Le pregunto entonces por qué me consignó con cinco armas y unos gramos de droga.

—Teníamos que consignarlo con algo, pero le prometo que va a salir pronto.

—También me dejó sin casa, muebles y carros, sin ranchos y hoteles.

—Se los voy a regresar. Vengo a pedirle que me apoye para investigar el caso Buendía. Usted sabe que es prioridad del gobierno.

—Mire, licenciado, no sé nada al respecto. Vivo encerrado en una celda. En tres meses no he tenido acceso a un teléfono...

—Le instalo uno, ayúdeme...

Pero Félix Gallardo afirma en sus memorias que rechazó involucrarse en el caso del periodista asesinado.

CON GONZÁLEZ Calderoni también volvería a toparse cara a cara.

El jefe policiaco acudió al Reclusorio Sur y a través de Amado Carrillo Fuentes, quien también estaba preso en esa época, logró que Félix Gallardo aceptara entrevistarse con él. "Amado Carrillo me pidió que bajara de mi celda a la sala de visita donde se encontraban y que por favor atendiera a Calderoni. No le pude negar el favor porque éramos buenos amigos. Bajé y el comandante Patiño nos prestó una sala íntima para que habláramos", rememora Félix Gallardo.

—¿Qué quieres, traidor? —fue lo primero que le dijo el capo.

—Quiero tu amistad. Sé que te visita *la Güera*, esposa de Carlos Aguilar Garza. Ella fue mi amante y me sabe muchas cosas: tiene fotos y cintas que me comprometen y me ha visto aquí con todos. Temo lo publique, ya que ella tiene mucha amistad con la DEA. Te pido que no le platiques lo mío, y yo te ayudo en lo que me pidas.

—Ella viene a ver a su compadre Corso, mi coacusado, y de paso convive conmigo y anda con mi abogado Livas. Yo no le he hablado de ti... Sólo te digo que eres un traidor, cobarde y te recibí por Amado Carrillo. Tú y Coello me dejaron en la ruina, mi familia vive en casa rentada, tengo un hijo grave que necesita operación en Estados Unidos y no tengo con qué pagarla.

—¿Cuánto cuesta la operación?

—De 200 a 300 000 dólares.

—Te los presto y te voy a ayudar a que te devuelvan las casas de tu familia, mamá y hermanos. Mándame a tu abogado con las escrituras; hablaré con Coello. La llevo bien con él y con todos. Pondré a Luis Soto Silva de director de Intercepción y estaré en Cancún, en toda la frontera sur. La DEA pondrá aviones con radares y, cuando los mande a revisión mecánica, dejaré pasar a mis amigos. Yo estoy de acuerdo con mis superiores, y si quieres te puedo servir desde ahí, tú me dices.

—Estoy preso y no quiero involucrarme en nada.

Antes de irse, González Calderoni le dejó al capo una pluma Mont Blanc que debería ser llevada por el abogado de Félix Gallardo, cuando éste acudiera a tramitar la devolución de las propiedades. Pero Félix Gallardo decidió no enviarlo. Ya no confiaba en González Calderoni.

Al poco tiempo del encuentro, la mujer apodada *la Güera*, que sabía los secretos de González Calderoni, fue secuestrada al salir del hospital Ángeles. Días después, su cadáver apareció en un baldío de Cuernavaca. El policía siguió yendo al Reclusorio a verse con Amado Carrillo, quien como amigo de Félix Gallardo le advirtió a éste: "Cuídate, te quiere matar Memo".

12

La fuga

El 21 de enero de 2001, después de enterarse de la fuga de Joaquín *el Chapo* Guzmán, el presidente Vicente Fox ordenó publicar centenares de avisos en paredes de edificios públicos y en páginas completas de periódicos de todo el país, pidiendo ayuda a la sociedad para recapturar al capo del cártel de Sinaloa: "Cualquier información se agradecerá al teléfono 01800 440 3690 o en el Distrito Federal al 51 40 36 90 de la Policía Federal Preventiva. Se garantiza la confidencialidad de la fuente".

Y la sociedad respondió de inmediato. Las líneas telefónicas abiertas llegaron a saturarse de tantas llamadas que entraban, a un ritmo de hasta 100 por hora. Pero las pistas dadas por los cooperantes eran falsas y además eran compartidas entre risas del otro lado de los aparatos telefónicos, donde se escuchaban voces, lo mismo de jóvenes bromistas que de adultos al parecer divertidos con la ingenuidad del nuevo gobierno federal que arrancaba su sexenio con una fuga del penal de máxima seguridad de Puente Grande.

Ante el caos que había en los centros de atención telefónica, un mando de la Policía Federal Preventiva anunció públicamente que habían decidido no tomar en cuenta sino las llamadas de "gente mayor" e ignorar a quienes, por lo regular jóvenes, aseguraban haber avistado al *Chapo*, lo mismo en el Zoológico de Chapultepec que en una feria popular de Tlaxcala, subiéndose a la rueda de la fortuna.

En esa tónica, era predecible que al penal de Puente Grande se le rebautizara como Puerta Grande y que *el Chapo* compartiera, con el paso de los años, una que otra historia con el travieso Pepito. Como ese chiste en el que éste levanta la mano para hacer una pregunta durante un evento del presidente Felipe Calderón en su escuela:

—¿Cómo te llamas, niño? —le dice el mandatario.

—Pepito.

—¿Y cuál es tu pregunta, Pepito?

—Tengo dos preguntas. Primera: ¿por qué no quiso que hubiera un conteo voto por voto de la elección de 2006? Y la segunda: ¿qué pasó con *el Chapo* Guzmán?

Justo entonces suena la sirena del recreo. Calderón les dice a los niños que continuarán después del descanso. Cuando éste acaba, Calderón pregunta de nuevo: "¿Quién tiene preguntas?"

Otro niño levanta la mano.

—¿Cómo te llamas, niño? —le pregunta el presidente.

—Juanito.

—¿Y cuál es tu pregunta, Juanito?

—Tengo cuatro preguntas. Primera: ¿por qué no quiso que hubiera un conteo voto por voto de la elección de 2006?; la segunda: ¿qué pasó con *el Chapo* Guzmán?; la tercera: ¿por qué la sirena del recreo sonó media hora antes?, y la cuarta: ¿dónde está Pepito?

La fuga del *Chapo* Guzmán marcó a los gobiernos del PAN. Desde entonces no dejó de sospecharse, a lo largo y ancho del país, en torno a la complicidad entre personajes del nuevo gobierno y el cártel de Sinaloa para organizar el negocio del narcotráfico en el país. La sombra de las dudas sería heredada por el siguiente gobierno, el de Felipe Calderón, en medio del uso político que ha hecho éste de "la guerra contra el narco" para legitimarse luego de asumir el poder en 2006.

En los días posteriores a la fuga, todo mundo daba declaraciones desconcertantes y quedaba en evidencia la anarquía oficial, si vale el término. El delegado de la PGR en Sinaloa, Miguel Alejandro Sánchez, decía que en esa entidad no se le estaba buscando. "El señor Guzmán no tiene procesos pendientes en ningún ámbito legal en Sinaloa; quizá a eso se deba que esta delegación de la PGR no ha implementado hasta el momento algún operativo especial de recaptura", declaró a reporteros. Por su parte, en la ciudad de México, José Jorge Campos Murillo, subprocurador de Procedimientos Penales de la PGR, no se alarmaba con la evasión del *Chapo*. "El Estado es muy fuerte y no por un individuo que se escapa y que no deja de ser un delincuente, van a temblar las instituciones." Los discursos no pararon. Los lugares comunes del mundo oficial hicieron su habitual aparición en horarios estelares de la televisión.

Y mientras algunos funcionarios de la PGR decían que no había búsqueda especial del *Chapo*, todos los periódicos nacionales enviaron reporteros a Sinaloa para estar atentos a lo que pudiera suceder. El 24 de enero de 2001 Iván Frutos, corresponsal del diario *Reforma*, publicó una crónica de su visita a La Tuna, el lejano poblado de Badiraguato donde nació *el Chapo*.

Su influencia se siente; las preguntas sobre él provocan silencio, infunden respeto; su recuerdo es reciente y, sin embargo, aquí en su pueblo natal todos afirman que desconocen la fuga, sus planes o las conexiones de Joaquín *el Chapo* Guzmán Loera. "No sé nada", "no lo he visto en años" e incluso "ni lo conozco", son algunas de las respuestas que se obtienen al inquirir sobre el poderoso capo del narcotráfico, inverosímiles si se toma en cuenta que aquí aún viven dos de sus más directos familiares. "Tengo poco aquí, bajo y subo cada semana de Culiacán al pueblo, incluso ni sabía que de aquí era ese señor. Tampoco sabía de la fuga; es que acá llegan muy poco las noticias, no tenemos electricidad", dijo Porfirio Tirado, maestro vespertino de la única escuela secundaria del lugar.

Las instancias gubernamentales involucradas en el mundo penitenciario se echaban la pelota unas a otras. La Comisón Nacional de Derechos Humanos acusó a la Secretaría de Seguridad Pública federal de ignorar sus advertencias; el secretario de Gobierno de Jalisco, Mauricio Limón, responsabilizó a la Comisón Nacional de Derechos Humanos por no haber dado a conocer información que tenían sus visitadores sobre la corrupción penitenciaria. Ninguna autoridad asumió nunca su responsabilidad sobre lo sucedido. Casi una centena de celadores y funcionarios menores fueron investigados, algunos procesados, y hasta ahí acabaron las indagaciones.

Según la CNDH, *el Chapo* entraba y salía de Puente Grande con el apoyo de celadores. También contaba con otros privilegios. José Antonio Bernal, entonces tercer visitador de la CNDH, dijo:

Supimos que a este penal entraban, entre otras cosas, drogas, alcohol y mujeres para reclusos privilegiados [...] había privilegios que reflejaban una ligereza y relajamiento de la seguridad [...] había hielos, chicles, comida, droga, pastillas no autorizadas, medicamentos no permitidos, alcohol, vitaminas, mujeres, las pasaban en las camionetas del mismo penal.

Meses después, celadores del sitio rendirían declaraciones ministeriales que permiten asomarse un poco a la corrupción del sistema penitenciario, gracias a la cual pudo escaparse *el Chapo*. Uno de los guardias, según consta en el expediente PGR/ UEDO/001/2001, declaró:

> El 90 por ciento de los trabajadores de este Cefereso recibimos diversas cantidades de dinero que van desde 250 pesos por turno, para los que somos oficiales de prevención; los segundos comandantes reciben una mensualidad de 9000 pesos; los comandantes de compañía 30000 pesos mensuales; el subdirector de Seguridad Interna, Francisco Fernández Ruiz, 10000 dólares mensuales de cada uno de los tres señores; y 45000 pesos para cada uno de sus adjuntos.

La realidad a veces puede ser tan inesperada y serpentina como las mejores historias de ficción. Para escaparse, de acuerdo con el expediente, *el Chapo* usó ese sistema de corrupción, al tiempo que revivió una vieja leyenda carcelaria. Según ésta, había en el interior de la cárcel un kilo de oro que un viejo maestro había robado a una empresa que tiempo atrás utilizaba a los internos para trabajar con ese metal. Miguel Ángel Leal Amador, custodio sinaloense a quien *el Chapo* ayudó a pagar la atención médica que requería su hijo recién nacido, se convirtió en uno de los cómplices de la operación orquestada para poder sacar el kilo de oro, así como también otro custodio llamado Francisco Camberos Rivera, *el Chito*.

De esta forma, luego de que se le abrieran sin problema alguno una decena de puertas de la penitenciaría, a las 20:40 horas del 19 de enero de 2001, *el Chito* salió del penal con un carrito de mantenimiento en donde llevaba el kilo de oro, que en realidad era *el Chapo*.

En los días siguientes, el "operativo especial de recaptura" del *Chapo*, paradójicamente, recayó en dos de los hombres sobre quienes había cuestionamientos por la fuga: uno era José Trinidad Larrieta, jefe de la Unidad Especializada contra la Delincuencia Organizada (UEDO), y el otro, Jorge Tello Peón, subsecretario de Seguridad Pública, el mismo que el día de la fuga estuvo en una visita oficial en el reclusorio de Puente Grande, y quien años más tarde sería llamado por el presidente Felipe Calderón para convertirse en una especie de zar antidrogas, al asesorarlo invisible en temas de seguridad.

A la par de los yerros oficiales, la figura del *Chapo* se fue mitificando. Algunos de sus ex compañeros de cárcel dieron a conocer sus opiniones en torno a él. Bertoldo Martínez Cruz, coordinador de Derechos Humanos del PRD en Guerrero, quien había estado en Puente Grande acusado de ser guerrillero, evocó:

> Sabíamos que era *el Chapo*, que era el famoso narcotraficante, pero en el penal de Puente Grande nadie tiene apodos, todos somos como si fuéramos iguales. Él era alguien humanitario porque, cuando llegamos golpeados, él protestó para que no nos trataran así. Conocí a otro Joaquín (Guzmán Loera), no al que describen en la televisión, que le llevaban vino, mujeres, droga, eso es mentira, eso es imposible, como también que se haya fugado, y menos entre la basura.

Según el perredista, *el Chapo* era admirador del "candidato de las botas", Vicente Fox Quesada. "Preguntaba sobre nuestras familias, pero era muy reservado; no hablábamos de narco ni de guerrilla, nada más de la familia", dijo Bertoldo.

El ex zar antidrogas, Jesús Gutiérrez Rebollo, desde el penal de Almoloya, también opinó a petición de los reporteros de *Reforma*, Isaac Guzmán y Andrés Zúñiga, quienes lo entrevistaron vía telefónica el 29 de enero de 2001:

> Yo siento que ahorita lo primero que va a hacer este hombre [*el Chapo*] es tratar de recuperar lo perdido [interferencia con ruidos en la línea telefónica], lo que ha gastado [interferencia]... es de [interferencia], para eso necesita ponerse en paz primero y dedicarse a tratar de recuperarse, porque éstos piensan luego luego en el dinero, en los billetes.

Sobre la forma en que pudo haber logrado escapar, consideró: "Lo que dijo Tello Peón es mentira [interferencia], ¿por qué?, porque dice que salió de su Módulo 3, que el pasillo y más; mentira [interferencia], aquí nadie puede deambular solo, a donde vaya uno, va uno con un custodio, las puertas son eléctricas [interferencia], el módulo que las controla está independiente de todo". En cuanto al sitio donde podría esconderse *el Chapo* después de la fuga, el general preso especuló:

> Hay dos opciones: una, que quiera ausentarse por un tiempo, inclusive del país; usted sabe bien que hay un movimiento de droga por mar [interferencia], de sur a norte; en el día pescan y en la noche caminan con la droga, y ahí van caminando. Acuérdese que él domina Nayarit; su hermano debe de andar por ahí; entonces nada le hubiera costado; y le quedan cerca de Guadalajara [los poblados de] Bucerías, San Blas o un lugar de por allí... una

buena lancha y caminar en sentido contrario [al sur], ésa podría ser una; la otra, ¿en qué lugar pasa la gente más desapercibida?, pues en México (DF), ¿verdad?

El Chapo, cuyo nombre completo es Joaquín Archibaldo Guzmán Loera, nació el 4 de abril de 1957 en Las Tunas, municipio de Badiraguato, Sinaloa. Según la versión oficial, había sido capturado el 9 de junio de 1993, en Guatemala; deportado a México al día siguiente y trasladado al penal de Almoloya de Juárez inicialmente, aunque en noviembre de 1995, gracias a un fallo judicial, había sido enviado al penal de Puente Grande, donde compartiría la prisión con Héctor *el Güero* Palma y Arturo Martínez, *el Texas*, con quienes continuaba dirigiendo el cártel de Sinaloa desde la cárcel, teniendo afuera como operadores a los hermanos Beltrán Leyva y a Arturo Guzmán Loera, un hermano del *Chapo* apodado *el Pollo* o *el Chapito*. Ismael *el Mayo* Zambada y Juan José Esparragoza, *el Azul*, también formaban parte de la organización sinaloense.

Thomas Constantine, director de la DEA a finales de los noventa, compareció en marzo de 1998 ante el Congreso de Estados Unidos y describió así las operaciones del cártel de Sinaloa:

> Aunque está encarcelado, Guzmán Loera todavía es considerado una amenaza mayor por agencias policiacas de Estados Unidos y México. Su hermano Arturo ha asumido el liderazgo, y la organización sigue activa en México y en las zonas suroeste, oeste y medio oeste de Estados Unidos, además de América Central. El grupo transporta cocaína desde Colombia hacia México y Estados Unidos, y se la compra a remanentes de los cárteles de Cali y

Medellín. La organización también está involucrada en contrabando, almacenamiento y distribución de mariguana mexicana y heroína importada del sureste asiático.

Dos antiguos sicarios del cártel de Sinaloa, convertidos por la PGR en los testigos protegidos Julio y César, afirmaron que desde 1995 Arturo Beltrán Leyva enviaba dinero al *Chapo* a la prisión.

Antes de su fuga de Puente Grande, *el Chapo* había saltado a la fama por la balacera del 24 de mayo de 1993 en el aeropuerto de Guadalajara, en la cual los Arellano Félix, en su intento por aniquilarlo, lo habrían confundido con el cardenal Juan Jesús Posadas Ocampo. Las pugnas entre ambas organizaciones criminales se habían desatado de manera gradual a partir de la detención de Miguel Ángel Félix Gallardo en 1989, cuando Ciudad Juárez, Tijuana, Mazatlán y Guadalajara se convirtieron en zonas disputadas por los antiguos colaboradores del *Jefe de Jefes*.

Cuando *el Chapo* Guzmán fue reubicado en el penal de Puente Grande, se le practicó un examen psiquiátrico en el cual se concluye que sus "funciones mentales se encuentran dentro de los parámetros normales", que es un hombre de peligrosidad social media y que "conoce la trascendencia moral y social de sus actos". Durante el examen efectuado por un médico llamado Moisés Ortiz Medina, quien se entrevistó en varias ocasiones con *el Chapo*, éste rechazó ser narcotraficante, se asumió como agricultor y dijo que le gustaba el alcohol, pero no la droga.

En *Cárceles*, libro escrito por Julio Scherer después de la fuga del *Chapo* Guzmán, el periodista fundador de la revista *Proceso* entrevista, entre otros internos famosos, a Zulema Hernández, una mujer que estaba en Puente Grande, sentenciada por robo a mano armada y que había sido novia del capo del cártel de Sinaloa. Además de concederle la entrevista, Zulema —rubia, treintañera, de 1.75 metros de estatura y con dos tatuajes: uno de murciélago en la espalda y el de un unicornio en la pierna derecha— le compartió una serie de cartas que le había mandado *el Chapo* a lo largo de 2000, el año previo a su fuga.

Las misivas amorosas dejan entrever un poco la confianza que tenía Guzmán Loera en que iba a salir pronto:

¡Hola mi vida! Zulema, cariño he estado pensando en ti a cada momento y quiero imaginar que estás feliz y alegre porque ya se va a efectuar tu traslado, por eso amor al escribirte esta carta lo hago también con un gran entusiasmo y con mucho gusto, por ti, porque allá en el otro penal vas a estar mucho mejor que aquí, por lo de tener mayor espacio, más movimiento y tiempo para los días en que te visita tu familia. Cuando se ama a alguien, como te quiero yo corazón, se es feliz cuando hay una buena noticia para esa persona que se adora, aunque yo me voy a quedar unos días más me emociona tu traslado, por tu persona del momento, pero enseguida por toda tu situación legal, pues fíjate que es importante que ahora que ya se vaya a resolver lo de tu libertad no estés en un centro de máxima seguridad, eso a veces influye mucho. Tu sabes bien como nos tienen catalogados a los internos de Cefereso, por eso en todos sentidos es importantísimo el traslado y este va a ser el primer paso del objetivo principal que es conseguir a como de lugar tu libertad y lo vamos a lograr ya verás que muy pronto tendremos la dicha de estar ambos en la calle y juntos que es lo más bonito de todo.

Amor no vayas intranquila ni angustiada por el cambio, ya el abogado tiene las instrucciones de que en cuanto te cambien, de inmediato te va a visitar para ver que cosas necesites y darte los recursos para que te acomodes y no te falte nada, solo piensa que peor que aquí no es, entonces todo es favorable.

Preciosa si antes de que te trasladen nos podemos ver (ojalá y se pueda mañana) quiero darte un dulce beso y estrecharte en mis brazos para conservar ese recuerdo cada que piense en ti y con ello poder aguantar tu ausencia en lo que Dios nos permite volver a reunirnos en otras condiciones y en otro que no sea este difícil lugar.

JGL

Durante la larga conversación entre Scherer y Zulema, hay un momento en el que ambos hablan sobre los personajes poderosos que pudieron haber ayudado al *Chapo* a fugarse de la prisión de máxima seguridad.

—Los narcos eran los dueños de la cárcel —le dice Zulema a Scherer.

—Eran los dueños de la cárcel —contesta el periodista—, pero los cambios llegaban de fuera. ¿Quién servía de enlace, quién implementaba las decisiones en la calle?

—No sé.

—No me digas.

—Investiga.

—¿Dónde?

—Fueron órdenes de arriba.

—¿De este gobierno o del anterior?

—Gente del gobierno anterior, sobre todo, y también de éste.

203

—¿Tuvieron miedo de la extradición del *Chapo*, que hablara en los Estados Unidos?

—Era miedo tanto en México como en los Estados Unidos, porque el nuevo presidente, lo que es Fox, no iba a permitir todo lo que él sabía que estaba pasando. Iba a caer gente, iban a saberse cosas. Si tú supieras la magnitud de lo que estas gentes manejan. Eso sí es demasiado. Yo sé de personas que hablaron y les cortaron la lengua.

—¿Así?

—Así. A algunos los echaban en tambos de cemento. Eso es cierto. Por hocicones.

—¿Tuviste algún acuerdo con *el Chapo*?

—Eso es otra cosa.

—¿Cómo?

—Si Joaquín ni ha tenido la disposición para ayudarme, él fuera, yo dentro, te juro que sí la tiene para quebrarme las piernas. Eso sí te lo puedo asegurar.

—¿Se habría atrevido a destruirte? ¿Esconde tu frase alguna ironía que no percibo?

—Ninguna. Así es. Y vuelvo a decirte: no tuvo la disposición para seguirme hasta acá y ayudarme; te aseguro que sí la tiene para mandarme a la chingada. Yo lo sé.

—Bueno, Zulema, si había tenido tanto miedo de que hablara *el Chapo*, ¿por qué no matarlo?

—Porque no está solo, tiene a su gente. Todos son una familia. Ay, voy a hablar de más. Son señores de honor, son señores de ley, son señores de sangre, son señores de palabra. Con esa gente no te vas a encontrar una traición. El que traiciona se muere. El poder lo tienen todos juntos; ellos saben que su poder, su gran poder, radica en la unidad. Date cuenta de un factor que une a la mayoría: fueron pobres, proceden de ciertos lugares de la República, nacidos allí, la mayoría con el mismo conecte, con las mismas relaciones. Éste es un mundo de gente, un mundo. No se trata del *Chapo* solamente. Se trata de mucha gente que está detrás. Son una familia. Entre ellos se casan, entre ellos tienen compadrazgos, los lazos se hacen comunes, se van tejiendo. Si un cabrón puede tener tanto poder, pues imagínate veinte, treinta o cuarenta. Imagínate mil. No habrá lugar donde tú vayas que te puedas esconder, no habrá piedra que te pueda esconder. No hay, no hay. Ellos saben esperar, tener paciencia. El buen cazador sabe esperar. Tener paciencia. Pueden pasar un año, dos años, cinco, seis, pero tarde o temprano el tiempo llega. Si tú ya les recibiste dinero, si tú ya estuviste en un contubernio y después los delatas, existe la traición, y el traidor no merece vivir.

Zulema abandonó la prisión de Jalisco en 2003, pero al poco tiempo, el 28 de enero de 2004, fue detenida de nuevo, acusada de pertenecer a una red de narcotráfico dirigida por Juan Pablo Rojas López, *el Halcón*, quien supuestamente traficaba cocaína que compraba a las Fuerzas Armadas Revolucionarias de Colombia. En junio de 2006, Zulema volvió a dejar la cárcel y no se supo de ella hasta el 17 de diciembre de 2008, cuando su cuerpo apareció en la cajuela de un automóvil, envuelto en un cobertor color rosa, con la cabeza y los pies envueltos en cinta canela. A su lado estaba también el cuerpo de Julio César Alba Villegas. Según el reporte del Servicio Médico Forense de la Procuraduría de Justicia del Estado de México, ambos fueron asfixiados y asesinados con un disparo en la cabeza. El informe dice también que Zulema tenía marcadas varias letras "Zeta" por todos lados: en los glúteos, senos, espalda y abdomen.

13

El jefe

La portada de *El Jefe de Jefes*, uno de los 10 discos en español más vendidos en México en 1997, es una fotografía de los cinco integrantes de Los Tigres del Norte en la prisión de Alcatraz. Ese año, la disputa a sangre y fuego por territorios del crimen ya era una realidad y no parecía extraño que un corrido en honor de un capo de la droga se convirtiera en éxito del momento, por encima de los boleros de Luis Miguel. Todo el tiempo surgían bandas del narco a las cuales los policías bautizaban con nombres de ciudades o estados como Juárez, Tijuana, Guadalajara, Durango, Sinaloa, o regiones del país como el Golfo, el Pacífico y el Sureste.

El corrido había aparecido en un momento inmejorable. La figura del *capo* ya formaba parte del imaginario nacional. Tras su lanzamiento, una tienda de armas de California, Estados Unidos, puso a la venta, en 2 000 dólares cada uno, 200 revólveres calibre .38 con el gatillo y el martillo inoxidables, los tornillos de oro y la frase *el Jefe de Jefes* unida al grabado de un caballo bronco y el escudo nacional de México.

No en Alcatraz, pero sí en otra prisión de máxima seguridad inspirada en ella, Miguel Ángel Félix Gallardo, quien había conocido a varios jefes de los grupos que ya competían a balazos entre sí por el control del mercado de la droga, estaba a un año de cumplir su primera década preso.

El corrido de *El Jefe de Jefes* —cuya letra está basada en la ficción, según su creador, el compositor Teodoro Bello— revivía las leyendas creadas en torno a él. La más importante era que antes de ser detenido, Félix Gallardo había logrado controlar él solo todo el negocio de la droga en México; que él era *el Jefe de Jefes*, el hombre-mito al que se canta en el corrido.

Una década después del lanzamiento de *El Jefe de Jefes*, en la página www.miguelfelixgallardo.com creada en agosto de 2008 por la familia de Félix Gallardo, un internauta comentó: "Se dice que el corrido *Jefe de Jefes* fue dedicado a él". La respuesta apareció horas después:

> Acabo de buscar la letra en internet y empieza diciendo así: "A mí me gustan los corridos", y para empezar a mi padre no le gustan. Él dice que agradece los que le han compuesto pero que él es de música más moderna y de lo romántico. Quizás el corrido *Jefe de Jefes* está basado en algún personaje de ficción y en algunos extractos de hechos reales, o viceversa, es algo muy común.

A la par de una campaña para pedir al presidente Felipe Calderón que Félix Gallardo reciba una mejor atención médica debido a los padecimientos que tiene a los 63 años en un oído y en los ojos, la página *web* en la que apareció la pregunta cuenta con un foro de discusión que gira en torno a la vida de quien es considerado el fundador del cártel de Sinaloa. Las dudas sobre el hombre nacido en Bellavista, pueblo del valle de Culiacán que en los cuarenta no tenía calles pavimentadas, van desde cuáles eran sus pasatiempos preferidos hasta los detalles sobre las relaciones que estableció en los ochenta con su contemporáneo, el capo colombiano Pablo Escobar.

Milenio, *La Jornada*, *Reforma* y *Proceso* publicaron notas sobre el sitio de internet, considerándolo a grandes rasgos una curiosidad del ciberespacio. También hubo comentarios en las respectivas páginas *web* de las publicaciones, donde se criticaba la supuesta exaltación al narco y el hacer apología de la violencia. A pesar de eso, los hijos mantuvieron el sitio electrónico y continuaron, entre preguntas y respuestas, soltando retazos de la historia no conocida del *Jefe de Jefes*, como el detalle de que es un lector voraz que lo mismo lee el *Diccionario filosófico* de Voltaire que la revista *Mecánica Popular* o novelas como *Casi el paraíso* de Luis Spota y el semanario *Time*. O bien que era un comprador de la obra de la pintora Martha Chapa, quien según sus hijos le hizo un retrato que quedó destruido tras una incursión violenta a la casa de la familia, o que tenía entre sus curiosidades el pendón de una exposición que el pintor José Luis Cuevas le dedicó a él, diciéndole "amigo", o incluso que la mayor biblioteca de Sinaloa, ubicada en las instalaciones de la universidad pública estatal, fue construida con dinero donado por él.

En cambio, de la vida en los extremos del dinero y de la muerte se menciona poco en la página *web*.

Un día de noviembre de 2008, en el mismo foro del sitio de internet, un usuario acusó a Félix Gallardo de causar la violencia actual en el país y en especial la que se vive en Culiacán, Sinaloa. Uno de los hijos del viejo capo respondió:

Le informo que Miguel Félix Gallardo tiene casi 20 años en prisión y le aseguro que es muy poco probable que sea responsable de la ola de violencia que azota a nuestro país. La prensa utiliza el nombre de mi señor padre para rellenar notas; también el gobierno lo usa para adornar detenciones de otros personajes que ellos mismos crean. Muchos medios aseguran que algunas personas desde el Altiplano dirigen organizaciones criminales, cosa que es poco razonable ya que todas las llamadas telefónicas, visitas familiares y entrevistas con los abogados son grabadas; debo añadir que incluso la correspondencia es revisada. Aunque no me lo crea yo también detesto lo que está ocurriendo en Culiacán.

Tras leer esta respuesta envié un mensaje electrónico a uno de los hijos que administran la página, preguntándole más detalles sobre la opinión que tenía su padre en torno a la situación en el país y planteando la posibilidad de una entrevista con él para abundar en el tema.

Así inicié correspondencia con uno de los 18 hijos de Félix Gallardo, un joven treintañero al que tampoco le gustan los corridos y a quien la reciente historia aparecida en periódicos europeos sobre el periplo del hijo de Bin Laden, buscando un país donde vivir, le pareció conmovedora, quizá porque algo de eso ha vivido él también.

"No estudié leyes pero en algún momento quise hacerlo al igual que también algo de política, pero de haberlo hecho quizás no hubiera tenido éxito ya que la gente, cuando sabe de dónde vienes, le pone 'un narco' a tu profesión. Por ejemplo, narco-abogado, narcopolítico, etcétera. Así jamás te dejan trabajar. Los problemas de los padres a veces se heredan de cierta forma."

Durante el intercambio epistolar, Jif —que es como se identifica por internet— me escribió:

Hay personas que escuchan el nombre de mi papá y lo asocian a sucesos lamentables en los que en general no tiene mucho que ver. Le tachan de envenenador y demás. Yo no puedo afirmar ni negar que haya sido traficante de drogas; eso es un asunto legal en el que no me puedo meter. Lo que yo tengo entendido es que en los setenta y ochenta, México sólo era un trampolín hacia Estados Unidos y que "el producto" no se quedaba aquí. En 1989, cuando mi papá fue detenido, yo era muy joven. Lo que nunca olvidaré es que en las noticias lo presentaron acompañado de imágenes de niños de África desnutridos y otros aquí en México oliendo resistol, como si mi padre hubiera sido el responsable del hambre y las condiciones sociales del país.

Cuando encontró el mejor momento para hacerlo, el hijo de Félix Gallardo le planteó mi inquietud a su padre. Él aceptó de inmediato recibirme en el Altiplano para concederme una entrevista; sin embargo, al poco tiempo me di cuenta de que podía ser más fácil que se legalice la mariguana en México que el que un reportero entre en Almoloya para tratar de hacer su trabajo. A lo largo de la historia de la penitenciaría diseñada por el arquitecto Juan Pablo de Tavira, solamente los periodistas Julio Scherer, Carlos Marín y el fallecido Jesús Blancornelas han podido tener conversaciones periodísticas con internos. En comparación con Colombia, donde más de un jefe del narcotráfico ha dado su testimonio sobre uno de los mayores negocios de América Latina, en México pocos han sido los personajes importantes del crimen organizado que han relatado sus experiencias, como lo hizo antes Rafael Caro Quintero y ahora Sandra Ávila Beltrán, *la Reina del Pacífico*.

"El escrito le apena por la calidad en comparación con lo que hacía antes, esto debido a sus problemas de la vista y al tener que escribir a escondidas y con prisas", me explicó el hijo de Félix Gallardo al entregarme el manuscrito hecho por su padre entre 2008 y 2009 en el interior de la cárcel. Tras revisar las 35 cuartillas pregunté a varios especialistas en el tema del narcotráfico si conocían alguna reflexión escrita en primera persona por un capo mexicano de la droga. Ninguno recordó que existiera tal antecedente en el país.

Estos diarios del *Jefe de Jefes* comienzan relatando los días previos a la detención de Félix Gallardo. Sus captores, los superpolicías de la época, Guillermo González Calderoni y Javier Coello, protagonizan el relato inicial. El entonces comandante de la policía judicial federal, González Calderoni, aparece descrito por Félix Gallardo como un amigo que lo traiciona por órdenes del subprocurador de la PGR, Coello Trejo. El 5 de febrero de 2003, González Calderoni, a quien se le vinculó con el cártel de Juárez, murió ejecutado en Texas, después de varios años de haber huido de México, donde enfrentaba cargos por el asesinato de los propietarios del café La Habana del Distrito Federal. Por su parte, Coello Trejo, conocido como *el Fiscal de Hierro*, se retiró de la vida pública y, de acuerdo con notas periodísticas, puso un despacho de abogados en Chiapas, estado en el que llegó a ser secretario de Gobierno.

En sus apuntes, Félix Gallardo hace acusaciones y cuenta pasajes de sus días en el Reclusorio Sur de la ciudad de México, donde permaneció tres años antes de ser trasladado al penal de máxima seguridad de Almoloya. Nunca se dice inocente y tampoco exige que lo liberen. Se queja en cambio de que sus propiedades le fueron arrancadas como un botín y relata el miedo que tuvo a ser ejecutado mediante la ley fuga. *El Jefe de Jefes* a veces sin avisar pasa de un asunto a otro en los textos escritos en su celda. Lo mismo recuerda su presentación ante la prensa o diserta sobre el caso de Enrique Camarena, agente de la DEA asesinado en 1985; equipara su detención con la de Joaquín Hernández Galicia, *la Quina*, ocurrida, al igual que la de él, durante el comienzo del gobierno de Carlos Salinas de Gortari, así como desvela que algunos policías, por mediación de Amado Carrillo, lo visitaban en la cárcel buscando que los ayudara a resolver crímenes famosos como el del periodista Manuel Buendía.

Almoloya es otro de los protagonistas en los diarios. La cárcel mexiquense lo mismo puede ser el lugar donde los internos discuten con el maestro de la Universidad Iberoamericana, Germán Plascencia, sobre el alzamiento del EZLN y la muerte de Colosio en 1994, que un sitio horrendo de donde nunca saldrá nadie con vida, y en el que hasta Raúl Salinas de Gortari puede padecer los mismos infortunios de los que se quejan los demás internos.

El Jefe de Jefes enseña parte de su árbol genealógico y lo compara con el de la familia Arellano Félix para rechazar el supuesto parentesco con los hermanos que dirigieron el cártel de Tijuana. A Sandra Ávila Beltrán, *la Reina del Pacífico*, asegura que nunca la conoció, contrario a lo que ella dice. Félix Gallardo reflexiona en sus escritos sobre la histórica lucha contra el narco desde los tiempos de la Operación Cóndor en los setenta, hasta la fecha, y hace sus propias recomendaciones para acabar con la problemática. Vicente Fox, por quien votó esperanzada toda su familia, lo decepciona como presidente, aunque defiende también su papel en la fuga de Puente Grande de Joaquín *el Chapo* Guzmán, a quien evita mencionar por su nombre.

"Cuando nosotros los viejos capos...", escribe con aire nostálgico en la penúltima hoja de sus diarios. Justo ahí cuestiona el hecho de que la justicia lo haya alcanzado a él y a otros de los suyos, como Caro Quintero y Ernesto Fonseca Carrillo, pero no a los banqueros acusados de fraude, Carlos Cabal Peniche, Jorge Lankenau y Ángel Isidoro Rodríguez, *el Divino*. En ningún momento los diarios del primer hombre que organizó a gran escala el tráfico de cocaína a Estados Unidos son los de alguien que se declara ajeno al mundo de las drogas.

Nacido el 8 de enero de 1946, fue policía judicial a los 17 años y quedó asignado como escolta del entonces gobernador de Sinaloa, Leopoldo Sánchez Celis. A mediados de los setenta se involucró en el narcotráfico, y en los ochenta su poder ya cobraba proporciones internacionales. Todavía en la década en que nació *el Jefe de Jefes*, los consumidores estadounidenses venían a México a buscar la droga directamente, no había intermediarios mexicanos importantes, relata el historiador sinaloense Froylán Enciso. De acuerdo con él, Alberto Sicilia Falcón, el cubanoamericano expulsado por la Revolución de Fidel Castro y que fue pareja de la actriz Irma Serrano, *la Tigresa*, es lo más parecido a un capo en la historia del narcotráfico previa a la aparición de Félix Gallardo.

Enciso, radicado en Nueva York, considera que Carlos Salinas de Gortari sabía que la sombra del fraude electoral de 1988 lo obligaba a ganar la legitimidad necesaria para gobernar, si ya no en las elecciones, por lo menos en el gobierno.

El tema del narcotráfico fue importante en ese aspecto. En los primeros años de su gobierno hizo golpes espectaculares contra líderes sindicales y policías corruptos, así como del mayor narcotraficante del sexenio de De la Madrid, el que manejaba el flujo de cocaína, el que se ganó el respeto de sus colegas, el que los funcionarios de la DEA catalogaban hasta de elegante: Miguel Ángel Félix Gallardo.

De lo que al parecer no quedan muchas dudas es de que durante los años siguientes a la detención del *Jefe de Jefes* en Guadalajara, el 8 de abril de 1989, surgieron los cárteles de la droga, por lo menos como artificio del discurso oficial. A la fecha, los llamados cárteles protagonizan una enredada guerra entre sí y contra las corporaciones del Estado, la cual ha dejado más de 10 000 ejecuciones tan sólo durante los primeros dos años del gobierno de Felipe Calderón.

"¡Los amos del narcoterror!", parece gritar el cabezal de la portada de la revista *Alarde Policiaco*, en su edición especial de abril de 1989, con motivo de la captura de Félix Gallardo. Rodeando el titular escrito con letras amarillas, aparecen fotografías del hondureño Ramón Mata Ballesteros, Rafael Caro Quintero, Juan José Esparragoza, *el Azul*, y el propio Miguel Félix Gallardo. En la portada se deja ver también un optimismo equivocado, algo común en la historia del tratamiento periodístico de las drogas ilegales: "Totalmente exterminado quedó el narcotráfico al ser capturado el zar de la cocaína, Miguel Ángel Félix Gallardo, quien ya se encuentra tras las rejas y haciéndole compañía a otros capos".

El 9 de abril, un día después de la detención del *Jefe de Jefes*, la PGR emite el siguiente boletín:

La Procuraduría General de la República, a través de la Policía Judicial Federal, logró en un operativo relámpago realizado ayer por la tarde en Guadalajara, Jalisco, la captura del narcotraficante

Miguel Ángel Félix Gallardo, considerado el traficante de drogas número uno a nivel internacional. Félix Gallardo fue detenido como resultado de una investigación iniciada hace tres meses por judiciales federales, en la casa ubicada en la calle Cosmos 2718, colonia Jardines del Bosque de la ciudad de Guadalajara. Por lo sorpresivo del operativo, Félix Gallardo fue aprehendido sin que opusiera resistencia, a pesar de que tenía en su poder varias armas de grueso calibre. Es importante destacar que durante esta acción no se registró ningún disparo de arma de fuego. Miguel Ángel Félix Gallardo, de 43 años de edad, originario de Culiacán, Sinaloa, inicia su carrera delictiva desde el año de 1971, fecha en que se gira la primera orden de aprehensión en su contra por delitos contra la salud. Durante los últimos años, Félix Gallardo se convirtió en el narcotraficante más buscado tanto a nivel nacional como internacional, pues varios países también giraron órdenes de aprehensión en su contra por el mismo delito. Asimismo, se convirtió en parte importante del bajo mundo del narcotráfico, porque llegó a controlar la siembra, cultivo, cosecha y tráfico de enervantes. Con la captura de este peligroso delincuente, buscado durante los últimos nueve años, se reafirma la voluntad política del presidente de la República, licenciado Carlos Salinas de Gortari, de combatir hasta sus últimas consecuencias este cáncer social y de que la PGR trabaje intensamente en esta guerra por el bienestar de los mexicanos.

Javier Coello Trejo, el fiscal que capturó al *Jefe de Jefes*, aseguró, en una entrevista periodística que brindó en 1989, que Félix Gallardo era un hombre inteligente:

No te puedes imaginar cuánta inteligencia natural tiene. Estudió hasta el tercero de secundaria, pero en 20 años dedicados al narcotráfico se arregló para controlar todas las bandas de narcos [...] es una persona seca, no es malhablado, no es grosero, habla muy directo, y es una persona muy extraña, porque es muy católico, incluso, por medio de otras personas ha donado dinero a la iglesia.

Teodoro Bello, el compositor del *Jefe de Jefes*, reconoció a principios de 2009 en una entrevista con *El Universal* que había escrito canciones inspiradas en Amado Carrillo, Rafael Caro Quintero y Miguel Ángel Félix Gallardo. "Pero son gentes que las detuvieron [*sic*] y son corridos de cosas que la gente ya sabe, de lo mismo que escribe la prensa", aclaraba. Preocupado por la ola de violencia desatada hoy en día en el país, Bello aprovechó la entrevista para recomendar a los nuevos compositores que los corridos de ahora deberían estar bien narrados y no deberían vanagloriar ni menospreciar a nadie en particular.

Cuestionado por el reportero sobre la aparición de un corrido en honor de Santiago Meza, el sujeto que en Tijuana disolvió más de 200 cadáveres humanos en ácido y se ganó el apodo del *Pozolero*, Bello respondió: "Hay autores que se cuelgan del momento para ganarse un dinerito y hacerse publicidad con el *boom*, pero son corridos que se van. Yo me voy a morir un día y oirán *El Jefe de Jefes* y otras, porque son canciones que nacen para quedarse".

En la penumbra de la cárcel del Altiplano, Félix Gallardo escribe. *El Jefe de Jefes* tampoco quiere que lo olviden.

—¿Cómo se convirtió en abogado de Miguel Ángel Félix Gallardo? —le pregunto a Félix Garza Martínez, un hombre delgado, nacido en Monterrey y que acaba de pasar la frontera de los 60 años pero que se ve fuerte y recio cuando habla.

—Bueno, Miguel Félix Gallardo se enteró de mi actividad profesional a través del *Señor de los Cielos*, mucho antes de que éste fuera *el Señor de los Cielos*. Félix Gallardo se enteró de que Amado Carrillo había sido liberado por el licenciado Félix Garza y luego, a través de la televisión, se enteró también de que yo estaba llevando el caso del general José Francisco Gallardo. En ese momento él no tenía abogado. Ya habían fallecido al menos cinco abogados que habían llevado la causa de Félix Gallardo, así es que me buscó.

"La primera pregunta que me hizo fue si tenía idea de su caso; la segunda, si me consideraba capaz de llevarlo, y la tercera, si no tenía miedo. En orden le respondí que sí conocía el caso, que me consideraba capaz, y que el miedo, pues el miedo nunca lo iba a perder, pero que lo controlaría, como lo he controlado y lo sigo controlando. Le dije que el día en que no tuviera miedo, entonces me volvería loco. Los dos sonreímos."

—Decir que "fallecieron" es una forma muy sobria de hablar sobre lo que les pasó a los cinco abogados que lo antecedieron en el caso...

—Bueno, los mataron, fueron asesinados. Aparecieron en tambos con cemento en la carretera guerrerense a Iguala. Estamos hablando de 1993. Ahí murieron abogados, Claudia Hernández y un primo de Miguel de apellido Pérez del que no recuerdo ahorita el nombre.

Los ojos del abogado Garza están rodeados de arrugas, pero son muy brillantes. Mientras me cuenta de la matanza en Iguala, recuerdo el caso de Rodolfo Sánchez Duarte. Sánchez Duarte era hijo del ex gobernador de Sinaloa, Leopoldo Sánchez Celis, quien una mañana fue "levantado" por un grupo de pistoleros cuando llegaba al aeropuerto del Distrito Federal con la finalidad de ir a la prisión a visitar a Félix Gallardo, quien además de ser su padrino de bodas era su socio en algunos negocios legales. Un día después de ser levantado, el cuerpo de Sánchez Duarte apareció acribillado por armas de varios calibres y con signos de tortura, al igual que los abogados del capo.

—¿Podría contarme cómo fue ese primer encuentro con Félix Gallardo?

—Fue en el Reclusorio Sur, en un juzgado. Se dio cuenta de que yo era abogado de Amado Carrillo, y llegó a saludarme. Pero la primera vez en el aspecto profesional, cuando me vi con él, ya fue en Almoloya, que ahora ya es el Altiplano. Nuestra entrevista fue en el área de locutorios. Cuando nos encontramos lo vi como una persona inteligente. Sabes que una persona inteligente se nota con la mirada, con su expresión, y creo que, en general, Félix ha tenido un discurso muy claro, conciso e inteligente. De inmediato se me hizo una persona inteligente, y por ello hay simpatía inmediata. Esto en el aspecto personal.

"En el aspecto profesional, el señor tenía un seguimiento de mis actividades como abogado. Esto porque Garza y Asociados ha sido escudriñado por rescatar y llevar casos de envergadura en asuntos militares. Nosotros teníamos 'la atención' en ese momento, sabiendo los riesgos que con esto se tiene: presiones del ejército, presiones de la PGR, presiones de mil partes en la política que afortunadamente nunca trascendieron. Así fue como yo llegué con él."

—¿Qué tipo de presiones?

—Amenazas o sugerencias de que no es conveniente llevar esto o aquello. Amenazas a las cuales nunca hice caso, nunca atendí. Y nunca las atendí porque para mí una persona acusada de lo que sea tiene derecho a la mejor defensa, y si yo soy la mejor defensa, qué mejor.

—¿Y en qué momento, después de tantos años de relación profesional, empieza a surgir una relación más personal entre usted y Miguel Félix Gallardo?

—Yo le puedo decir que entre 2004 y 2005. Sobre todo 2004, que fue cuando se empezó a dar todo un cambio de personal en el penal ahora del Altiplano. Miguel Félix era constantemente castigado, constantemente sancionado, como dicen ahí. Le impedían la visita familiar, la visita íntima; pero la visita de abogados no se la restringieron porque en ese tiempo no llegaba a tanto la crueldad psicológica de las autoridades carcelarias. Entonces converge que por alguna situación quedé como único abogado, y en virtud de los castigos, y en virtud de la inactividad, el señor empieza a ser visitado por mí todos los días. Así, la relación se hace más personal por una cuestión bien lógica: soy la única persona que está en esos momentos con él una hora diaria. Pasa 22 horas de encierro y 30 minutos en un patio que no es patio; entonces el señor requiere platicar, requiere tener un campo visual distinto, por eso hasta la forma en la que me alisto esos días para ir a visitarlo es especial.

—¿Cómo se viste cuando va a verlo?

—Primero, a la hora de vestir llevo los colores más coloridos dentro de los términos, porque, por ejemplo, con esta camiseta yo no podía entrar porque tiene estas rayitas de color beige, y eso ya es suficiente para que te digan: "aquí la pueden agarrar los reos y se pueden fugar de aquí". Ya con eso altero la seguridad de la institución. Entonces yo usaba otros colores, sobre todo el verde. ¿Por qué el verde? Porque el verde permite una distinción nerviosa especial, y como ahí hay una monotonía del color beige y del color gris, entonces rojos, verdes y amarillos son colores que llaman la atención, agradables para alguien que está preso.

—¿Qué otras consideraciones por el estilo tiene con él?

—Tener paciencia. Saber escuchar, porque lo que él necesita no es que le hablen, sino que lo oigan entonces, lo mismo me da las quejas de que lo tratan mal, de que todo el tiempo lo están molestando, de que no ve bien con el ojo izquierdo, de que tiene mal la pila de la prótesis auditiva, de que tiene una molestia en la columna, de que la digestión, de que no se bañó... Todas las cuestiones que parecerían ser meramente íntimas, yo las escucho y le incito a que las platique, a que él hable. Porque lo que necesita es comunicación. Ya me oirá cuando le conteste. Usted debe saber que en Almoloya se oye, pero nadie lo escucha a uno porque no le permiten platicar, y no se permite platicar con el vecino, porque para platicar con el vecino, esto tiene que ser a través de un corredor abierto, ya que están cerradas cada una de las estancias.

—¿Quiénes son los vecinos de Félix Gallardo?

—Ahora mismo está en una área que le llaman especial, pero en su módulo estaban Ernesto Fonseca, Baldomero Medina Garza, este señor de Atenco (Ignacio del Valle), el pintor Jacobo Silva (guerrillero del ERPI) y Pedro Lupercio Serrato, que ahora está como pintor y escritor.

—¿Pedro Lupercio, el hombre acusado de ser capo en Guadalajara, pinta?

—¡Claro! Hasta vende su obra.

—No sabía. ¿Entonces ya salieron de la cárcel sus pinturas?

—Sí, sí, sí. Las pinturas de Lupercio y las de Jacobo Silva andan en exposiciones en el interior de la República.

—Sabía de las pinturas de Jacobo Silva, pero no de las de Lupercio...

—Sí, Lupercio también pinta. Y muy bien.

—A mí me gustan mucho las pinturas de Jacobo Silva.

—Sí, pero Jacobo tiene un problema de zapatismo...

—Pero el zapatismo no es un problema...

—Particularmente he visto el trabajo de él, y particularmente pienso que si fuera un poco más versátil, pudiera gustarme más. Pero es una cuestión ideológica la que él pinta, y me parece muy respetable. Pero bueno, en fin, yo no soy crítico de arte, y desafortunadamente, el punto es que ahora ahí adentro tienen prohibido pintar. Ya no hay ninguna actividad artística permitida.

EN SUS DIARIOS, Miguel Ángel Félix Gallardo relata así sus días en Almoloya:

Para traerme a Almoloya, se violó un amparo concedido para no ser excarcelado del Reclusorio Sur a otra parte. Mis procesos se quedaron lejos, y se me notificaba por exhorto en ese tiempo. Almoloya era para sentenciados, no había juzgados, se nos notificaba en locutorios, no tuve abogados por unos años, mi situación económica no era buena, no pude defenderme y se me agotó el proceso faltándome pruebas que desahogar. Fui sentenciado y confirmado en segunda instancia por el que fue

222

ministerio público en mi proceso. Ya en Almoloya siguieron las consignas. Aquí no es permitido revisar el proceso con el abogado, ni siquiera le prestan papel y lápiz por ventanilla de locutorios; no tengo acceso a libros de derecho, ni intercambiar papeles con mi defensor; además, todo interno que llega a Almoloya es clasificado de máxima peligrosidad, y siendo famoso sólo se sale muerto, pues al cumplir una pena máxima, sólo Matusalén saldría vivo.

Ha habido unos pocos traslados a privilegiados internos que el consejo les ha bajado el perfil de máxima a media, por ejemplo: don Fernando González González, coacusado del ingeniero Raúl Salinas de Gortari, quien también mejoró su perfil y fue trasladado a Almoloyita.

Voy a comentar algo de este último: antesito del término de gobierno de Carlos Salinas de Gortari, cuando el levantamiento del EZLN, venía a este lugar a darnos conferencia un supuesto maestro de la Ibero, señor Germán Plascencia, en el área escolar del Módulo 1. Nos reuníamos por las tardes cuando él venía.

Entre los internos había unos intelectuales, el físico matemático Cuauhtémoc Sánchez Aguilar, Pellegrini y otros junto con el maestro, quienes comentaban las condiciones del país a raíz del cambio de presidente. Se decía que no se veía rumbo, que hacía falta un escándalo, que si Carlos Salinas no llegaba a la OMC (Organización Mundial de Comercio) se veía en dificultades, que lo de Colosio, lo del cardenal Posadas Ocampo, lo de Ruiz Massieu, lo del EZLN y otros temas; que los internos de Almoloya habíamos sido "fabricados" para entretener a la opinión pública, que no había necesidad de cárceles de exterminio que no readaptaban, etcétera.

El maestro Plascencia portaba un gafete que le permitía visitar cualquier área del penal. Un día que regresaba yo de locutorios en el Diamante B 6 B, miré que traían a una persona demasiado custodiada. Al pasar por donde yo estaba de frente a la pared, de reojo miré y me pareció que era Raúl Salinas de Gortari. Iban rumbo al área de segregación. Llegué a la clase del maestro Plascencia y comenté lo visto; acto seguido el maestro, como si ya supiera o esperara esa noticia, canceló la clase y se fue. Los internos de la clase comentaron que ése era el escándalo que antes se platicaba que sucedería; otros dijeron que el maestro era espía del gobierno, que vino a ver qué nos sacaba a nosotros, etcétera.

A Raúl Salinas lo tuvieron años en "Conductas Especiales", lugar que, en ese entonces, el Reglamento sólo permitía que los internos permanecieran en él no más de 15 días. Nos sorprendió el maltrato que le daban: la comida fría, gritos, burlas, le humillaban a la familia, había ocasiones que la señora Paulina (esposa de Raúl Salinas) tardaba tres o cuatro horas para entrar a verlo.

Al inicio, los internos le gritaban al ingeniero "aguante". Poco a poco le agarramos aprecio por su hombría. Las veces que lo encontraba, al saludarnos, me decía: "Dios lo bendiga". Culpable o inocente, me dio gusto que se fuera. Lamento que no haya hecho declaraciones sobre la tortura que pasó y que nosotros los más viejos seguimos soportando ahora con más presión que en los tiempos en que estuvo Raúl Salinas de Gortari, pues muchos de los que él conoció, ya murieron aquí.

Hoy ya no hay actividades. Los patios de cada dormitorio son de 30 por 30 metros. A éstos nos sacan solamente 45 minutos al día y el resto del tiempo estamos metidos en las celdas. La comida que tenemos, en comparación con la que teníamos durante los gobiernos "priístas", es de pésima calidad y mínima cantidad. No tenemos tienda, talleres, ni clases de pintura, pirograbado, artesanías, teatro; no tenemos asistencia religiosa pastoral; carecemos de atención médica y de medicamentos; no tenemos entrevistas con psicólogos, criminólogos, trabajadores sociales; no contamos con visitas de diputados, senadores, políticos ni intelectuales, como al principio nos visitaban. Esta prisión se copió de unos centros penitenciarios franceses, y en un estudio realizado en Francia se supo que, de cada 10 internos, en un lapso de 10 años morían cuatro y los otros seis perdían facultades mentales, por lo que el gobierno francés los cerró todos.

El doctor Juan Pablo de Tavira, en su libro *Por qué Almoloya*, dice: "Un interno aquí, en un año paga el equivalente a 10 años en otras prisiones". La mayor parte de los internos no tienen abogado, ni visitas familiares por ser de escasos recursos. Esta prisión está sobrepoblada de inocentes, pues eran choferes, veladores, jardineros, cocineros, plomeros, electricistas, pintores, albañiles, quienes fueron detenidos y nada tienen que ver con las actividades que les imputan. Sólo en los módulos 1 y 3, los internos tienen visitas, y de ellos muy pocos tienen la visita íntima. Las salas de visita íntima siempre están vacías, igualmente las salas de visitas familiares, esto debido al exceso de requisitos que piden las autoridades del penal. Los papeles para que una visita pueda entrar tienen que traerlos sólo el día que le toca visita a su familiar y deben esperar a que el Consejo Técnico Interdisciplinario apruebe su ingreso. Si la visita viene de lejos, pierden su tiempo y se quedan llorando afuera. Por falta de recursos ya no vuelven a venir y se pierde la relación con su familiar.

El abogado Félix Garza vive de un lado a otro. Cuando no está recorriendo las entrañas de Almoloya, lo mismo puede aparecer en una ciudad del norte del país, que en el extranjero. Aparece y desaparece del mapa con poco esfuerzo. Una vez sentado delante de una taza que nunca deja de ser rellenada con café, y de una grabadora, el hombre misterioso abandona su papel. Félix Garza, voz carrasposa y acento regiomontano, hace frases como un arroyo crecido y platica sobre Félix Gallardo, de quien parece ser una sombra, además de un representante legal.

—¿Cuántos hijos tiene Miguel Félix Gallardo?

—Podría decirte que oficialmente tiene 18, y mañana o pasado van a venir dos más que están en legitimación, a los cuales, además, él aceptará con gusto...

—¿Qué personaje de la historia mexicana le atrae a Félix Gallardo?

—No muchos. Él es alguien que conoce no tan sólo la historia oficial. Sabe bien lo que pasó en la Independencia y en la Revolución.

—Pensé que le gustaba Pancho Villa...

—No, sobre todo por la participación de su familia en la guerra de los cristeros. La familia de Miguel era cristera.

—Pero Sinaloa quedó muy lejos de eso, ¿no?

—Él es de una familia muy católica y su familia no es nada más de Culiacán, radica en gran parte del Pacífico. Él tiene antepasados que estuvieron en ese movimiento. Hay un beato, Magaña, que tiene parentesco con él.

—¿Qué cosas le gusta hacer?

—En cuanto a deportes, a él le gustan el basquetbol y el beisbol, que son de la zona de Sinaloa. Pero como una cuestión con mucho interés no. A él le gusta estar al tanto de las cosas, diría yo. Por ejemplo, también gusta de escribirle al papa.

—¿Al papa?

—Sí, de repente hace cartas para el papa.

—¿Y se las manda?

—Sí, y se las contestan.

—¿El papa?

—Sí, cómo no.

—¿Juan Pablo II?

—Sí, a él ya le tocó Juan Pablo, y apenas le mandó unas a éste [Ratzinger].

—¿Y qué le dice en esas cartas?

—Pide una bendición para la familia y en una de las últimas felicita a este papa por su cuarto aniversario.

—¿Miguel Félix Gallardo reza, entonces?

—Eso sí no lo sé.

—¿Qué pertenencias tiene en su celda hoy en día?

—Tiene su reloj de pulso.

—¿Cómo es?

—Un reloj de pila normal, de pulso. No es la gran cosa; le costó 140 pesos. El anterior le había costado creo que 40 o 50 y ya tenía dos o tres años. Tiene un cepillo dental pequeño, que lo cambia cada mes, tiene dos uniformes o tres…

—¿De qué color es su uniforme?

—Es de color beige, completo beige.

—¿Y los zapatos también?

—No, los zapatos son color café. También tiene un *pants* blanco sin ninguna figura, tenis blancos, una gorra tipo beisbolista, dos pares de calcetines, tres pares de calzones, tres pares de camisetas; tiene una pluma, su repuesto para escribir, papel que compra, quizá tenga unas galletas, unos chocolates y un refresco.

—¿Qué le gusta comer?

—Bueno, normalmente lo que él compra en la tienda son galletas que tienen trigo, chocolates, agua, jabón, detergente, papel sanitario, nada más allá de eso... Ah, también tiene unos lentes y dos toallas.

—¿No tiene un amuleto o algo así?

—No puede tener nada. No pueden tener una medallita, una imagen religiosa o un símbolo, nada, nada, nada. Les quitaron las biblias, les quitaron el reglamento. Se lo quitaron todo en 2004 y 2005.

—¿Por qué?

—Por los dos homicidios que hubo: el del *Ceja Güera* y el del *Pollo* Guzmán Loera. Pero nunca han detenido, nunca han investigado y no han querido investigar qué fue lo que pasó. No se han dado a la tarea de averiguar cómo les introdujeron las armas a quienes las usaron. Porque de que las usaron puede ser evidente, pero ¿cómo llegaron?, ¿cómo, desde la calle, si es que estuvieron alguna vez en la calle, llegaron tras una serie de filtros de protección a las personas que son revisadas cada que traspasan una esquileta o puerta? Evidentemente esas armas las metió un funcionario que tenía el propósito de matar a los que mataron. Pero ¿por qué tienes que castigar a los que nada tienen que ver, por qué? Pues para justificar la corrupción.

EL HOMBRE calificado por las autoridades como el máximo jefe del narcotráfico en México durante la década de los ochenta hizo en la cárcel pirograbados con la imagen de Salma Hayek, practica yoga y tao de la salud, y cuando estaba en libertad, su ciudad favorita para hacer turismo era Ginebra, Suiza.

Antes de ser encarcelado, la cultura no le fue ajena a Félix Gallardo, quien en el ámbito judicial fue acusado, entre otros crímenes, de ordenar la decapitación de la esposa de su antiguo adversario Héctor *el Güero* Palma, algo que él mismo, sus abogados y familiares, niegan de manera rotunda, una y otra vez, y que hasta la fecha sigue sin ser probado judicialmente.

El dinero para la construcción de la biblioteca más grande de todo el estado de Sinaloa lo donó Félix Gallardo, dice su hijo. Autoridades de la Universidad Autónoma de Sinaloa de los ochenta fueron consultadas al respecto y confirmaron la versión, aunque explicaron que también hubo recursos oficiales. Esta universidad pública no fue la única que recibió apoyo de quien es considerado uno de los fundadores de lo que hoy en día se conoce como el cártel de Sinaloa.

"Hablando del aspecto cultural, mi padre hizo aportaciones económicas a diversas universidades, entre las cuales sobresalió la Universidad Autónoma de Sinaloa. Cabe aclarar que las aportaciones siempre fueron altruistas y que nosotros no estudiamos ahí para evitar malos entendidos", relata el hijo de Félix Gallardo. El viejo capo fue padrino de la generación 1984-1989 de la Escuela de Derecho y Ciencias Políticas de la UAS, y en correspondencia, el 21 de julio de 1989, en representación de los alumnos graduados, Arnulfo Espinoza Flores le dio un diploma "por ser gran impulsor de nuestra *alma mater*". Los "ahijados" hicieron el reconocimiento a su padrino casi cuatro meses después de que éste había sido detenido por delitos contra la salud.

Félix Gallardo pintó durante los primeros tres años de su encarcelamiento, los cuales transcurrieron en el Reclusorio Sur del Distrito Federal. "Por lo general le gustaba dibujar a Napoleón, ya que admira mucho a ese personaje, al igual que a Alejandro Magno. Otros dibujos que recuerdo serían El Quijote de la Mancha, y para Culiacán recuerdo que mandó una Kate del Castillo y una Salma Hayek a unos amigos. Creo que también dibujó algunos Cristos y otros retratos personalizados", cuenta su hijo.

—¿Qué lee Félix Gallardo? —preguntó un usuario anónimo en el portal de internet administrado por el hijo del *Jefe de Jefes*.

—Cuando estaba más joven tengo entendido que leía de todo, pero sobresalían los libros de radiocomunicaciones y la lectura de *Publicación Universitaria* y las revistas de *Mecánica Popular*. En la casa de Altata había muchos libros. Sobresalían los de Rubén Rocha Moya y Jorge Medina Viedas (de la UAS). También los diccionarios filosóficos de Voltaire, cuatro o cinco tomos de los votos de Vallarta, algunas revistas de radio en inglés, la publicación Buelna de la UAS y algunos tomos de administración.

Durante su estancia en la prisión, Miguel Félix Gallardo asegura haber leído más de 2000 libros, entre los cuales destacan los siguientes: *El príncipe* de Maquiavelo, *Cien años de soledad* y *Crónica de una muerte anunciada* de Gabriel García Márquez, *El zoo humano* de Desmond Morris, *Casi el Paraíso* de Luis Spota, la Biblia, *El curso de los milagros* y "mucha literatura sobre los aztecas".

Al gusto por la lectura, el arte y la música moderna, Félix Gallardo sumó el placer por viajar.

Mi padre dice conocer toda la República mexicana. Comenta también haber visitado Colombia, Panamá, Ecuador, Argentina,

Bolivia, Honduras y Guatemala. En Europa fue a Francia, Suiza, España, Londres e Italia. De Estados Unidos dice conocer sólo las ciudades principales. De donde mejores recuerdos tiene es de Ginebra y Colombia.

Aunque según su hijo "la escritura no se le dio", Miguel Félix Gallardo ha escrito de su puño y letra algunos textos donde recuerda su vida en libertad, y deja asomar un poco por qué fue considerado como *el Jefe de Jefes* al que se le canta en el exitoso corrido de Los Tigres del Norte.

Uno de esos textos, enigmático y risueño, es el siguiente:

De 1985 hasta pasar el carnaval de 1987 viví en Mazatlán, en la colonia Ferrocarrilera. Mi amigo Manuel y yo quisimos que la ciudad fuera tranquila y segura. La sociedad acudía a pedirnos favores y fue necesario organizarnos para bajar los índices de violencia, robos y asaltos hasta el mínimo.

Un día del año 1986, como era mi costumbre, leía los periódicos locales entre ocho y nueve de la mañana. Al voltear una página, pasé a la sección roja y me impactó una nota en relación a una familia entera que había sido ejecutada en su domicilio cuando veía televisión. Siete miembros en total, más un pequeño gatito cuya imagen fotográfica me entristeció aún más. Todos los periódicos resaltaban lo mismo, era la noticia más horrible que yo había visto.

Me levanté del cubículo donde me asoleaba y me dirigí hacia la cochera, donde se encontraba mi automóvil. Al pasar por la cocina, mi mujer me dijo: "¿Miguel, vas a desayunar?" Le di los periódicos, quedándome sólo con uno en la mano, y le respondí, señalándole la nota en cuestión: "¿Quién puede desayunar con esto? Voy a resolver este asunto", y salí de la casa.

Llegué al lugar que me servía de oficina y llamé a Manuel y a los jefes policiacos, quienes acudieron de inmediato. Ya reunidos les dije: Miren esto: mostrando el periódico. "La sociedad mazatleca no merece esto", seguí, y luego les pedí: "Quiero a los responsables de esta masacre, sean quienes sean, y los quiero vivos y en la cárcel en 72 horas. Mi gente colaborará y yo cubro todos los gastos; no me importa qué tan poderoso sea el responsable: enfrentaré al mismo diablo si es necesario. Todos a trabajar, revisen sanatorios, clínicas médicas, curanderos, quizás haya algún matón herido y por ahí podemos empezar".

Fueron llamados a colaborar todos los cholos y pandilleros de todas las colonias, taxistas, meseros, peluqueros, músicos, mecánicos. Yo mismo revisé algunos lugares sospechosos. Por fin se detuvo a un malhechor herido cerca de Concordia y se le investigó. Confesó ser miembro de La Magia Negra, al igual que su padre, quien mandó matar a su tío de La Magia Blanca, a su abuela y hasta a un electricista que estaba en aquella casa haciendo unos arreglos, y también al pobre gatito.

El móvil del pleito era una herencia entre el padre del asesino y el tío. El papá fue detenido después en Veracruz. Todos los responsables fueron consignados, pero antes el asesino tuvo que responder a una de mis preguntas: "¿Por qué mataste al gatito?", a lo que respondió: "Porque podía ser un testigo en el mas allá".

SIGUE la conversación con el abogado Félix Garza, quien se toma un vaso de agua de un jalón y continúa respondiendo las preguntas acerca de su defendido y amigo.

—¿Cómo describiría a Miguel Félix Gallardo?

—¿Describirlo?

—Sí, físicamente.

—Físicamente es un hombre de 1.87 u 89, delgado, fuerte, aunque ahora muy menguado por su estado de salud, pero es una gente sonriente, propositiva y con una claridad y notable inteligencia en su discurso.

—¿A qué se refiere con claridad?

—Mire, hay gente que no sabe ni hablar. Que quiere decir verde y dice "del color de la rama". Él es muy elocuente, muy concreto y muy inteligente en sus proposiciones. No se atraviesa, no está hablando de verde y luego está hablando de la bandeja, y luego vuelve a hablar de un sabor, y luego vuelve a la bandeja, y luego vuelve al verde. No. Él es muy, muy inteligente; nos está viendo y está alerta, examina los miedos, la sagacidad.

—Hay quienes lo describen como silencioso, como…

—¡Observador!

—Sí, observador, es lo que me han dicho…

—Es muy observador, sí. Si considera que lo que está uno comunicándole está bien, en su silencio se le nota todo. Yo por lo menos lo leo. Y cuando considera que hay algo inadecuado da su versión. Abiertamente dice que esto era por acá y por allá, y punto.

—¿Se ha puesto a estudiar en la cárcel?

—¡Desde luego! Es un hombre muy culto. Le voy a decir que para una persona bajo sus condiciones, lo he conocido como culto. Él es un hombre sin estudios académicos, que nada más estudió secundaria y una carrera comercial, pero ahora Félix Gallardo es un hombre culto, aunque no tenga estudios uni-versitarios. Por la misma experiencia de la vida, lo mismo le habla de una película, pero no de lo bonita que se veía la actriz, sino de la película.

—No le gustan los corridos...

—No le gustan. Y en eso coincidimos: si hay un conjunto norteño tocando a mi lado no me gusta, me molesta.

—¿A usted no le han hecho un corrido con tantos casos duros que ha llevado?

—Pues no me interesaría, la verdad.

—Usted que conoció a ambos, ¿qué parecido y qué diferencias hay entre Amado Carrillo y Miguel Félix Gallardo?

—Amado Carrillo buscaba lo que quería y Félix Gallardo lo obtenía; Félix Gallardo ya sabe que lo va a obtener. A mí me contrató, no le importaba si quería o no quería, sino por cuánto. Me dio mis honorarios y aquí me encuentro. Y la cantidad de dinero es fija y como va. Amado Carrillo buscaba y encontraba lo que quería; Félix Gallardo lo toma. Un ejecutivo sabe lo que hace y el gerente tiene que ver cómo lo hace.

—Amado Carrillo es otro personaje ya casi de la historia nacional...

—Y mi encuentro con él fue agradable realmente. Yo, independientemente de la fama que se corría en el momento, yo nunca me impresioné.

—¿Cómo se convirtió en abogado de Amado Carrillo?

—A mí las cosas me llegan, no las ando buscando. Hay quien se destroza porque no lo invitan a una fiesta, y a mí, si no me llegan las invitaciones a esta fiesta, no voy. Y cuando me llega acepto. Que es pesado, sí; que hay amenazas, sí; que hay marcaje personal, sí. Pero me da gusto saber que me buscan por mi capacidad en mi trabajo. Y una vez establecida la relación, todo esto implica un trato que va más allá del pacto cliente y abogado, porque escuchar implica de muchas maneras conocer a la gente y sus más hondas inquietudes. Yo considero que aparte de llevar un trato, puedo auxiliarle en este reposo, en esa tranquilidad que puede dar el "vino mi abogado y ya hablé, y descansé".

—Oiga, ¿usted y Miguel Félix Gallardo son de la misma edad?

—Él tiene 63, él nació el 8 de enero de 1946, y yo nací el 2 de enero de 1949.

—¿De qué hablan cuando no tratan de asuntos legales?

—De los viajes a Europa, por ejemplo.

—¿Qué le dice él sobre Europa?

—Por ejemplo, que él visitaba con asiduidad a una doctora o química que estaba en Madrid, o en Barcelona, no recuerdo.

—¿Qué tipo de doctora?

—La doctora de Laboratorios Aztlán, una doctora que se especializó en pediatría. Ella creó un laboratorio con el propósito de experimentar con sustancias para evitar el envejecimiento, la oxidación de la célula y el oxígeno, etcétera. Y en general, Félix es una persona que el tema de su salud lo tiene como lo primero, como lo número uno. Entonces a veces me dice: "¿No sabes que hay tal tratamiento?" Cuando era posible, que mucho tiempo lo fue, Miguel se aplicaba estos tratamientos completos.

—Creo que alguna vez escuché algo de esa doctora; la doctora de la eterna juventud le dicen, ¿no?

—Sí, pero ya murió la doctora. La fórmula ya no la tienen incluso en Laboratorios Aztlán, sino que la tiene otra empresa, pero es la misma fórmula. Los de Aztlán la vendieron y ahora hay otros medicamentos.

—¿Qué otras cosas le gustaban de Europa? Vi que escribió que Ginebra era una de sus ciudades preferidas.

—Sí, sí.

—¿Por qué le gustaba tanto?

—Supuestamente por el orden y la limpieza, y algo de la historia. Pero también porque el gusto de él por las mujeres es normalmente de corte rubio, tipo francés o español, tipo europeo con busto, como las suizas. También por la gente que conocía ahí, aunque en Italia conoció a gente importante.

—¿Como a quién?

—A embajadores de México, condes y hasta príncipes.

—¿A qué príncipes?

—Gente de Arabia, gente de ese nivel.

—Y de sus viajes a Latinoamérica, ¿qué cuenta?

—Él tiene viajes a Colombia, Argentina, todo lo que es América Central, Perú, Venezuela...

—¿A Honduras?

—Sí, y también a El Salvador. En El Salvador conoció a Ramón Mata Ballesteros, un hombre hondureño... Déjeme decirle algo: Miguel vivó muy intensamente su vida y sigue vivo porque es un hombre muy proyectivo. Nuevamente ha recuperado sus recursos y esto le permite actuar a través de la familia porque es un hombre que ama la familia. Es un hombre que para él lo primero es la familia, tan es así que de la gran cantidad de hijos que tiene, ninguno está desprotegido.

—¿A quién admira?

—Bueno, él admira mucho a Gandhi y a la madre Teresa de Calcuta.

—¿Y por qué los admira?

—Bueno, la madre Teresa de Calcuta es un personaje sin duda universal, y Gandhi también es una figura universal. Propiamente Gandhi no hizo política, y la madre Teresa de Calcuta, no obstante que no estuvo en ella, hizo mucha política.

—¿Pero por qué cree que los admira?

—Justamente por su forma de mostrarse al mundo, creo.

—Otra vez me equivoqué. Pensé que iba a decir Kennedy.

—Kennedy era un presidente norteamericano que tuvo mucho impacto en México porque era católico. Y ya.

—Bueno, pero su familia pasó de ser una familia de contrabandistas de whisky a una de políticos importantes...

—Pero eso nunca se dio a conocer en ese momento.

—Pablo Escobar admiraba mucho a los Kennedy.

—¿Ah sí?

—Quizá quería verse reflejado en ellos...

—Miguel se refiere muy bien a Mandela, a Nelson Mandela.

—¿Qué significa Mandela?

—Mandela estuvo en la cárcel, salió y transformó su país. Mandela es la esperanza de que vas a salir, tener la certeza de que vas a salir, aunque en el caso de Miguel no es esperanza, es certeza.

JESÚS Blancornelas, uno de los periodistas mejor informados del mundo del narcotráfico en México, divulgó la idea de que después de la detención de Miguel Ángel Félix Gallardo, el monopolio nacional del comercio de drogas se convirtió en el oligopolio violento de la actualidad. El director del semanario *Zeta*, fallecido el 23 de noviembre de 2006 en el hospital Del Prado, en Tijuana, describía así a Félix Gallardo:

Nunca en la historia mexicana del narcotráfico hubo alguien como él para operar. Era hombre de palabra, de trato antes que de disparos, de convencimiento y no de ejecuciones. Menospreciaba; para deshacerse del enemigo, ni encarado ni arrebatado, tampoco malhablado, lo natural sinaloense; hombre de dominio por convencimiento y no a la fuerza. Tuvo además otra característica muy especial: desparramó silenciosamente billetes entre los policías de todas las escalas para formar una cadena muy discreta de información.

El periodista nacido en San Luis Potosí, quien durante su carrera tuvo un acceso privilegiado a los máximos mandos del ejército en el país, así como también a los presidentes Carlos Salinas de Gortari, Ernesto Zedillo y Vicente Fox, consideraba que a Félix Gallardo "lo capturaron más por necesidad política que por sorprenderlo con las manos en la masa; dio la lucha legal; la ganó, pero no se la reconocieron. La autoridad le tuvo miedo a la venganza. Pero los gobernantes de la época no entendieron: para Félix Gallardo, mexicanote, más valía un mal arreglo que un buen pleito".

El fundador de *Zeta*, semanario que aún sigue publicándose con gran éxito en la frontera de México con California, en su libro *El cártel* relató la forma en que según él surgieron los cárteles modernos.

Félix Gallardo

influyente y respetado en la prisión —escribe Blancornelas—, invitó a los novatos del narco, a los que consideró "soldados" y "capitanes" de "su familia", porque entonces cártel no era siquiera palabra conocida. Me imagino el mensaje: "Júntense y arréglense, nada de pleitos, un territorio para cada quien, respétenlo, ayúdense, que todos se pongan de acuerdo". Y entonces, bajo su imaginario manto protector, la reunión se organizó en Acapulco; nadie los molestaría en ese sitio reservado para las clases pudientes. Nunca nadie podrá repetir lo que hizo Félix Gallardo, y es verdad; por vez primera en México, el narcotráfico se dividió en "territorios".

El reparto de plazas que hizo Félix Gallardo, según Blancornelas, fue el siguiente:

* Tecate: Joaquín Guzmán Loera, *el Chapo*.
* Ciudad Juárez y Nuevo Laredo: Rafael Aguilar Guajardo.
* San Luis Río Colorado: Luis Héctor Palma, *el Güero*.
* Nogales y Hermosillo: Emilio Quintero Payán.
* Tijuana: Jesús Labra Avilés, *Don Chuy*.
* Sinaloa: Ismael Zambada, *el Mayo*, y Baltazar Díaz Vera, *el Balta*.
* Mexicali: Rafael Chao, agente de la Dirección Federal de Seguridad.

Además, Manuel Beltrán Félix, Rigoberto Campos y Javier Caro Payán tenían libertad para movilizarse en todas las plazas sin causar problemas y actuar únicamente como enlace. La repartición de territorios significaba que en cada ciudad (o plaza) podían llegar otros narcotraficantes mexicanos o extranjeros con droga, pero deberían pagar una "cuota". Los comisionados del lugar quedaron en libertad para efectuar ellos la internación de drogas mediante sus contactos, o dejar en libertad a los "arrendadores" del terreno. Si fuera esto, no podrían utilizar a sus relacionados.

Blancornelas dice que si se hubieran seguido las instrucciones del viejo capo sinaloense, "ahora existiría el cártel más poderoso del mundo; pero la ausencia de un líder y la presencia de varios jefes sintiéndose todos superiores al de enfrente hizo brotar la desorganización. Se brincó al desentendimiento, vino la separación, luego los enfrentamientos mortales; aterrizaron en las venganzas, aumentaron las ejecuciones". También afirma en ese libro que los hermanos Arellano Félix son parientes de Félix Gallardo.

En los diarios que me entregó la familia de Félix Gallardo, éste niega una relación con ellos y asegura que el reparto de plazas no lo hizo él, sino Guillermo González Calderoni, jefe policiaco al comienzo del sexenio de Carlos Salinas de Gortari.

El Jefe de Jefes escribe:

Quiero dejar aclarado para la opinión pública algo sobre las mentiras que se han dicho de mi persona en el pasado por las diferentes autoridades y servidores públicos y prensa amarillista: no soy familiar de los Arellano Félix. Ya me careé con algunos de ellos ante el ministerio público y autoridades judiciales, jueces y magistrados, etcétera.

Benjamín Arellano, padre de los Arellano Félix, era originario de Magdalena de Quino, Sonora; su hermana fue presidenta municipal de ese lugar.

Doña Alicia Félix Zazueta, madre de los Arellano Félix, es originaria del estado de Durango, y ambos, padre y madre, se vinieron a radicar a Culiacán, Sinaloa.

Mi padre, Ramón Félix Sánchez, era originario de Guamúchil, Salvador Alvarado, Sinaloa; mi madre: Justina Gallardo Gastélum, era originaria del Aguapepe, en Sinaloa. Cuando yo fui presentado y procesado en 1989, nadie conocía a los Arellano Félix, quienes se hicieron famosos a partir del escándalo del cardenal Posadas Ocampo.

En 1989 no existían los "cárteles". Después de lo de Posadas Ocampo, se empezó a hablar de "cárteles" por las autoridades encargadas de combatir el delito. Si sabían de ellos es porque los protegían y agarraron sólo al que caía en desgracia. Fue González Calderoni quien en su tiempo repartió plazas; él se lució ante sus superiores, pero después de mi detención ya no volvió a detener a nadie de importancia. Todos eran sus amigos. Ampliaré este tema en otra ocasión.

El doctor Jorge Carpizo me mencionó en su libro *Un año al frente de la PGR*; afirmó que yo maté a una mujer cortándole la cabeza y mandándosela a un tal *Güero* Palma. No existe dato alguno de una mujer decapitada al que se me pueda relacionar. Hay un hecho de lo que pasó entre una mujer de ese señor Palma, y que el cónsul de Venezuela aclaró: el segundo esposo de esa mujer, de nombre Valdemar "N", fue quien le dio muerte en una ciudad de California, Estados Unidos de Norteamérica, y a los hijos de éstos en Venezuela, lugar donde estuvo preso por dichas muertes hasta que murió en la misma cárcel. Cuando ocurrieron estos desafortunados eventos yo me encontraba preso en el Reclusorio Sur. La obligación del doctor Carpizo era abrirme proceso y aclarar estos escándalos que sucedieron en su administración, no desviar la atención y mentir a la opinión pública. Yo en ese entonces empecé una demanda ante ministerio público, pero no procedió ya que Carpizo era intocable en ese tiempo. Yo invito al doctor a que pruebe lo que dijo, o que se retracte ante los mexicanos a quienes les mintió.

Debo aclarar también que tampoco soy tío de la supuesta *Reina del Pacífico* [Sandra Ávila Beltrán, quien le dijo al periodista Julio Scherer que ambos se conocían]. Ella ni siquiera lleva un apellido parecido. A quienes inventaron el parentesco también les invito a probarlo.

EL ABOGADO Félix Garza habla por uno de sus teléfonos celulares. Da indicaciones y regresa a la conversación.

—Además de construir la Biblioteca Central de la Universidad de Sinaloa, ¿qué otras ayudas sociales dio Miguel Félix Gallardo?

—Por ejemplo, mantenía hospitales.

—¿Como cuáles?

—Como el de Culiacán, el del servicio social civil. Tenía también una farmacia donde regalaba medicinas. Era un hombre que le decía a la gente de monte: "¿Cuánto traes? ¿Sabes qué?, llévatela así". Compró también una funeraria, solamente para cerrarla.

—¿Cómo?

—Es que no le gustan los negocios con la muerte.

—No entiendo; ¿qué fue lo que hizo?

—Compró la funeraria y luego la quitó. Era el negocio de alguien, y cuando la compró dijo: "No se vuelve a abrir, aquí no vuelve a ser funeraria" y puso otro negocio. Decía: "En las funerarias se lucra con el dolor. Enterrar a alguien no cuesta arriba de 500 pesos, pero les sacan miles".

"También siempre manda velas a las personas que se mueren. Las manda desde la cárcel. Así sean los más adinerados o los más pobres que conoció."

—¿Sigue ayudando desde la cárcel?

—¡Claro! Diario, diario. Incluso se ha metido en algunas dificultades por ayudar.

—¿Cómo?

—Ah, es que está ayudando a algunos internos que no tienen dinero. Les ayuda a veces con el pago del abogado que tramita un amparo, por ejemplo.

—¿Cómo es su relación actual con Ernesto Fonseca y Rafael Caro Quintero?

—Yo la vi por un lado en el proceso que los tiene vinculados y que lo lleva en Guadalajara en el juzgado cuarto de distrito penal: el caso Camarena. Siempre los vi cuando hubo coincidencia, oportunidad de que estuvieran presentes en una diligencia que se iba a celebrar, y siempre fue un trato respetuoso.

—¿Son amigos?

—No lo creo. Por lo civil, pues de repente tengo que ver con muchos acusados, unos materiales y otros intelectuales, entonces leo declaraciones y me encuentro con quién de los tres pudo ser el verdadero autor intelectual de la muerte de Camarena y luego luego veo que no fue Miguel, y no lo digo porque yo soy su abogado, sino por todo lo que uno va ordenando en el informe. Entonces, ¿quién puede ser? De los tres uno solo, pero no digo el nombre porque no es ético.

—¿Quién cree que fue?

—No le voy a decir. Lo que sí le voy a decir es que sabiendo que alguno fue, y que por lo que uno hizo, los otros dos están fastidiados, nunca ha habido una relación de reclamo, de enojo, de que hay que pegarle a éste porque éste es el que sí, y tú y yo no. Eso nunca lo he visto. Miguel siempre ha sido respetuoso.

—¿Miguel Félix Gallardo conoció a Pablo Escobar?

—Sí; se vieron en México y en Colombia.

—¿En Culiacán o en dónde?

—No lo refiere. Pero en México en general. En la ciudad de México puede ser, porque Miguel viajaba mucho a la ciudad de México.

—¿Y no le contó cómo fue ese encuentro o alguna anécdota?

—No realmente.

—¿Eran muy amigos o socios nada más?

—No; tuvieron muy buena amistad, muy buena amistad. Tenía gran influencia Escobar en su área y Miguel tenía gran influencia en la suya. Y Escobar manejaba muy bien las personas americanas, pero Miguel manejaba más.

—¿Y en Colombia dónde se vieron, en Bogotá, en Medellín?

—En Medellín.

—¿Se hospedó en la hacienda Nápoles, la residencia de Escobar?

—Miguel normalmente maneja mucho la cuestión de la comodidad, y por comodidad me refiero a la comodidad física, la comodidad del confort. Le gusta más una casa en la que él pueda movilizarse; pero donde no lo tiene, busca el mejor hotel. Así es que creo que mejor se quedaba en un hotel.

—¿Cuál era la casa favorita de Miguel Félix Gallardo?

—La de Altata.

—Es una hacienda antigua, ¿no?

—Las casas que Miguel conoció no son casas de superlujo; son casas bien para la época, nada más.

—Me dijeron en Culiacán que construyó unos departamentos tipo California, los cuales eran para puros estudiantes que nunca pagaban renta mientras estuvieran en la universidad.

—Sí; tenía también una casa en el club de sinaloenses estudiantes en Guadalajara y otra en México.

—Dicen que en los años ochenta se paseaba por los restaurantes de Culiacán con normalidad.

—Sí, y también tuvo restaurantes en Culiacán. Además, en esa época él había estado en la policía y tenía muy buena relación con los militares.

—¿Qué le cuenta de su vida como policía?

—Bueno, le tocó combatir las protestas que había en el 68.

—¿Estuvo en Tlatelolco?

—No; vivió esos años en Sinaloa, donde también había protestas.

—¿Qué le cuenta sobre todo eso?

—Que realmente su trabajo era estar vigilando todo el tiempo a gente.

—Hubo cosas muy duras en esa época que se llama de guerra sucia...

—No, en el norte realmente no fue tan fuerte.

—Cómo no; en Sinaloa estaban grupos guerrilleros como la Liga 23 de Septiembre y Los Enfermos...

—Realmente no estamos hablando de un número importante. Eran grupitos pequeños, realmente puro pariente; eran puros parientes. ¿Sí me explico?

—¿Y qué piensa él de todos esos guerrilleros?, ¿qué dice, por ejemplo, cuando sale el tema con Jacobo Silva Nogales, quien fue comandante del ERPI?

—Yo creo que nunca les ha comentado a Jacobo, o a la gente que está ahí, que fue policía. No creo que les haya dicho eso nunca.

—¿Cómo es Miguel Félix Gallardo?

—¿Qué le puedo decir del aspecto humano de Miguel? Miguel se quita el pan de la boca para dárselo en la mano. Así es, para dárselo a la viuda abandonada, al hijo huérfano… Es una persona que tiene, en mi forma de ver, sentimientos humanitarios no visibles en mucha gente. Le pudiera comentar por ejemplo que Fausto Soto, un interno que vivía en Guadalajara y que es detenido por Gutiérrez Rebollo, cuando Gutiérrez Rebollo era comandante de la Quinta Región, antes de que fuera el zar antidrogas, supo en la cárcel que tiene una hija que no conoce y que la madre de esa hija que él no conoce, apenas murió. Entonces Miguel se enteró y me dijo: quiero que arregles todo para que puedan venir a ver al muchacho, que conozca a su papá. Es una orden, no quiero pretextos.

DE LOS DIARIOS de Miguel Félix Gallardo:

La violencia puede combatirse con empleos, escuelas mejor ubicadas a la necesidad y distancia de los hogares apartados, áreas deportivas, comunicaciones, servicios médicos; seguridad y combate a la pobreza extrema, impulsar la mano de obra. Recordemos que el territorio mexicano en sus zonas altas está olvidado; no hay escuelas superiores, carreteras, centros de salud, comunicación, ni seguridad; a ellos no les llegan créditos agrícolas, forestal, ganadero y minero, etcétera, sólo represión. En 1977, con pretexto de la Operación Cóndor fueron obligados a emigrar a las ciudades a formar una inflación demográfica y los grandes cordones de miseria. La carencia de espacio y empleos los obligó a delinquir o morían de hambre. Ya los hijos no fueron a la escuela, fueron rechazados sociales y se emplearon en lo que fuera con sueldos míseros. Trabajar en la ciudad era diferente a lo que ellos sabían hacer. En sus pueblos y ranchos cultivaban su parcela, criaban ganado, poseían puercos y gallinas, mismas que los 25 000 de tropa y otros tantos de diferentes corporaciones se los quitaron para comérselos; fueron perseguidos y sus casas demolidas so pretexto del combate de enervante, sus tractores destruidos. De pueblos de 1 000 personas sólo quedan 50 o 100 ancianos.

El presidente José López Portillo reconocería ese error. En su libro *Mis tiempos*, dijo: "Pobres, no les di una opción antes de atacarlos". Estudios al respecto dijeron después que ahí no se sembraba droga a gran escala, pues eso se hace en las zonas planas y con riego. Los atacados en sus comunidades eran autosuficientes, los tranvías tropicales bajaban a la ciudad con quesos, puercos, cueros, gallinas, granos, miel y leche, de la ciudad, iban a comprarles ganado para los rastros, caballos, etcétera. Había excelentes lugares que producían buenos mezcales y que hoy se podrían exportar, había muy buenas maderas, pero todo lo perdieron. Hubo muchos muertos y otros desaparecidos.

—¿MIGUEL Félix Gallardo conoció al actor Mario Almada? —le suelto al abogado Félix Garza.

—No creo que lo haya conocido personalmente. Al que sí conoció fue a Antonio Aguilar el viejo.

—¿Lo conoció circunstancialmente?

—No, no, no; contacto de amistad, contacto de amistad. Al *Indio* Fernández lo trató también. Incluso la casa de Coyoacán del *Indio* Fernández fue de Miguel, quien después la vendió a la señora esta que era Columba Domínguez, la mujer que cuidó al *Indio* Fernández hasta su muerte. Acá entre nos: era la eterna enamorada del *Indio* Fernández.

—¿Conoció a Angélica María, una de sus cantantes favoritas?

—No sé si la haya conocido. De los cómicos se juntó con *Tin Tan*.

—¿Y conoció al boxeador Julio César Chávez?

—Alguna vez. Pero evidentemente cuando no era famoso.

—¿A Fernando *el Toro* Valenzuela?

—Sí, al de Canilla. Sí, te digo que su deporte era el basquetbol y el beisbol.

—¿Cómo era el *look* de Miguel Félix Gallardo en esa época?

—Ropa muy fina, de marca.

—¿De qué marca, no se acuerda?

—Mmm, no recuerdo, pero era muy bien vestido. Era de muy buen vestir, muy elegante. Como tenía un pie muy grande usaba zapatos hechos a la medida.

—¿Usaba botas?

—Botas hechas a la medida, zapatos hechos a la medida, un hombre que siempre tenía una presencia muy pulcra, muy pulcra.

—¿Usaba barba?

—Nunca.

—¿El pelo largo?

—No. Llegó un momento que dejara de cortárselo por dos meses y nunca lo tuvo más largo que esto.

—¿Quiénes son sus mejores amigos?

—Tengo ahí una lista de sus amigos de niño, de sus amigos de juventud y posteriormente de amigos que lo fueron llevando, y los que ha obtenido ya en el reclusorio. Son muchísimos.

—¿Como quiénes en el reclusorio?

—Jacobo Silva, a Gutiérrez Rebollo también lo llegó a apreciar bastante. Lo que pasa es que ya están en otra parte.

—¿Cuál cree que sea la ideología de Miguel Félix Gallardo?

—¿En relación con qué?

—Me refiero a si es de izquierda, derecha, centro...

—Él es capitalista y sabe que la labor del gobierno, una buena labor, es que la gente tenga trabajo. Él comentaba: "en la Operación Cóndor, mandaron al ejército a las partes de la sierra en donde vivían algunas familias que tenían el puerquito, la vaca... y entonces los soldados llegaron a quitarles las gallinas, el borrego, la becerra, el puerco, el poder de las mujeres y a la gente les quitaron lo que tenían y se fueron a las ciudades a alquilarse". Educación y trabajo son para él los puntos fuertes que pueden eliminar la carrera delincuencial. Cualquiera que tenga dos dedos de frente sabe que el endurecimiento de las penas no logra eliminar el delito. Aunque se endurezcan las leyes, esto no disminuye automáticamente la incidencia delictiva.

—¿Se vive hoy en día una guerra del narco?

—Bueno, él refiere que esto es una cuestión de competencia entre grupos, entre cárteles, que él desconoce realmente porque está en la cárcel.

—Hace 20 años no había tanta violencia.

—Primero, en esa época no se hablaba de cárteles. Él se ha enterado por medio de los medios masivos de comunicación obviamente, que han permitido que algunas personas tengan hegemonía y que luego, al sentirse combatidos, atacan porque son negocios. La competencia desleal hace que se den las batallas internas con ellos mismos, y luego las batallas con otros grupos, y esto evidentemente hace que haya muertes. Todo esto provoca que uno u otro no se detenga antes de atacar a alguien, porque evidentemente al que atacan es porque tenía algún compromiso que no cumplió. Eso se hace en todas partes. Así de simple.

—Existe el mito de que el dinero que él ganaba contribuyó a contrarrestar las crisis económicas de los ochenta...

—La contribución que él llevó a cabo fue en materia de cultivo en la zona más rica del país, que es la región de Sonora, Sinaloa, Jalisco. En la industria de la construcción también, y en la de la ganadería hizo bastante. En Veracruz tenía un gran número de reses que contaban con laboratorio para la inseminación artificial y la venta de semen a distintas partes del mundo. Era una gran producción en la región veracruzana.

—¿Por dónde quedan los ranchos?

—Por Martínez de la Torre, en esa región que es totalmente costeña, ahí tenía los ranchos. Están las documentaciones de que luego el ejército llegó y tomó posesión de 10 000 cabezas de ganado.

—¿Qué pasó con todo eso?

—Vendieron el ganado, las tierras están invadidas, sin ocupar, abandonadas. "Yo te las dejé a ti, Procuraduría; tú las tomaste. Tú se las diste al ejército y el ejército las dejó ahí." Puso un administrador el gobierno, y el tipo ese lo único que hizo fue desmantelar. Pasó lo mismo con cuatro *jets* que fueron destrozados por la Procuraduría, explotados totalmente.

DE LOS DIARIOS del *Jefe de Jefes.*

Cuando nosotros los viejos capos fuimos detenidos éramos más pocos, se nos hacía mucha publicidad. Nosotros no matamos ni robamos ni empobrecimos a los mexicanos como sí lo hicieron muchos políticos. Otros como Lankenau, *el Divino,* Cabal Peniche y muchos más, ya no los menciona la prensa; además, ni siquiera pisaron la cárcel; ¿quién habla de la leche contaminada para Liconsa?, ¿o quién se acuerda del *Mochaorejas* u otros secuestradores? Aquí a muchos internos los llevan a curar a hospitales públicos, pero no pida Félix Gallardo, Fonseca Carrillo o Caro Quintero porque se les niega. No tenemos esperanza de volver a un reclusorio cerca de nuestras casas.

Hoy han caído delincuentes poderosísimos y al mes no son noticia. Ninguna Comisión de Derechos Humanos, ni la Nacional, ni ONU, OEA, American Watch, Iberoamericana y no gubernamentales nos visitan, menos emiten recomendación; además de que a los centros federales no se les permite entrar, aun cuando saben que alguno de nosotros de los internos somos discapacitados y con poca esperanza de vida. ¿Quién está enterado de que hace un año murió aquí, por falta de atención médica, Enrique Harari Garduño, quien fuera director de la Policía Federal de Caminos?

¿Cómo es un ingreso de interno a este penal? Recordemos al ex gobernador de Quintana Roo [Mario Villanueva] y que hasta el senador Diego Fernández de Ceballos calificó al sistema de cobardes y poco hombres. Otros han muerto de paro cardiaco por la impresión, ahí mismo en la entrada. Ojalá que el lector se imagine cómo estaremos los que llevamos muchos años aquí, donde se aplica la pena de muerte lenta y sin anestesia.

Han aparecido internos colgados en celdas acolchonadas con camisa de fuerza puesta. Como la mayoría no tienen quién los reclame, sus cuerpos pasan directo a la fosa común y nadie se entera.

ANTE la imposibilidad de atravesar la burocracia de Almoloya, le envié un cuestionario con una larga lista de preguntas a Miguel Félix Gallardo. Éstas fueron algunas de las que me respondió.

—¿Ocurrió esa supuesta reunión que usted tuvo con los jefes de las organizaciones criminales en Acapulco, con el fin de repartir las plazas?

—Debo confesar que no conozco siquiera Acapulco. Fui detenido por un delito que no cometí. En ese momento era necesario un espectáculo, inflar a un personaje. Recuerdo que aquel gobierno estuvo en duda con los sufragios de la respectiva elección, y después se distrajo con violencia. Primero se fueron contra los petroleros, específicamente contra *la Quina*, a quien incluso le bombardearon su casa y se sabe que para detenerlo no hubiera sido necesario aquel espectacular operativo.

"Recordemos también casos como el de Ruiz Massieu, Colosio, lo del cardenal Posadas, el EZLN. Los personajes o funcionarios que inventaron lo de las plazas (que sé perfectamente quiénes son) fueron los mismos que inventaron los 'cárteles'. Vea usted esos boletines de prensa sobre mi persona; esos funcionarios se enriquecieron y engañaron a los vecinos del norte. Yo demandé a varios y tengo pruebas."

—¿Qué opina de que la gente piensa en Sinaloa como un lugar violento?

—Sinaloa es el corazón agrícola de México; tiene riqueza natural, minera, ganadera y pesquera. Es ofensivo que se le juzgue como violenta. En todo caso habría otros estados que se llevarían el liderazgo de lo que se le acusa a Sinaloa. A principios y después de la segunda Guerra Mundial, a mi natal estado se le ligó con el opio, pero no olvidemos que lo de ese enervante fue petición de los mismos extranjeros que nos han juzgado.

—¿Qué opina sobre Badiraguato?

—Ahí vive gente honesta y trabajadora. Badiraguato no produce drogas ni es violento; sin embargo, por su planicie y situación geográfica es famoso, ya que es paso obligado para la sierra.

—¿Qué opina sobre la película del *Padrino*?

—Leí el libro de Mario Puzo a mediados de los setenta. Me pareció con mucho relleno. La película, por otro lado, al ser sintetizada fue un gran negocio. Otros personajes inspirarían mejores libros… en otra ocasión abundaré más del tema.

—¿Qué opina sobre Pablo Escobar?

—En mi opinión hizo muchas cosas buenas en el periodo en que fue representante en la Cámara Baja de su partido: impulsó el deporte y ayudó mucho a los pobres. Su popularidad iba en aumento cuando se lanzó a la Cámara Alta; sin embargo, algo negativo sucedió en ese momento y su imagen quedó políticamente atropellada. Fundó el MAS, que era un grupo paramilitar en respuesta a la ola de secuestros; combatió a grupos delictivos que tenían en jaque al gobierno, y también se enfrentó a la guerrilla y al mismo gobierno colombiano. Quizás cansado, se descuidó y fue por ello que cierto grupo de élite le dio la muerte.

—¿Qué opina sobre el comunismo?

—Guerras y revoluciones deben tener un periodo de gobierno con igualdad. El comunismo, marxismo, socialismo y demás tienen muchos matices de los cuales siempre hay algo que rescatar; sin embargo, no significa que apruebe o tome partido por alguna de ellas. Sólo puedo resaltar que mi respeto se inclina hacia toda asociación colectiva con fines de reparto e igualdad.

—¿Qué opina sobre el capitalismo?

—Todo esfuerzo que genere utilidad también es respetable, pero cuando se explota el pensamiento y los principios del hombre es de reprobarse. Practicar el capitalismo de forma legislada puede traer grandes beneficios. Caer en la acumulación y el abuso sólo trae desigualdad.

—¿Me puede comentar sobre su página de internet?

—Ante la imposibilidad de comunicación con los medios y la sociedad, mis hijos decidieron abrir un sitio en el internet donde los visitantes me hacen llegar preguntas, las cuales yo trato de responder por medio de mi familia. La página ha funcionado por el interés que ha tenido la gente y los medios, así que seguirá el proyecto hacia delante.

—¿Leyó la edición de julio de 2009 de la revista *Gatopardo*, donde salió parte de sus memorias?

—Cuando la revista *Gatopardo* recién salió al mercado, en 1998 o por ahí, mi familia me la depositaba para distraerme de mi estrés. En aquel entonces, en el penal nos permitían que se nos depositaran periódicos y revistas. Lamentablemente ahora que salió un número donde se hablaba de mí, no pude leerlo, esto ya que actualmente el reglamento vigente no permite que los internos podamos tener material de lectura, pero sobre todo periódicos y revistas de actualidad.

—¿Qué opina sobre Estados Unidos como país y cultura?

—Un país de inmigrantes de todas las nacionalidades. Sus primeros habitantes, ingleses e irlandeses, sufrieron bastante para colonizar primero el este, donde se enfrentaron a tribus hostiles, y luego el oeste, donde no había nada, era árido y había muchas inclemencias. Al nacer como república hubo algunos asuntos con la esclavitud; sin embargo, en la actualidad, el país es líder en democracia y multicultural. Gran parte de su población es latina y todos se rigen por una constitución muy respetable. El gran defecto de este país es su intervencionismo con fines de imperialismo.

—¿Qué opina de Cuba?

—Es un país hermano; conozco su historia, su Revolución e Independencia. De estudiante admiré a Fidel, *al Che*, a Camilo Cienfuegos y posteriormente al general Arnaldo Ochoa Sánchez. Fidel Castro nació en Birán, una pequeña localidad de Mayarí, descendiente de canarios (de las islas Canarias, España) por parte materna. Fidel renuncia al patriarcado por amor a Cuba, empezó junto a sus compañeros la Revolución y expulsó a Batista. Con este último se fue el colonialismo burgués y el dinero volante que no se invertía en Cuba, ya que en aquel entonces sólo se explotaban sus riquezas y se llevaban sus productos. Hoy Cuba tiene un futuro promisorio, pues tiene un alto nivel educativo que sobresale en América Latina. Actualmente se han dado algunos avances con Raúl Castro como presidente; sin embargo, lo mejor vendría si se les levanta el bloqueo económico interpuesto por Estados Unidos.

—¿Qué opina sobre el PRI y el PAN?

—Creo que hay otras fuerzas políticas. Debo aclarar que soy apolítico.

—¿Cuál es su mejor secreto o frase?

—El mejor secreto es aquel que no se platica.

—¿Qué piensa sobre las elecciones del 2000 y sobre la violencia desatada desde entonces a la fecha?

—En el debate de Fox, Labastida y Cárdenas, se habló sobre la violencia. Cárdenas expresó que integrantes de su partido (creo que casi 400) habían sido ejecutados o desaparecidos en determinado lapso de tiempo. Justo hubiera sido que él llegara a la presidencia. Por el bien de la sociedad hubiese aclarado y castigado a los responsables de esos y otros actos. En cualquier país del mundo, citaré tres ejemplos: Estados Unidos, Francia e Inglaterra, 25 elementos policiacos hacen 100 aprehensiones al año, y los detenidos van a juicio. En México, al contrario, se necesitan por lo menos el cuádruple de elementos para hacer cualquier cosa, y luego al ratón lo quieren convertir en un elefante.

—¿A quién admiraba en su niñez?

—A don Benito Juárez.

—¿Cómo es un día en el Altiplano?

—Ahora estoy ubicado en tratamientos especiales, no tengo comunicación con mis compañeros, paso 23 horas en celda, de mis alimentos consumo dos cucharadas en el desayuno y unas cuatro en el almuerzo, raras veces me da por cenar, no tengo televisión, libros, ni ninguna actividad, soy discapacitado y enfermo terminal.

—¿Podría compartir un día o un sueño de su niñez?

—Un domingo de mayo de 1953 soñé con una niña de mi escuela llamada Elsi. El lunes al amanecer, en mi cuaderno escribí algo para ella. Después de las labores de la mañana (ordeñar y dar agua al ganado), ensillé un caballito moro, le puse el mejor freno, y la silla de fuste de lazo no alcanzaba los estribos. Aun así, salí rumbo a la escuela. Recuerdo que Elsi vivía a dos kilómetros, específicamente en Bacurimi. La mañana era hermosa; la vi venir y pasé por un lado de ella; me sonrió. Flechazo que no voy a olvidar jamás. Aceleré el paso y llegué a mi destino. Posteriormente me la volví a encontrar en la escuela y me volvió a sonreír. Por mi timidez nunca le di lo que escribí. Sé que los dos estuvimos siempre enamorados.

—¿Qué piensa sobre la muerte?

—Estoy en la antesala esperando, como es costumbre, que se me aplique mi término. Mi materia no se extinguirá, se transformará. A mi familia le pido que siembre un árbol sobre mis restos.

14

La narcocultura

En algún momento, todo el mundo llega finalmente al punto donde cuenta su historia. Conocí a principios de 2009 a un joven veinteañero y exitoso profesionista que es hijo de un capo de Sinaloa actualmente preso. Mantuvimos contacto medio año y nos encontramos cuatro veces fuera de la ciudad de México. La quinta aceptó contarme un poco de su vida, pidiéndome únicamente que en caso de publicar la conversación que sostuviéramos, no citara su nombre ni el de su padre.

Ésta es la conversación que tuvimos durante el verano de 2009:

—¿Cuándo fue la primera vez que tuviste conciencia de que eras hijo de un capo?

—Cuando tuve más reflexión habrá sido en la secundaria, porque en la secundaria me tocó convivir en la escuela con muchachos que estaban más o menos relacionados con el fenómeno, ya que sus papás estaban relacionados con esto. Ellos me hacían muchas cuestiones, o mencionaban muchos nombres, y fue entonces que yo empecé a sacar cuentas, porque cuando detuvieron a mi papá yo estaba en la primaria, estaba muy chico, y yo no sabía mucho; entonces un día le pregunté a mi mamá:

"Oiga, mamá, ¿y a qué se dedica mi papá?", y ella me respondió: "él le paga a otras personas para que trabajen por él". Yo dije: "¡Ah, caray, pues qué inteligente!" Y pues no era mentira, de cierta manera era verdad, pero fue hasta la secundaria cuando ya empecé a sacar cuentas, más o menos.

—¿Estudiabas en colegio privado?

—Sí, era un colegio privado y los muchachos estaban embobados con la narcocultura. Alababan, veían muy bien todo eso, y ésos eran los temas siempre, diciendo: Ah, mira, aquél es hijo de tal capo, y se me acercaban, y yo sabía que se me acercaban por eso. Entonces, al no hacerles caso, al alejarlos, hacía, pues, que pensaran que yo me creía mucho, o alguna cosa así.

—Ellos veían a tu papá como un héroe...

—En ese tiempo, para algunos él era un héroe, pero para otros no. Como que para algunos ya era alguien en caída. Lo detuvieron y en ese tiempo estaba de moda que Amado Carrillo, que no sé qué. Ellos hacían comparaciones y casualmente yo siempre estaba ahí. Decían: "No, que Amado Carrillo hizo más", y cosas así, pero yo no tenía nada que decir.

—Como competencias...

—Sí, como generando controversias, pero yo siempre me alejé. A veces me cuestionaban también: "Oye, ¿por qué no traes carro del año? ¿Por qué no traes joyas? ¿Por qué va tu mamá por ti a la escuela?" Cosas así, que para otras personas que están metidas en eso era algo muy bajo, pues traían guaruras o andaban con relojes Cartier y yo traía un Casio.

—¿Qué te hacía no entrar a ese ambiente, si era de lo más normal?

—Nosotros teníamos muchas cosas muy claras. Nunca nos interesó eso porque nunca nos hizo falta el dinero. A lo mejor no lo tuvimos a manos llenas, pero yo podía ir a la tienda y comprar lo que quisiera. Gracias a Dios, dinero nunca me faltó. Mi mamá nos enseñó muchos valores y mi papá también. Él era, es, un hombre muy austero; nunca lo vimos enjoyado, nunca lo vimos llamando la atención; era un modelo que teníamos, era un estándar. Por eso quizá al ver gente enjoyada, o cosas así, se nos hacía una cosa muy ridícula. Nosotros los veíamos como payasos.

—¿Qué les decía tu papá?, ¿recuerdas algunas de las frases que les decía?

—No; él no era mucho de frases, más que nada de acciones. En una ocasión recuerdo que compramos unas pistolas de agua. Él nos dio dinero y nos mandó con una persona a que compráramos ropa y juguetes, y volvimos con unas pistolas de agua. Se enfureció. Es la única vez que lo he visto enfurecido. Se enfureció muchísimo porque compramos juguetes bélicos. Nos dijo que no, que no anduviéramos comprando esas cosas, que las armas las traían los delincuentes y la gente que traía problemas. Nos asustamos mucho. Nunca nos pegó ni nada, pero siempre emanaba de él la autoridad y él era la ley. Su única obsesión fue que estudiáramos, que tuviéramos nuestras maestrías y doctorados.

—¿Cuál es la imagen más importante para ti de él?, ¿cómo aprendiste a admirarlo?

—Cuando me preguntan por él, que cómo era o cosas así, yo digo que nunca voy a olvidar que yo lo veía afuera de la casa regando las plantas, en pijama, y platicando con alguna vecina o el vecino, o yendo él a las tortillas a pie.

"Era muy amable y educado. Era un hombre excesivamente amable. Recuerdo que en una ocasión fuimos por una cámara, a la reparación de un lente o algo así, y la persona que lo atendió lo trató con ese respeto, no de alguien que te conoce, sino de dos personas que se tratan con mucha responsabilidad. Eran cosas que me llamaban la atención: que todo el mundo lo trataba muy bien, y él era igual, era muy educado, tenía una manera de llegarle a la gente. Sin tocar la privacidad, sabía manejar, sabía tratar a las personas sin faltarles al respeto."

—¿Mantienes amistades de la infancia?

—No, yo creo que no. Era muy cohibido de cierta manera. Ya en la secundaria también, porque no había manera.

—Es raro que fueras cohibido, sobre todo si tu papá era alguien reconocido y se hablaba mucho de él...

—No, es que es muy diferente. Ves a alguien muy importante y lo relacionas a cómo son ahora los personajes. Antes podías ser importante, pero nadie te notaba; sabían si escuchaban tu nombre, eso sí. Eran hombres que pasaban desapercibidos, austeros, educados, nada de llamar la atención; entonces nosotros no veíamos cosas raras, ni cosas fachosas; él era un papá normal y así que no había nada que resaltar.

—¿Jugaba contigo?

—Sí, recuerdo que lo hacía con todos. Juegos físicos y deportivos. Con una pelota de tenis, rebotarla, o jugábamos basquetbol.

—¿Recuerdas el día de su detención?

—No muy claro.

—¿Qué imágenes tienes de él en esos días?

—Para serte franco no recuerdo. Recuerdo el día siguiente que salimos y la ciudad parecía abandonada. Ni gente, ni policías, ni nada; eso sí lo recuerdo muy bien. Recuerdo que en esos días hacíamos muchas visitas familiares, pero eso es todo.

—¿Qué sentías?

—Miedo. Yo estaba muy chico, tenía conciencia, pero no relacionaba muchas cosas, y más que nada, el miedo era por ver la ciudad sola, se me hacía muy raro, se me hacía muy extraño y se decían muchas cosas por teléfono o a puerta cerrada, pero no sabías exactamente qué estaba pasando. "Ah, bueno, lo detuvieron, pues qué malos", pero no sabías.

—¿Cuáles son los costos más importantes que has asumido al ser hijo de un capo?

—El aislamiento, la soledad, la dificultad para hacer relaciones. ¿Con quién convives? A lo mejor con una mesera, en una gasolinera, en el súper, es todo lo que haces, y pues en la primaria yo era un poco cohibido; en la secundaria ya estaba todo lo de la narcocultura; en la prepa, algo muy parecido e hice amigos, pero fueron temporales. Yo sabía que ellos querían algo de mí.

—¿Cómo sabías eso?

—Porque siempre salían temas relacionados a mi papá, o que dinero, o que vamos aquí a la casa, o allá. Ellos sabían de cosas que yo podía proveer, entonces recurrían mucho a eso. Y pues yo también, de hecho sacaba provecho. Así podía tener a alguien con quien platicar, pero sabía que no eran gente de fiar. Siempre andaban con que oye, que préstame, o que esto y lo otro, y no me pagaban. Y no era que me importara, pero sí me llamaba la atención. Las relaciones que yo valoro son las que he hecho sin que sepan quién soy.

—Me contaste de una relación amorosa de adolescente, la cual tuviste que terminar a causa de que tu papá era un capo.

—Era una joven de una familia, pues, ¿cómo se podrá decir?, de una familia con pasado político. Prácticamente era el primer amor dentro de la madurez, si se le puede llamar así. Yo me llevaba bien con toda la familia, convivía con los suegros.

—¿A ella la conociste en la escuela?

—No; me la presentó un primo y me pasó su correo, y platicamos, o una cosa así. Ya después nos vimos: la primera vez no pegó, no hubo química; ya la segunda vez, no sé por qué, la vi y ya nos entendimos mejor. Fue una relación de un año, a lo mucho dos. Al año y medio, por una coincidencia se enteran de mi papá y cambian totalmente conmigo en su familia.

—¿No sabían quién era tu papá?

—No, no sabían. Ya que se enteraron, me mandaron llamar y me dijeron: "No tenemos nada en contra de ti, ni de tu familia, pero ni nuestros estándares, ni nuestro pasado, nos permiten aceptarte. Nos caes muy bien, pero debes terminar tu relación con mi hija". Y ya, pues terminamos formalmente. Seguimos a escondidas, pero la mandaban seguir o nos veían por ahí. Ya era muy complicado; entonces decidimos dejar las cosas en paz.

—Es una historia muy dura. Más cuando eres tan chico.

—Sí, pero se te pasa.

—Es la tragedia amorosa y también el cargar con un destino encima...

—Ésa sería la primera vez. Ya después me volvió a ocurrir, pero ya uno más o menos tenía experiencia. Sí fue doloroso, pero pues ya después te vas protegiendo, y ya ves, no me van a aceptar éstos, entonces ves a la persona, ves a la familia y sabes hasta dónde vas a llegar con ella.

—Cuando te llaman los padres de la chica, ¿tú qué dices?

—No, nada. Yo lo respetaba mucho al señor, y lo respeto. Respeto la decisión, y en cierta manera pues entiendes; a lo mejor buscan ellos lo mejor y tienen una imagen de mí, o de mi papá, o de mi familia, de la misma prensa y del gobierno; entonces entiendes: ellos buscan lo mejor para sus hijos y ni modo.

—Tú lo ves demasiado racional...

—Sí, pero si te pones a analizarlo racionalmente, ellos tienen una imagen muy negativa sobre ti y no la vas a poder cambiar. Si yo les digo: "no, mis papás son buenos", pues no me van a creer. Entonces entiendes perfectamente y ya lo ves frío, y bueno...

—¿Entonces te volvió a pasar esto?

—Sí, pero ya no tan dramático. Cada vez fue menos dramático. Dije: "ya no voy a buscar; si me llega alguien, me va a llegar", y pues es una fórmula que más o menos ha funcionado.

—¿No pensabas: "por qué soy hijo de quien lo soy"?

—No. Para nada. Tiene sus ventajas y desventajas.

—¿Qué ventajas?

—No sé; muchas veces no te falta en lo económico. A lo mejor no lo tienes en exceso, pero no sufres tantas carencias, vives en tu casa a gusto, tienes televisión, y en aquel tiempo tu Nintendo, tu videocasetera, puedes comprar muchas cosas que te gustan, puedes vivir. Yo viví bien, encerrado en mi propio mundo por mucho tiempo.

—¿Y qué desventajas?

—Pues lo social, que no puedes hacer mucha vida social, no vas a muchos lugares también por temor a la misma delincuencia. Por ejemplo, Culiacán es un lugar muy conflictivo y sin orden; cualquier vago puede hacer y deshacer sin ninguna consecuencia. Todas esas cosas a mí en lo personal me inquietan.

—Hablamos alguna vez de los eventos en Sinaloa en los que se te marginaba, a pesar de que muchos de los que iban eran hijos de gente beneficiada por tu papá…

—Lo que pasa es que cuando mi papá estaba afuera, todos lo veían bien. En especial la gente (entre comillas) decente, pues porque les generaba utilidad y los ayudaba, pero pues una vez que de cierta manera cayó en desgracia, lo desconocieron y también a uno dejaron de aceptarlo.

—¿Qué pensabas en esos momentos?

—No, pues los veía como lo que son: gente que busca la oportunidad, interesada únicamente. Con el tiempo lo asimilas y te acostumbras. Igual y ya mejor no te relacionas con nadie. Dices: "Tengo lo que quiero", y de cierta manera no los necesito. Todo va mejor, sobre todo cuando llegas a encontrar pareja. Ahí ya no te falta nada, te sientes bien, haces lo que quieras.

—Ahorita que hablabas de ese ex suegro en específico, dijiste que entendiste su posición porque ellos tenían una imagen negativa tuya formada por el gobierno. ¿De esta imagen sí reniegas?

—Sí, de cierta forma sí, porque muchas de las cosas no están comprobadas; entonces, como dice mi papá: "si tienen algo que decir, les invito a que me lo comprueben". Nadie ha comprobado muchas cosas que se dicen, sobre todo por lo más dramático, lo que más nos ha afectado, nadie lo ha comprobado, y si fuéramos como dicen que somos, ahorita anduviera con guaruras, anduviera cuidándome, o armado, o en cosas ilícitas. Y no, yo vivo muy tranquilo, sin nada de eso.

—¿Cómo vives?

—Normal, austero de cierta manera. No nos atraen los lujos, los autos deportivos. Vemos a los autos como medios de transporte. ¿Joyas? Yo siento que las utilizan las personas que tienen una inseguridad.

—¿Cómo es el pasar varios años de tu vida entre cárceles y celadores, visitando a tu papá?

—Ya es de cierta manera normal, porque desde chico te acostumbraste.

—¿Te acuerdas de tu primera vez en una cárcel de máxima seguridad?

—No, no recuerdo, como que es algo muy normal. Nunca lo había pensado.

—Suena absurda la pregunta, pero no se me viene a la mente cómo hacerla de otra forma: ¿te gusta ir a la cárcel de máxima seguridad donde está tu papá?

—Sí, pues ir a ver a mi papá, sí. Pero desde que llegas te pones a pensar: "a ver con qué tarugada me salen ahora; ¿con qué persona me van a dejar entrar?, ¿qué revisión me van a hacer ahora?, ¿me voy a bajar los pantalones hoy o no?, ¿cuánto me voy a tardar en cada trámite?, ¿cuánto tiempo voy a perder para entrar a ver a mi papá?"

—¿Hay muchos abusos?

—Sí, es normal.

—Yo creo que no es normal.

—Digo que es normal ahí adentro. Cada vez que vas, sabes que va a haber algo nuevo. Yo desde que tengo memoria pasa eso. Es como el *Big Brother*, las reglas cambian siempre: hoy te bajas el pantalón, a lo mejor mañana no, a lo mejor la semana que entra te levantan el prepucio; son muchas cosas, nunca hay algo fijo, entonces tienes que ir con la mente abierta.

—Eso no es normal. Sobre todo con un gobierno que sale todos los días a hablar sobre la ley.

—También es más curioso que tantas cosas que hemos hecho para denunciar eso y nadie nos escucha, nadie nos contesta, no nos dicen si es verdad o mentira lo que denunciamos, nadie.

—¿Qué sientes cuando los medios y la gente se refieren a tu papá como capo?

—No, nada; lo único que sí me causa, que a veces sí se me hace chistoso, es cuando lo llaman padrino, ¿no? Yo siempre lo he visto como mi papá. No lo veo como otra cosa.

—La palabra capo no te causa conflicto.

—No, será que la he escuchado demasiadas veces y ya no me incomoda.

—En Sinaloa, los periódicos se leen de atrás para adelante, por donde está la sangre se comienza. En estos días, ¿cómo recomendarías leer el periódico?

—Ser muy neutrales, ver las cosas que ocurren, que realmente ocurren en la ciudad, y compararlas con lo que dice el gobierno. Ver los escenarios, sobre todo de seguridad, y sacar uno su propio juicio. Tomar en cuenta todo lo que ocurre para votar de una manera diferente, no creer en las promesas de los candidatos que uno no conoce y esas cosas.

—El sinaloense tiene el estigma de que está metido en el negocio de la droga. ¿Tú qué piensas de esa cultura de Sinaloa relacionada con la siembra de enervantes?

—No sé, la gente de Sinaloa a veces es muy violenta. Yo siento que les gusta mucho la sangre, a pesar de que hay gente que no está en el negocio de las drogas y eso. Ocurre un asesinato, me pones a mí cerca de un asesinato y yo me alejo, a mí me parece desagradable, me da miedo, repulsión; pero hay gente que se acerca, incluso sacan fotos con sus celulares. Lamentablemente hemos estado expuestos a muchísima violencia y parece que ésta es cada vez peor. Se cortan cabezas, miembros, y se hacen muchas cosas horribles que antes no se hacían, y ahora la gente ya no se asombra, les parece muy normal, y eso es lo más grave de todo: la gente ha perdido la capacidad de asombro.

—¿Por qué crees que antes no había tanta violencia como la de hoy?

—No sé; quizá había más respeto por la vida. Quizá había valores que se hacían respetar. De repente empezaron a matar gente. Y ya no nada más la mataban: hasta le disparaban en la cabeza. Ahí empezaron a cambiar muchas cosas. Quizá. No sé, yo veía también que hay mucha pobreza, desempleo, y esas condiciones han generado la violencia, y han hecho que sobre todo los sinaloenses busquen formas alternativas para encontrar la felicidad y el dinero para mantener a las familias. Yo culpo más que nada a la delincuencia en su origen: la pobreza y el desempleo.

—¿Cómo es tu relación cotidiana con los demás?

—Normal, sólo que a veces tomo mis medidas para protegerme y proteger a otras personas. Por ejemplo, un candidato político me añadió a Facebook. Se veía un tipo muy normal, se veía muy bien, daba buena espina, pero no lo acepté. Me intentó añadir de nuevo, le pregunté que si me conocía y me dijo que no, entonces le comenté que no era muy buena idea añadir a este desconocido, dadas sus aspiraciones y el que muchas veces en política buscan cualquier cosa para marchar a una persona. Le aconsejé eso, que debería fijarse más a quién añade por lo que pueda hacer la gente que quiera dañarlo, porque pueden utilizarlo como un elemento en su contra. Le di ese consejo y lo borré. Me volvió a mandar mensajes insistiendo, pero ya no tenía objeto, yo no quería tampoco exponerme mucho y ahí quedó.

—Algo parecido a eso te sucedió con Andrés Manuel López Obrador.

—Sí. Hace poco me encontré al *Peje* en un aeropuerto. No necesariamente simpatizo con partidos ni con ningún movimiento, pero es un personaje, yo lo he visto mucho en la tele, prensa, etcétera.

—¿Te atrae?

—Sí, se me hizo de lejos un tipo muy carismático, muy sencillo y humilde, y pues la verdad se me antojó acercarme y a lo mejor saludarlo, pero pensé: "no, esta persona tiene muchos enemigos y si alguien le toma una foto conmigo y que lo quieran dañar, va a ser un camino para lastimarlo". Me quedé con las ganas de saludarlo. Sí me hubiera gustado tener el acercamiento, pero no, lo pensé mejor.

—¿Por qué?

—Por los mismos estigmas. Si hay alguien que lo quiera dañar, va a decir que tiene relaciones con personas que tienen relación con presos.

—Todo el tiempo tienes que traer ese recuerdo de que eres hijo de un capo.

—Sí, casi con todo.

—Me imagino tu impulso detenido ante López Obrador.

—Fue una cosa muy rara. Es un personaje que lo ves en la tele y algunas cosas estás de acuerdo con él y te atrae buscarlo para decirle: "fíjese, me gusta esto, me gusta lo otro". Quizá lo hubiera hecho también con otro personaje, pero fue el que se me puso ahí enfrente. Vi que lo estaba abordando la prensa, luego se alejaron de él, y hubo un momento en que quedó solo, e iba caminando con una señora que venía con él. Me iba a acercar, pero dije "no". Me arrepentí, y ya que iba más lejos, dije "no, chin, sí me voy a acercar". La verdad, lo seguí un rato, pero luego dije: "definitivamente, no; ¿para qué voy a dañar a esta persona?"

—¿A ti te interesó la política?

—Sí, pero obviamente, a como son las cosas aquí, mi carrera no hubiera llegado a ningún lugar. A la sociedad no le hubiera agradado un candidato que tuviera a un familiar recluido, y más, sobre todo, con la fama que nos han creado.

—Se hereda todo...

—Sí, me dirían narcopolítico y eso no me resultó tan atractivo.

—¿Hipocresía?

—Cuando generas beneficios te adoran, cuando estás en desgracia, no. "Fuchi." Esto es normal en todo.

—¿Qué piensas de la legalización de las drogas?

—No estoy muy documentado sobre cómo funcionaría. Empezando por regular la mariguana quizá se podrían ver algunos datos. Si el gobierno tuviera la producción, esto limitaría el consumo a cantidades, se delimitarían los lugares donde se pudiera consumir y establecer límites, quizás funcionaría de cierta manera, pero no nos olvidemos de que la mariguana no es la única droga. Y también, ¿cuál es el mercado de la mariguana? El sector que la consume. Hay otras drogas que son más populares: la cocaína, o ahora que están las sintéticas, las pastillas y todo eso. Quién sabe qué tanto funcionaría. A lo mejor algunos productores de mariguana se quedarían sin empleo, pero recordemos que no nada más se produce mariguana. ¿Cuánta solución sería la regulación de esta droga? Habría que preguntarles a personas que estén más documentadas. La verdad sería poco prudente dar una opinión completa.

—¿Te gustan los narcocorridos?

—No, nunca he sido de corridos ni de música norteña, la verdad. Se escuchará raro, tonto, pero crecí viendo MTV y VH1. Veo los videos de corridos y me parecen ridículos, y las canciones también. Pintan personajes que ni siquiera existen. Yo ahorita puedo pagar para que me hagan un corrido de que soy muy bueno jugando golf o críquet, o algo así, pero pues no es cierto, no sé jugar golf ni críquet.

—¿Por qué crees que hacen eso?

—Vanidad; es lo más probable.

—¿Por qué crees que los sinaloenses son la referencia del negocio de la droga? ¿Por qué Sinaloa?, ¿por qué no Guanajuato o Colima?

—No sabría decirte; quizá las condiciones socioeconómicas tienen que ver. También el que se da muy bien la agricultura en el estado, y podría ser un factor para que se dé la siembra de drogas, no sé. La verdad no podría dar una opinión.

—¿Cómo describirías al sinaloense de hoy?

—Amigable, todos son amigables en general, pero no podría dar una sola descripción, porque todos los sinaloenses son distintos.

—Los sinalocos, dicen algunos.

—Pero todos somos diferentes. No creo que sea correcto estereotipar, ni decir: "todos los sinaloenses son así". Todos somos diferentes.

—Tú no te involucraste en el negocio, pero otros hijos de capos, sí. ¿Los comprendes?

—Yo la verdad a veces siento feo porque los detienen muy jóvenes, y digo: "no, les falta mucho, les faltaba mucho que hacer". También pienso que cómo es posible que sus papás los hayan dejado meterse en el negocio; si ganaban bien y tenían todo, ¿por qué los dejaron echar a perder sus vidas?

—¿Cómo llevas tu vida con la autoridad?

—Hay que estar siempre en regla. Sacar carta de no antecedentes penales muy seguido, licencia de conducir siempre vigente, revisar el carro, que no le falle ninguna luz, respetar los límites de velocidad, los semáforos, ser extremadamente amable, el doble o triple de amable que debe ser una persona normal, evitar las groserías y cualquier cosa que pueda provocar una reacción negativa o una represión por parte de las autoridades. No darles motivos, porque uno siempre está bajo una lupa. Ahorita, si me detienen, no sé, bajo el efecto de bebidas embriagantes, no van a decir que detuvieron a equis persona ebria. Van a decir que detuvieron a un hijo de un capo que andaba ebrio, conduciendo irresponsablemente, bla, bla. Entonces no; hay que alejarse de los problemas. Evitar todo lo negativo.

—¿Cómo sobrellevas esta vida solitaria?

—Uno anda normal.

—Me refiero a tu vida emocional.

—Te acostumbras desde chico; la verdad uno hace las cosas, sin… te salen sin que las pienses; entonces no buscas problemas.

Si ahorita un mesero te sirvió mal, te trajo un refresco que no era, si te lo puedes tomar, tómatelo, no hagas lío; si la comida está salada, cómetela y ya no vuelvas. Nada que pueda dar de qué hablar, no que haces un escándalo en un restaurante, nada. Y también cuidar mucho con quién nos juntamos. Si invitas a alguien a comer y le sirven mal y te hace un escándalo, atrae las miradas hacia tu mesa, hacia donde estás tú, alguien te puede ubicar y decir: "Vi al hijo de fulanito y tenía un escándalo con unos vagos", o cosas así. Entonces lo vas haciendo inconscientemente, el cuidarte te sale natural.

—¿Has juzgado a tu papá por su vida como capo?

—Supongo que en su momento él tuvo sus razones para tomar el camino que tomó. Como todo padre, supongo que buscaba mejores cosas para darnos, para que viviéramos mejor. Él tomó un camino, no sé si fue el correcto o el equivocado, pero lo tomó. Fue su decisión, tuvo sus razones, y si hizo algo malo la ley le aplica castigo.

—¿De qué platicas con él en la cárcel?, ¿le cuentas tus problemas, tus cosas del día?

—No; si tienes problemas, no se los cuentas. Llegas diciendo: "n'ombre, maravilloso todo afuera. ¿Cómo va tu vida?, ¿algún problema? No, no, nada; todo bien. ¿Batallaste para entrar? N'ombre, eran unos amores". ¿Por qué? Porque si le dices: "Me revisaron, me tocaron el pene", pues lo vas a tensar y él no puede hacer nada, y con el encierro puede influir en algún comportamiento negativo, llegar a hacer que lo castiguen o algo, o tensarlo, entonces no está bien. Todo lo negativo de afuera lo eliminamos y tratamos de entrar con la mejor cara para no darle más problemas de los que tiene.

—¿De qué platicas?

—Temas familiares o generales sobre cosas que ocurren afuera. Muchas veces me pregunta de computadoras o de amigos que están afuera y que yo tengo la manera de verlos; cosas familiares, negocios, todo, cosas generales, pero nunca problemas ni nada, a menos que sean muy graves y él tenga la manera de aconsejarnos.

—¿A quién quieres más: a tu papá o a tu mamá?

—A los dos. Cada uno representa algo. Los dos tienen lo suyo.

—¿Tu papá qué representa?

—Autoridad, la figura paterna, el apoyo, el maestro, el mentor, o a quien puedo preguntarle cualquier cosa de cualquier tema. Mi mamá el amor, cariño, el apoyo, su presencia, todo. Los dos juegan un papel importante, y a los dos por igual los quiero. Ojalá que no me pase, pero el día que los pierda, me va a llevar la fregada con los dos.

—¿Qué le regalas a tu papá cuando cumple años?

—Tarjetas es lo único que se le puede regalar, aunque, bueno, tarjetas ya casi no dejan entrar. Cuando vienen muy elaboradas ya no. Si son de tres hojas o de hojas muy gruesas o que tengan algo corrugado, pues ya no entran; entonces tratas de encontrar la más sencilla, con un dibujo o algo que aplique a la ocasión por la que se le da. O cartas, cartas escritas.

—¿Cuál es el día en que lo has visto más feliz estando en la cárcel?

—El día que se casó mi hermano mayor. Nos tocó visitarlo y entramos desvelados y estaba muy contento. Me imagino que también triste por no haber podido estar ahí, pero ese día se veía muy contento.

15

Los faraones

Antes de morir, Jonathan era un chico de unos 15 años de edad al que le gustaba retratarse con su pistola escuadra. Ese gusto se lo trajo a la tumba donde fue enterrado. Su figura, casi la de un niño, convive con tumbas de capos y de los mejores sicarios de la región, así como de los familiares de éstos.

Más comúnmente de lo que se piensa, los cementerios pueden dar idea de las ciudades y de quienes viven en ellas. En el panteón Jardines del Humaya, los que mueren después de dedicar parte de su vida al narco están enterrados en mausoleos y catedrales de mármol traído de Italia, cantera de la región y piedras exóticas puestas como detalles. Arquitectos famosos diseñan los monumentos, empresas especializadas en conservación de restos arqueológicos mayas se dedican al mantenimiento semanal de tumbas que llegan a tener tres pisos de altura, escaleras, comedores, estancias, y algunas hasta teléfono, quizá por si los muertos reviven.

Gente que trabajó para Joaquín *el Chapo* Guzmán, Ismael *el Mayo* Zambada, los Beltrán Leyva, Juan José Esparragoza, *el Azul*, los Caro Quintero, es la que yace aquí, entre otros empresarios y políticos conocidos de Sinaloa. "El muchacho

Jonathan era cercano a alguno de ellos", me dice uno de los empleados de este lugar que tiene más albañiles y contratistas trabajando diariamente en nuevos mausoleos, que enterradores.

Al lado de su fotografía impresa en tamaño real, Jonathan recibe un mensaje reciente por su cumpleaños: "Que Dios te bendiga porque fuiste un buen niño para tu mamá, nunca te voy a olvidar. Aunque no me mires ni me puedas tocar, yo estaré cerca y sentirás el calor de mi amor…"

CADA LUNES arriban a Culiacán dos tráileres atiborrados con mercancía del Estado de México. Vienen de Villa Guerrero, un poblado donde los saltos de agua y las cañadas se entrecruzan con arroyos y ríos mansos. Desde este idílico y remoto lugar son traídas miles de flores a Sinaloa. No se conoce bien por qué, pero los sinaloenses aman las flores. Eso sí lo saben los floricultores mexiquenses que desde hace varios años tienen a Culiacán como uno de sus principales destinos comerciales, por encima de ciudades como Monterrey o Saltillo, que cuentan con muchos habitantes más.

Florerías de diverso tipo se esparcen a lo largo de esta ciudad norteña: florerías en los mercados, florerías dedicadas a arreglos para ceremonias, especializadas en decorado de jardines, florerías exóticas orientales, florerías para adolescentes y un sinfín de puestos callejeros de venta de flores. De todas las flores, la preferida es la rosa roja. Por lo regular, los vendedores las arropan con follaje y montesinos para que luzcan mejor. Cada botón de éstos suele venderse en 15 pesos. El 14 de febrero, Día del Amor, y el 10 de mayo, Día de las Madres, son las mejores fechas del negocio.

"Este año no hubo tanta venta de arreglos por el Día de las Madres, pero como quiera nos fue bien porque se nos acabó toda la rosa", platica el encargado de la florería Padilla. Sentado detrás de su escritorio, el hombre cuenta que en tan sólo unas horas vendió cerca de 10 000 flores. "Vendimos unas ocho coronas fúnebres a 20 000 pesos cada una. Estas coronas llevan como 1 250 rosas rojas. Son tan grandes que no caben por la puerta", dice mientras señala la entrada del negocio, que mide poco más de dos metros.

"Pero esta alta venta de flores que hubo en Culiacán es por la calidad de los muertos que hubo el 9 de mayo", explica el comerciante. Los muertos "de calidad" a los que se refiere son los familiares de Joaquín *el Chapo* Guzmán Loera, acribillados ese mismo día. De los cuatro parientes del líder del cártel de Sinaloa, uno de ellos recibió la mayoría de los honores luctuosos: su hijo Édgar Guzmán López, joven de 23 años de edad que estudiaba en la Facultad de Administración de la Universidad Autónoma de Sinaloa.

Ni otros sinaloenses famosos, como el ex líder histórico del PAN, Manuel J. Clouthier, o Rodolfo Carrillo Fuentes, hijo del *Señor de los Cielos*, tuvieron en su velorio tantos arreglos florales como los tuvo el hijo del *Chapo* Guzmán en sus funerales, aseguran sin dudarlo los floreros de la zona, quienes recuerdan haber contado hasta nueve camiones torton llenos de rosas rojas.

Otras florerías de la calle Zapata, por donde se encuentra la funeraria San Martín, también vendieron coronas gigantes. Incluso más grandes, hechas con 2 000 rosas rojas y vendidas a 35 000 pesos cada una. "En ningún lado se ven estas coronas.

Yo he estado en varios lados y no lo ves. Ni en Tijuana, ni en Michoacán, ni en Tamaulipas." Los comerciantes calculan que esos días se vendieron 50 000 rosas rojas y hubo ventas por cerca de dos millones de pesos.

—Muchas de las coronas más grandes venían a comprarlas cuatro muchachos. Las pidieron y se las llevaron, dijeron que luego las pagaban. ¿Arreglos del Día de las Madres? De ésos vendí unos dos, nomás —cuenta el propietario de otro establecimiento que vendió flores a la familia Guzmán.

—¿Y usted está seguro de que volverán a pagar las coronas?

—Seguro. Ésa es gente que tiene mucha palabra.

GEMIDOS y llantos que por momentos crecían en intensidad. Partían el alma. Arrodilladas, las mujeres rezaban el rosario. Cantaban plegarias para Gonzalo Araujo Payán, el jefe de sicarios del cártel de Sinaloa, que acababa de morir de un solo tiro en la cabeza en el interior de su casa. Las muertes de los pistoleros famosos a veces son las más misteriosas. A pesar de que en todo Sinaloa no había nadie que ignorara el paso temerario del *Chalo* en el mundo de la mafia, donde los ajusticiamientos que cumplía contra adversarios o traidores daban hasta para corridos que provocaban escalofríos de tan sangrientos, para las autoridades el jefe de sicarios de Joaquín *el Chapo* Guzmán era "de ocupación agricultor, de 48 años de edad, residente de una casa de Infonavit". Así se fue a la tumba.

Las mujeres que le rezaban el rosario el 15 de octubre de 2006, en el cementerio, tienen caras de rasgos suaves y benignos, relajados y abiertos. Provocan calma al verlas retratadas, despidiendo al sicario. Su tumba es de dos pisos. Tiene vidrios polarizados y una imagen de Jesucristo de casi dos metros.

Sinaloa es un anfiteatro donde los gladiadores matan o mueren. Todos van a dar a donde mismo, tarde o temprano.

EL VESTUARIO de un narcotraficante es un código que proclama: "Soy un indomable, estoy al margen de la ley". Mientras más crece y se divulga el estigma del narco, el narco lo reafirma más. De la punta de las botas de avestruz australiana a los botones fosforescentes de las camisas Versace adaptación vaquera, la clandestinidad por lo ilegal de las actividades queda para otro momento. Los centros comerciales de Culiacán, puntos de encuentro de la élite tradicional, son democráticos. Los aparadores son de todos, para todos. El narco de hoy está en desacuerdo con la discreción, ya no quiere lucirse nada más en los bailes masivos o en las fiestas privadas que son de conocimiento público, celebradas en esos ranchos de ensueño, donde alcohol y mujeres circulan durante un fin de semana, la medida de tiempo que puede durar, a veces, la eternidad en Sinaloa.

Eso de que hoy en día los mejores narcos son los más discretos está a discusión, cuando todo el mundo en el noroeste del país sabe desde hace semanas que *el Chapo* Guzmán se casará con una joven de 18 años de edad en Durango, o cuando el hijo de éste va a estudiar a la universidad pública y por las tardes, entre tareas, sube videos en youtube.com defendiendo a su papá.

Los narcos salen del clóset, si es que alguna vez estuvieron dentro. Con corridos, internet y hasta organizando fiestas en su nombre por el Día del Niño y el Día de las Madres, la evidencia es clara. Y esa parafernalia se la llevan hasta la tumba. En Jardines del Humaya, Benjamín Herrera, *Charmín*, tiene en su tumba una fotografía que lo registra en un momento de su paso por la vida. Seguro que uno de sus instantes más apreciados: de gorra, camisa vaquera con los botones del pecho desabrochados, pantalón de mezclilla y un cuerno de chivo. Alrededor de él, un pequeño cerro y unas enormes plantas de mariguana.

Tiene unos días de haber muerto, apenas el 28 de abril de 2008. "Que me entierren cantando." Un corrido de Chalino Sánchez acompaña la fotografía que se exhibe en el panteón.

SABÍAN lo que iba a pasar; lo que no sabían era cuándo. Por Culiacán, los rumores del mundo del narcotráfico circulan como realidades que, aun cuando no han ocurrido, es probable que pronto ocurran. El lunes 21 de enero de 2008 en la madrugada, un batallón del ejército encontró sin escolta y desarmado en su casa a Alfredo Beltrán Leyva. La facilidad de su captura hizo pensar aquí que *el Mochomo* había sido entregado a las autoridades federales por alguien del cártel al que pertenecía.

El gran aliado de los Beltrán Leyva, Joaquín Guzmán Loera, fue considerado desde un principio como uno de los posibles delatores. El rumor se esparció en Culiacán por gente de la misma organización en la que confluyen diversos grupos del crimen organizado, casi como pares. Pero eran tan sólo rumores.

El 11 de abril, una vez que se supo la liberación de Archibaldo Guzmán, el hijo del *Chapo* preso en el Altiplano, las conjeturas en voz baja aumentaron. "*El Chapo* entregó al *Mochomo* a cambio de que liberaran a su hijo", se comenzó a deducir en una ciudad habituada a comentar estos temas. "¿Y qué pensará de esto Arturo Beltrán Leyva, *el Barbas*?", era la pregunta que rondaba entonces.

Bastaron unos días para que se supiera la respuesta.

NOTICIA bastante habitual en los periódicos de Sinaloa:

> Una persona hasta el momento desconocida fue hallada envuelta en una lona y amarrada de los pies y la cabeza, sobre un camino vecinal cercano a la carretera La 20, a 300 metros al sur de la sindicatura de Villa Juárez, en Navolato.
>
> Con esta víctima suman ya ocho las personas halladas de similar forma en varios puntos de aquella sindicatura en los últimos cuatro días.
>
> La víctima es de complexión delgada, estatura mediana, de entre 20 y 30 años, y vestía pantalón de color caqui, tenis negros y calcetines blancos.
>
> El hallazgo fue reportado alrededor de las 7:00 horas mediante una llamada anónima a la policía municipal de Navolato, la cual alertó sobre una persona "enlonada" sobre un camino de terracería que va al campo pesquero Las Puentes, cerca de la carretera La 20.

Cada ocho horas murió ejecutada una persona en el violento 2008 que vivió Sinaloa. De ese año de vértigo a nivel nacional y a lo largo del estado, esta ciudad anotó en su imaginario el miércoles 30 de abril.

Cuando uno pregunta sobre las razones de la ola de violencia que se desató, la respuesta brota de inmediato, como susurro y revelación contundente: "30 de abril de 2008", responde por igual un funcionario del gobierno que un periodista local o un investigador universitario. Ese día empezó todo. Ese día, las familias que antes estaban unidas y formaban el cártel de Sinaloa, se declararon la guerra. Ese día quedó claro que los apellidos Beltrán Leyva, Guzmán Loera y Zambada ya no eran parte de la misma familia de siempre. Ese día, una ciudad acostumbrada a la violencia empezó a asombrarse, lo cual ya fue mucho decir. Vinieron los decapitados, las narcomantas y las muertes.

Y la zozobra.

LA SANGRE aún estaba húmeda en el suelo cuando llegaron los reporteros. Un penetrante olor a pólvora, como a fuegos artificiales, rondaba el estacionamiento del supermercado la noche del 9 de mayo. Édgar Guzmán corrió, pero los sicarios que iban en tres camionetas le dispararon más de 300 tiros en forma de abanico, a 10 metros de distancia. Ni un disparo salió del lado del hijo del *Chapo* y de los otros tres que iban con él y que también murieron acribillados. Según el parte de la policía municipal, no cargaban armas. Tras las camionetas a las que iban a subirse, un taller de automóviles recibió buena parte de los disparos y el bazucazo con el que los sicarios acabaron su faena. Las dos cámaras de seguridad del negocio grabaron la balacera. En las imágenes sólo se ve un resplandor y se oye una tormenta de balas que parece nunca terminar.

Los trabajadores del sitio tenían media hora de haberse ido, después de hacer trabajos de alineación y balanceo todo el día. Varias semanas trabajaron entre orificios de bala. El techo del Auto Center Guzmán no quedó nunca reparado del todo, tras el bazucazo que dejó un hoyo de 50 centímetros. En el estacionamiento, justo donde cayó Édgar Guzmán, aparecieron veladoras encendidas durante los siguientes días y un mes después, un cenotafio en su honor.

Los periódicos locales no querían dar la noticia de la muerte del hijo del *Chapo* Guzmán. Uno de los dos más vendidos en la ciudad, *Noroeste*, la dio dos días después, atribuyéndola a agencias informativas del Distrito Federal. En los días anteriores habían aparecido tres mantas con los siguientes mensajes: "Soy el jefe de la plaza", "Soldaditos de plomo, federales de paja, aquí el territorio es de Arturo Beltrán" y "Policías-soldados, para que les quede claro, *el Mochomo* sigue pesando. Atte. Arturo Beltrán".

Como dice el escritor Luis Felipe Lomelí: "Ningún padre debería enterrar a sus hijos, es la tradición".

FRENTE a la estación de bomberos de Culiacán, en un camellón, hay un cenotafio. Es una cruz de cantera de casi un metro con la inscripción JABS. Está flanqueada por una manta en la que se ve la fotografía de un hombre de unos 30 años de edad y el siguiente mensaje:

Quiero decirte que sin ti ya nada es igual. Eres la luz que iluminaba nuestras vidas.

Esta Navidad y Año Nuevo serán los más tristes porque no existe nada que llene el vacío que dejaste, ya que tu recuerdo siempre está en nuestros corazones.

Pero aunque no estás con nosotros
sabemos que hay un ángel que nos cuida
y nos bendice desde el cielo.
Siempre te amaremos,
Tus hijos, esposa y familia.

Según el Diccionario de la Real Academia de la Lengua Española, la palabra *cenotafio* proviene del latín y significa: "Monumento funerario en el cual no está el cadáver del personaje a quien se dedica".

Estimaciones del cabildo de Culiacán indican que a principios de 2009 se habían colocado más de 200 cenotafios en toda la ciudad, en honor a los ejecutados por la guerra interna del cártel de Sinaloa emprendida en 2008. No es difícil toparse con uno. Están en cualquier sitio. En las afueras de centros comerciales, sobre las banquetas, en camellones. Uno de los más conocidos era el de Rodolfo Carrillo Fuentes, erigido justo afuera del cine donde lo mataron.

La proliferación de cenotafios no es tan extraña, en cierta forma, en una ciudad como Culiacán, donde capos y sicarios se entierran como faraones en tumbas de tres pisos, o donde Jesús Malverde, el santo de los narcos, tiene su capilla a un lado de oficinas de gobierno.

EN ENERO de 1990, los hermanos Arellano Félix ordenaron descuartizar a la esposa de Héctor *el Güero* Palma y le enviaron la cabeza en una caja. También asesinaron a sus hijos Nataly y Héctor, amarrándolos de un puente en Venezuela.

Los restos de los familiares del *Güero* Palma, actualmente preso en alguna cárcel de los Estados Unidos, están en una de las tumbas de aquí, llena de juguetes y muñecas.

ME ENCUENTRO en la morgue de Culiacán. Por el momento no hay cuerpos en espera de ser reclamados. Alguna vez estuvo por aquí el de Amado Carrillo Fuentes, *el Señor de los Cielos*, así como el de otros capos y sicarios del narco, famosos en la región y algunos a nivel nacional. En otra área llamada de estudio, solamente se preservan cobijas, ropas y pertenencias de los caídos en la batalla del narco.

Le pregunto al doctor encargado sobre las pertenencias que llevaba Pablo Aispuru, uno de los 120 policías ejecutados en 2008 en Sinaloa. El cuerpo del policía lo acomodaron sentado bajo la sombra de un árbol, con un sombrero de charro y con un letrero en el pecho que decía: "Soy el policharro. Y me mataron por soplón".

—En ese caso, a las ropas de ese policía ya se les dio el destino final, que es, por indicación del ministerio público, la incineración. También porque venían contaminados todos esos objetos, incluyendo el sombrero —me dice el doctor.

—Me hablaba del robo de prendas de personas ejecutadas.

—En este asunto que usted me comenta, se está llevando una investigación administrativa. Al mismo tiempo de una investigación por parte del ministerio público, para investigar cómo sucedieron las cosas. Hasta ahora lo único que sé es que por parte de la Procuraduría ya se emitió una resolución dándole una sanción al médico que cometió irregularidades en este caso.

—¿Qué fue lo que pasó?

—En una exposición, una artista de la que no recuerdo su nombre, exhibió en cobijas que supuestamente se involucraban con algunos crímenes de los que teníamos conocimiento nosotros. Sin embargo, eran muchas cobijas, y no muchas pertenecían a crímenes de esa naturaleza. Pero bueno, ya fueron debidamente recogidas esas prendas, de las cuales se hicieron también pruebas periciales para ubicarlas en los hechos en los que pudieron haber participado.

—¿Qué suele hacerse aquí con esas prendas?

—Es igual que lo que hacemos con los cadáveres de personas desconocidas, que muchas de ellas llegan en estado de descomposición. Esperamos el tiempo legal que el ministerio público tiene para que nos autorice su destino final. El destino final puede ser de inhumación, o bien mediante un procedimiento esos cuerpos se mandan a la Escuela de Medicina, para que sirvan para estudios anatomistas. Pero las ropas también, como son contaminadas con fluidos, sangre, hay que darles un destino final. No podemos conservarlas aquí en estas oficinas. Ya cuando se agota toda la investigación de esas prendas se pide la autorización al ministerio público de poder darles destino final, que en este caso es incinerarlas.

—¿Cuáles son los artículos que más se preservan aquí?

—Pues todos aquellos que estén involucrados con orificios de entrada de proyectiles son los que más se preservan. Porque son muertes violentas, dolosas, que tienen el mayor porcentaje.

Son muy pocos los otros agentes vulnerantes que pueden causar la muerte.

—¿Eso qué incluye?

—Ropa, camisa, camiseta, son las que más. El pantalón también.

—¿Los recados que se dejan en los ejecutados también son guardados?

—Los recados tienen otro procedimiento. Se mandan secar y luego al departamento de identificación para verificar si hay huellas, y a grafoscopía para ver si hay algunos datos grafoscópicos que ayuden a detener a esta persona que lo escribió, después de hacer algunas pruebas.

LUPILLO Rivera, estrella del mundo grupero musical, leyó en su casa de Long Beach, California, una crónica que escribí para el periódico *Milenio* sobre la muerte de Édgar Guzmán, el hijo del *Chapo*. De inmediato decidió convertirla en un corrido. Poco tiempo después, durante una gira por México, en el cuarto de un hotel, una noche en que no podía dormir, volvió a leer la crónica publicada el domingo 18 de mayo de 2008 en la portada de *Milenio*, y comenzó a escribir el corrido.

"No puedo ser indiferente ante tanta balacera; me nació componer estos corridos con el fin de que nos vaya mejor. En el caso de Édgar Guzmán, el 10 de mayo no se podía hallar ninguna rosa roja en Culiacán; todas se las habían comprado a Édgar, quien fue velado el 9 de mayo", dijo luego en una de las entrevistas periodísticas que concedió para promover el disco

Tu esclavo y amo, en el cual "Las 50 000 rosas" se convirtió en el primer sencillo.

—¿Qué opina sobre la violencia en la lucha antinarco? —le preguntó un reportero.

—Siente uno… no miedo, sino intranquilidad, porque hay que andar con mucho cuidado. No porque uno ande en malos pasos, sino porque pasan cosas y a veces se equivocan. Uno ve que le toca a una señora que vendía en la esquina. Siempre hay que andar con la bendición de Dios, bien derecho.

Cuestionado sobre la relación entre ciertos grupos norteños y el narco, el cantante respondió:

—Es una relación que se ha exagerado, porque hay muchos más artistas de pop o extranjeros que probablemente estén más cerca o más involucrados que los gruperos. A muchos artistas regionales les gustan los corridos. A mí personalmente me gustan y los escucho, no porque yo ande en algo malo, sino porque son la historia de una parte de México. Llegué a componer, al principio de mi carrera, unos 700 corridos y muchos de ellos se grabaron.

El corrido "Las 50 000 rosas" dice así:

> Cincuenta mil rosas rojas se vendieron en Culiacán,
> llegando el 10 de mayo listos para celebrar;
> pero unos días antes se nos fue Édgar Guzmán.
>
> La noticia se extendió como pólvora encendida
> y al Señor de la Montaña
> le causaron este día, ay, qué dolor tan profundo
> en el día de las madrecitas…

El montonal de las rosas
a ninguna madre enviaron;
todas fueron para un gran hombre
que siempre lo respetaron.
Le brindaron despedida,
las 50 000 llegaron…

Así les canté el corrido
con respeto y con cariño
pal Señor de la Montaña,
sus familiares y amigos,
y el compa Édgar Guzmán
no quedará en el olvido.

Cincuenta mil rosas rojas se vendieron en Culiacán,
llegando el 10 de mayo siempre se va a recordar
y en el rancho de Jesus María
las bandas les tocarán…

BASTA ESTAR una semana en Culiacán para darse cuenta de que en el ambiente de la ciudad ronda una sensación de identificación con los capos de la droga. "Que levante la mano el diputado o el empresario que se sienta moralmente superior a los narcotraficantes", parece desafiar cualquiera de los interlocutores en turno en algún momento de la conversación.

LA FICHA biográfica de Inés Calderón Quintero dice que a los 26 años de edad emigró a Estados Unidos y empezó a operar en la región de California, siendo uno de los primeros narcotraficantes que introdujeron cocaína y heroína en Estados Unidos. Luego regresó a Sinaloa, donde adquirió gran importancia gracias a las grandes cantidades de cocaína que recibía desde Colombia. Su relación con balaceras y ejecuciones era algo común, tanto como sus aprehensiones y sus liberaciones por desvanecimiento de pruebas.

Controlaba todo Sinaloa con la ayuda de sus principales operadores: Ismael *el Mayo* Zambada y Baltazar Díaz, ya muerto. Falleció en marzo de 1988, en una balacera en la que mató a dos policías judiciales. Las cosas pasan porque pasan. No te preguntan primero. No te piden permiso. Hoy en día su tumba, una capilla adornada con vitrales y pequeña en comparación con las demás, se reconoce —junto con la de Lamberto Quintero— como una de las primeras que le dieron al panteón de Jardines del Humaya la fama de ser el lugar de reposo de los capos de la droga y sus lugartenientes.

A finales de los ochenta, como en muchos otros espacios de las élites locales de Sinaloa —en su mayoría dedicadas a la siembra de hortalizas y a la ganadería—, el narco convivió en el panteón de los sinaloenses ricos.

> Más que celebración del delito, los narcocorridos difunden la ilusión de las sociedades donde los pobres tienen derecho a las oportunidades delincuenciales de los de arriba.
>
> Carlos Monsiváis

Fui a Badiraguato —la tierra donde nacieron los Caro Quintero, *el Chapo* Guzmán, los Beltrán Leyva y tantos más— a ver a

Omar Meza, *el Comandante*. Un cantante de narcocorridos que en la portada de uno de sus discos, grabado por Titan Records, aparece cargando un cuerno de chivo con cargador de disco y con un uniforme de agente federal. El título del CD es *La captura del Mochomo*. En 2001, *el Comandante* empezó a cobrar notoriedad tras empezar a cantar apenas unos días después un corrido sobre la fuga del *Chapo* Guzmán del penal de Puente Grande.

Reviso mi libreta de apuntes y encuentro algunas de las cosas que me dijo:

—No he querido meterme en eso [grabar un narcocorrido sobre la muerte del hijo del *Chapo*]. De hecho, al principio yo sí pensaba, pero ya viendo la cosa [la disputa entre los antiguos aliados Arturo Beltrán y *el Chapo* Guzmán], mejor no.

"Grabé unas baladas, pero ese disco nadie lo pela, eso no gusta aquí. Los compositores llegan con los narcocorridos y tú los cantas. Nosotros lo que buscamos es la mercadotecnia, cantar lo que la gente quiere oír.

"Los meros fregones de los narcocorridos son Los Incomparables de Tijuana y Los Canelos de Durango, porque para componer un corrido, por ejemplo, yo lo saco de lo que veo en los periódicos, pero ellos, que son los mejores, ¡lo sacan de lo que ven directamente!

"Para bien o para mal, de aquí de Badiraguato han salido muchos mafiosos y por eso aquí es donde hay más grupos de narcocorridos.

"Los narcocorridos te dan mucho prestigio por acá. Dice mi vieja que ya no grabe discos. Me dice: 'No quiero que andes cantando, al rato te vas a quitar las viejas que te van a estar brincando'. Yo nada más me quedo pensando: qué me las voy a quitar; me las voy a llevar a todas.

"¿Sobre tocar en fiestas de narcos? Una vez me hablaron de la compañía para decirme que había la invitación para tocar en Culiacán, en la fiesta de un señor que acababa de salir de 14 años en la cárcel. Fui y toqué y ni supe quién era. Mejor así.

"Aquí mataron a un tío mío. A un primo mío que andaba en Mexicali y no pagaba plaza, también lo mataron. Le compuse un corrido, pero lo mío es cantar. ¿Qué es lo que debe llevar un buen narcocorrido? Que hable de cuernos de chivo, de drogas y de un buen apellido [sobra decir qué significa aquí un buen apellido].

"No. De policías no hay corridos. No hay. Y menos va a haber ahorita. Ahorita si haces un corrido de judiciales o soldados, te levantan los otros. Ya ves que hasta los están matando."

HAY DÍAS en Culiacán en que parece que un reportero sí está cubriendo una guerra. El teléfono no deja de sonar. Rumor de muerte reportado por aquí y por allá. Aquí una lista de esos rumores que aparecen furtivamente:

—Que tumbaron a un helicóptero de la PGR.

—Que hay una bomba en el centro comercial Fórum.

—Que atentaron contra el palacio de gobierno.

—Que mataron al *Mochomo* en el penal del Altiplano.

—Que mataron a cinco personas en la emblemática cantina El Guayabo.

—Que el ejército sitió el centro de la ciudad.

—Que hay cuatro maletas con cabezas afuera de la Procuraduría.

Lo peor es que cualquier rumor de éstos puede convertirse en realidad.

Carpe Diem.

—¿HAY MÁS muertos los fines de semana? —pregunto al conductor del auto que me lleva a La Primavera.

—Fíjate que no. Aquí cualquier día matan. No hay un día especial para matar. Qué curioso, ¿no? —responde.

Son las cinco de la tarde del sábado 17 de mayo de 2008 en Culiacán, y llevamos contadas cuatro personas ejecutadas al estilo de la mafia hasta el momento. El chofer con el que voy no se sorprende de la cifra que vamos conociendo a través de llamadas y sobrios reportes de la radio. Ni se inmuta. Son tan habituales las muertes de este tipo (iban cerca de 250 en ese año) que ya hasta hay sitios formalmente establecidos para dejar las víctimas.

El favorito de los sicarios para deshacerse de los cuerpos es al que nos dirigimos y que está detrás de la colonia La Primavera, en una brecha que comunica a Culiacán con varias rancherías. La gente conoce este "tiradero" de cadáveres como "la Barda de Coppel", porque está cerca de un terreno comprado por una de las familias más adineradas de la región.

En esta grava volcánica, junto con llantas viejas, osos de peluche decapitados, perros muertos, cajas de cartón de huevo, periódicos amarillentos, suelen ser arrumbados restos humanos. Lo único que a veces distingue al muerto encontrado por aquí es la manera en que dejó el mundo de los vivos: puede ser encobijado, esposado, enlonado o encajuelado. Los entambados y los encorbatados ya no son tan comunes, se me aclara, ya que ese estilo era el que preferían los Arellano Félix, para quienes trabajaba *la Rana*, un comandante de la policía judicial que se hizo leyenda en este polvoriento camino que parece llevar a sus transeúntes al fin del mundo.

—¿Y por qué los matan? —pregunto.

—Por causa natural —me dice mi guía.

—¿Natural?

—Natural por los asuntos en los que se metían.

En Culiacán ya no hay nada más efímero que el muerto de ayer, salvo si tiene ciertos apellidos, y en este tiradero de cadáveres de La Primavera no hay ninguna flor a la vista.

Aquí no crecen las flores.

NO TODOS los narcos van a Jardines del Humaya. Amado Carrillo Fuentes, *el Señor de los Cielos*, está enterrado, junto con su hermano menor, Rodolfo, asesinado en 2004, en un mausoleo construido dentro del rancho de la familia, en Navolato, a 30 kilómetros de Culiacán. Édgar Guzmán, el hijo del *Chapo* asesinado apenas el pasado 8 de mayo, fue enterrado en el rancho de la familia, en el poblado de Jesús María, al lado de sus abuelos. Ernesto Fonseca, *Don Neto*, mandó construir desde hace varios años un partenón para reposar una vez que muera, en el cementerio de Santiago de los Caballeros de Badiraguato.

Estoy al lado de un cenotafio con Óscar Loza Ochoa, antiguo presidente de la Comisión Estatal de Derechos Humanos y actual regidor por el PRD en el ayuntamiento de Culiacán. Con tantos cenotafios como aparecen cada día, hay quienes temen que esta ciudad parezca una necrópolis o se convierta en el cementerio más grande del mundo.

—La propuesta mía no es la retirada de los cenotafios aplicando el reglamento de construcción del municipio de Culiacán. Mi idea es que esta iniciativa tenga un acercamiento con las familias que han tenido víctimas con esta violencia. Porque ello llevaría no solamente a una propuesta comunitaria colectiva en la ciudad de Culiacán, donde las víctimas y el resto de la población se acerquen por un dolor común, que es el que la pérdida de esa vida fue una pérdida de todos. Que busquemos una alternativa a todo, porque no creo que una expresión solitaria, aislada, de cada familia pueda resolver todas las inquietudes no sólo religiosas sino también de carácter social.

—¿Qué es lo que usted propone?

—Yo propongo que haya un lugar en la ciudad de Culiacán donde todos podamos ir allí, no sólo para llorar a quienes perdieron la vida en este proceso violento que tuvimos en 2008, sino un lugar donde pueda haber también expresiones solidarias de parte del resto de la sociedad.

"Tenemos varios lugares en Culiacán que pueden ser un símbolo, donde podamos incluso elevar allí, no sé, un icono, un monumento, un muro donde todo mundo pueda expresarse de manera libre y además enviar el mensaje, que es lo más importante, de que esto que nos ha pasado no se repita jamás y que las próximas generaciones puedan, junto con los supervivientes de esas víctimas y familiares, seguir expresando algo que Culiacán quiere."

—¿Usted propone un camposanto que recuerde el 2008 violento de Culiacán?

—No camposanto, porque creo que hay religiosos que están planteando una cosa similar a eso. Yo recuerdo nada más que en La Plata, en Argentina, hay una plaza que fue dedicada a los desaparecidos de la época de Rafael Videla, el dictador de Argentina. Es un monumento al cual van no solamente los familiares de las víctimas, sino toda la sociedad, a expresar ahí la solidaridad con esta gente. Está también el Muro de las Lamentaciones, por ejemplo, que tienen los judíos. Yo digo que, como ellos, nosotros podemos crear un lugar adonde podamos ir y poder ser un lugar de encuentro de todos, tanto de víctimas como del resto de la sociedad. El dolor de la pérdida de muchos seres humanos no sólo fue de sus familiares, es un dolor de toda la sociedad y necesitamos buscar de alguna manera cicatrizar esa herida que nos ha dejado la violencia en Sinaloa, pero bajo una expresión de solidaridad.

"YA QUISIÉRAMOS esas tumbas del panteón como casa", me dice Bernardina, una de las posesionarias de la colonia Progreso, el barrio más marginal de todo Culiacán, cuando hablamos del cementerio de Jardines del Humaya.

Son las tres de la tarde y el sol es despiadado. Lo que Bernardina llama su casa es un amontonamiento de láminas amarradas como sea, con cartones, alambres y mecates. Antes de platicar, Bernardina miraba de reojo el diablito de luz, pensando que en lugar de ser reportero, yo venía de la Comisión Federal de Electricidad. Un abanico ruidoso trata de refrescar el horno en que se convierte el interior.

Bernardina y su esposo, un peón que trabaja como albañil, quisieran tener 10 000 pesos para empezar el trámite de regularización de "su casa". Por su esposo, ella sabe que en el panteón de Culiacán muchas de las tumbas valen de dos millones de pesos en adelante; sabe que algunos muertos viven mejor que muchos vivos como ella y los de la colonia Huizaches, otro de los asentamientos proletarios donde hay casas construidas con anuncios de vinil de conciertos de Luis Miguel, maderas industriales tiradas y triplay conseguido quién sabe cómo.

ALGUNOS narcos muertos se despiden del mundo como lo que llegan a ser en vida: faraones.

16

La guerra

Rejas, vallas, diputados de su partido y más de 1 000 hombres armados, principalmente militares, ayudaron a Felipe Calderón a asumir la presidencia de la República el 1° de diciembre de 2006. La mañana de ese día, el Congreso de la Unión no recibió a Calderón con el rito tradicional. El recinto del Poder Legislativo permaneció sitiado por el Estado Mayor Presidencial y Calderón obtuvo de manera atropellada la banda del poder de manos de Vicente Fox, el mandatario saliente.

El encono existente en las calles del país a causa de los cerrados comicios y la negativa de Calderón y de las autoridades electorales a realizar un recuento de todos los votos emitidos, se coló al salón de sesiones de la Cámara de Diputados. Durante la asunción del nuevo presidente, no hubo ceremonia oficial con los cadetes emplazados en la explanada legislativa, ni tampoco hubo discurso inaugural del nuevo gobierno en la sede oficial. En cambio hubo abucheos, gritos y jaloneos de legisladores durante los 10 breves minutos que duró el acto. Mientras diputados del PRD, PT y Convergencia peleaban con los del PAN, los del PRI permanecían en su gran mayoría neutrales, como simples testigos del shakespeareano espectáculo de la vida parlamentaria, más que de una de las principales ceremonias de la liturgia laica de la República.

Los narradores gubernamentales de la sesión hicieron lo que pudieron para disimular lo que se vivió en el Palacio de San Lázaro. Sin aparente ironía, Cepropie, instancia gubernamental encargada de transmitir la ceremonia por televisión, dijo a través de la conductora oficial Diane Pérez, que la sesión se había realizado en completa calma y que el nuevo presidente había empezado su gestión "con el pie derecho".

Tras abandonar San Lázaro ya como presidente, Felipe Calderón encabezó un evento en el Auditorio Nacional, en el cual sí pudo dar un discurso. Rodeado también por militares y policías que custodiaban el lugar, ante las protestas que había afuera por parte de seguidores del ex candidato Andrés Manuel López Obrador, anunció los ejes principales de lo que sería su administración: "Una de las tres prioridades que voy a encabezar en mi gobierno es, precisamente, la lucha por recuperar la seguridad pública y la legalidad; las instituciones responsables de la seguridad pública requieren transformaciones profundas para incrementar sustancialmente su eficacia".

Calderón planteó que los logros de las dependencias referidas (Secretaría de la Defensa Nacional, Secretaría de Marina, Secretaría de Seguridad Pública federal y Procuraduría General de la República) serían "vitales para recuperar la fortaleza del Estado y la convivencia social, seguridad de que nuestra vida, la de nuestras familias y nuestro patrimonio estarán protegidos".

Sin llamarla así —aunque lo haría tiempo después—, la "guerra contra el narco" quedó declarada desde ese momento.

Desde el primer día de su gobierno, el presidente adelantó que la sangre correría a lo largo de su sexenio. "Sé que restablecer la seguridad no será fácil ni rápido, que tomará tiempo, que costará mucho dinero, e incluso, y por desgracia, vidas humanas", dijo.

Al día siguiente, pocos analistas destacaron este anuncio. Si bien la violencia del crimen organizado era un problema preocupante, tomando en cuenta la crisis política y social que había en ese momento, las referencias de Calderón a nuevas políticas de seguridad pública parecían fuera de contexto. "Ténganlo por seguro: ésta es una batalla en la que yo estaré al frente, es una batalla que tenemos que librar y que, unidos, los mexicanos vamos a ganar a la delincuencia. Pongamos fin a la impunidad, a la impunidad de los delincuentes que amenazan nuestras vidas y familias."

Pero en realidad, el anuncio no estaba fuera de contexto. De hecho, el contexto —la rebelión en Atenco y Oaxaca, la Otra Campaña lanzada por el EZLN, la crisis interna del sindicato de trabajadores mineros y, principalmente, las movilizaciones masivas encabezadas por López Obrador— fue un factor determinante para el anuncio de "la guerra contra el narco", con la cual Calderón convertiría al narco, un problema recurrente de la administración pública en los últimos 100 años, en el gran y maligno enemigo que, al enfrentarlo, pudiera legitimar un gobierno cuestionado desde su origen.

Al día siguiente de la convulsionada toma de protesta, Flavio Sosa Villavicencio, el más moderado y conocido de los dirigentes de la revuelta oaxaqueña de ese año, fue detenido por el gobierno de Calderón y presentado a la opinión pública como suele presentarse a los capos de la mafia y secuestradores más despiadados. Sosa pasaría más de un año entre el penal de máxima seguridad de Almoloya y la cárcel Tuxtepec, con acusaciones tan endebles que tanto el gobierno federal como el local de Ulises Ruiz Ortiz debieron dejarlo en libertad.

El 10 de diciembre, el nuevo gobierno lanzó otro golpe mediático: el envío de 6 000 miembros de las fuerzas de seguridad a Michoacán, la tierra natal del presidente, gobernada por el PRD y donde la violencia del narco había provocado más de 500 ejecuciones ese año. Desde Los Pinos, el entonces secretario de Gobernación, Francisco Ramírez Acuña, anunció el operativo y previno: "La batalla contra el crimen organizado apenas comienza y será una lucha que nos llevará tiempo".

VISTA a la distancia, "la guerra contra el narco" va delineándose cada vez más como lo que fue desde su inicio: un acto de emergencia política, más que una real decisión de Estado. Sin una definición de victoria y con declaraciones como la que llegó a hacer antes de dejar su cargo el procurador Eduardo Medina Mora, diciendo sobre la misma que "el éxito se mide con muertos", es como se llega a percibir esto.

Personas cercanas a la toma de decisiones en Los Pinos aceptan en 2009 que la decisión de "la guerra contra el narco" se tomó sin pensar en las consecuencias y que no se consultó previamente a gente especializada en el tema, ni de México ni de otros países. Colin Powell, ex secretario de Estado de Estados Unidos, aconseja cuatro cosas antes de entrar en una guerra: "Ten una fuerza aplastante, una definición de victoria, una estrategia de salida y un pueblo contigo".

Ninguna de estas circunstancias existe hoy en día en "la guerra contra el narco", en opinión de Jorge Castañeda. El ex secretario de Relaciones Exteriores durante el gobierno de Fox, al hacer un recuento de los orígenes probables de la misma, dice:

> Con frecuencia el presidente Calderón da nuevas razones de por qué declaró la guerra al narco. Empezó con la famosa metástasis cancerosa en la cavidad abdominal, metáfora para ilustrar la penetración del narco en todas las esferas del Estado. Pero a menos que se confirmen rumores sobre el inminente arresto de un ex gobernador y de un ex presidente municipal del PRI, o de un gobernador en funciones del PRI, no ha detenido a un solo narcopolítico. Luego declaró que la guerra era para salvar a nuestros hijos, ya que México se había convertido en un país de consumo. Sólo que el gobierno no ha podido presentar un solo estudio o análisis que demuestre con datos duros que el número de adictos o de usuarios ocasionales de drogas ilícitas en México haya aumentado más que el crecimiento natural de la población.
>
> Y ahora en Londres nos informa que "es muy claro que hay una correlación desde el momento en que se quitó la prohibición de venta de armas [y] de rifles de asalto, en EU, en 2004" y la violencia generada de los cárteles. Cuando uno cambia de explicación como de traje, y se es inteligente y de buen gusto como es el caso de Calderón, es porque tanto los trajes como las explicaciones lo dejan insatisfecho.

UNAS SEMANAS antes de terminar este reportaje, tuve una charla informal con un alto funcionario de la Presidencia. Pregunté lo que pensaba el mandatario sobre la Operación Intercepción. "¿Cuál es esa operación?", contestó. Que la mayoría de los mexicanos no tengamos mucha idea de esa operación es algo normal, pero me sorprendió que en Los Pinos, desde donde se ha declarado "la guerra contra el narco", ignoraran esto.

Intercepción fue la primera operación emprendida expresamente en contra del tráfico de drogas en México. Fue montada por los Estados Unidos y consistía en un reforzamiento de la seguridad fronteriza y en el montaje de una serie de presiones al gobierno mexicano para que éste realizara arrestos de traficantes, destrucción de plantíos y vigilancia en carreteras.

El 14 de abril de 1969, *The New York Times* publicó un reportaje sobre el asunto, bajo el título: "México en guerra contra los narcóticos". A la distancia, la nota muestra lo poco original que es el término, y no sólo eso. La noticia parecía sacada de alguna de las novelas de realismo mágico de esos años, y no porque el personaje central fuera un general mexicano apellidado García Márquez, sino porque el influyente periódico estadounidense pensaba que a través de una operación llamada "Espías del Espacio" (muy *ad hoc* a la época también) se acabaría con el tráfico de drogas ilegales.

MÉX.- El ejército mexicano ha combatido en vano contra los que revuelven semillas de amapola en sus plantíos.

En las milpas, los trigales, los sembradíos de caña y azúcar y entre vegetales que crecen a la orilla de los campos de cultivo, los labradores ocultan la mariguana para escapar de la ley.

Pero un general del ejército ha emprendido en esta capital del estado de Jalisco, en combinación con la Fuerza Aérea, una ofensiva que podría muy bien marcar el fin de las plantaciones ocultas de mariguana.

Con el nombre de Operación Espía del Espacio, la Fuerza Aérea hace viajes de reconocimiento en los aviones que salen de esta ciudad capital tres veces por semana, para vigilar los plantíos hasta Acapulco. Al descubrir uno de tales sembrados, la Fuerza Aérea localiza los sitios para que el ejército acuda a quemarlos y proceda a arrestar a los dueños.

El general José García Márquez, comandante de la Zona Militar número 15, la persona que planeó dichas operaciones, dijo que los Espías del Espacio habían hecho una buena labor destruyendo 1 000 acres de amapola en los estados norteños de Sinaloa y Nayarit.

La operación militar se encarga también de controlar el opio y los ingredientes de heroína extraídos de la amapola.

Debido a estas actividades de las autoridades mexicanas, los contrabandistas de drogas en la frontera tendrán dificultades para conseguirlas.

El renovado esfuerzo para frenar el aumento de los narcóticos, que por décadas ha sido un margen de ganancia para el campesino mexicano, fue acuciado por la evidencia de que el vicio estaba haciendo estragos en la juventud mexicana.

Otra nota curiosa publicada ese mismo día en la edición del *Times* neoyorquino daba cuenta de que en la ciudad de México la policía había entrado en un departamento para arrestar a 20 estudiantes universitarios que fumaban mariguana.

Los arrestados —dice la nota— eran hijos de altos funcionarios del gobierno y de la industria. "La mariguana proporciona descanso. ¿Qué tiene de malo? Pronto legalizarán su uso", dijo uno de ellos. Agregó que 3 de cada 10 estudiantes que él conoce, fuman el narcótico. Dijo que la mayor parte ha aprendido a fumar con los turistas *hippies*.

Aquella ¿primera? "guerra contra el narco" provocaba críticas de algunos analistas mexicanos del momento, quienes cuestionaban fundamentalmente el papel de los Estados Unidos. En este sentido es emblemático un editorial del periódico *El Siglo de Torreón*, publicado el 6 de octubre de 1969, con el título de "El enemigo dentro":

> Varias lecciones se han derivado de la llamada Operación Intercepción desatada por funcionarios norteamericanos en puntos fronterizos con nuestro país. Una de ellas es que la actual administración gubernamental en los Estados Unidos procede en contra de los mutuos intereses que existen estrechamente vinculados en la faja de frontera, sin preocuparse de los que atañen a sus propios nacionales,

comienza, planteando una idea que se mantiene hasta el momento sobre la responsabilidad por el tráfico, la cual se puede resumir preguntándonos por qué Estados Unidos combate con tanta insistencia e injerencia el tráfico latinoamericano de drogas ilegales, y no lo hace de la misma forma con el tráfico que se da entre las redes instaladas a lo largo de su territorio.

El editorial de *El Siglo de Torreón* finaliza así: "Ojalá que los médicos, los profesores de alto nivel académico, los sociólogos que influyen en Washington encuentren los modos de educar a los jóvenes de su país, para hacerles desistir de la toxicomanía. Y ojalá, también, que sus autoridades persigan dentro de los Estados Unidos a quienes están dañándoles. El enemigo está dentro".

Antes como ahora, el término "guerra contra el narco" resulta ambiguo. ¿Qué quiere decir eso? ¿Es una guerra en realidad o es una metáfora política? Para que sea una guerra de verdad, hacen falta territorios específicos y el cumplimiento de una serie de requisitos básicos. Y si es una metáfora, entonces lo importante no es lo militar. En ese caso, el ejército se ve rebajado de nivel y se convierte tan sólo en un instrumento para que los políticos construyan su retórica.

Desvanecido el fantasma del comunismo luego de la caída del Muro de Berlín, el terrorismo en el Primer Mundo y el crimen organizado en los países subdesarrollados se convirtieron en los nuevos "enemigos públicos". El analista francés Emmanuel Todd habla del "micromilitarismo teatral", un nuevo fenómeno mundial usado por los gobiernos con dos objetivos principales: hacer olvidar problemas económicos y políticos fundamentales y transmitir a los gobernados el sentimiento de que el gobierno aún es necesario.

Una vez que pudo asumir la presidencia, Felipe Calderón lanzó la legalidad como uno de sus temas principales. La estrategia ha sido relativamente exitosa hasta los albores de 2010, aunque ya comienza a notarse cansancio en algunos sectores, ante tanta sangre derramada. Con "la guerra contra el narco", el presidente consiguió, en un momento crítico, crear la imagen de que encabeza un gobierno legal, el cual, sin embargo, sigue siendo ilegítimo para no pocos mexicanos que creen que en 2006, al igual que en 1988, hubo fraude electoral.

Es tal la ambigüedad del término "guerra contra el narco", que también se podría hablar de "la guerra contra la marginación", la cual es curioso que nunca se haya "declarado" en

México, pero que sí se declaró en Brasil, recientemente. Cuando el líder sindical Luiz Inácio Lula da Silva asumió la presidencia brasileña luego de un arrollador y claro triunfo electoral, una de las primeras cosas que hizo fue declarar la guerra, pero contra el hambre.

En el México de hoy, la tuberculosis mata más que los cuernos de chivo; sin embargo, el sonido de la sangre que cobra día a día esta enfermedad de pobres se mantiene en silencio. La desnutrición y el hacinamiento que provocan la propagación de la tuberculosis matan más que el narco, y eso es ignorado. De enero de 2000 a junio de 2008 se estima entre 15 000 y 17 000 el número de personas ejecutadas al estilo de la mafia. En el mismo lapso, 22 581 mexicanos murieron a causa de la tuberculosis, de acuerdo con reportes oficiales de la Secretaría de Salud obtenidos mediante una solicitud al Instituto Federal de Acceso a la Información.

En promedio, desde el año 2000 cada cinco horas ha muerto una persona a causa de tuberculosis. En los reportes obtenidos se aclara que el número calculado de muertes en 2007 y el primer semestre de 2008 es preliminar, por lo que la cifra resulta imprecisa y es probable que haya aumentado. Además, hay investigadores independientes que aseguran que la cifra verdadera de muertes por tuberculosis es mucho mayor que la reconocida en la documentación oficial.

En el primer informe de gobierno del presidente Felipe Calderón, la tuberculosis abarcó apenas un par de párrafos, uno de los cuales decía de manera genérica que "las desigualdades que prevalecen entre los diferentes estratos poblacionales de nuestro país explican en gran medida el hecho de que en algunas regio-

nes del país, sobre todo rurales, persistan las enfermedades propias del subdesarrollo, como son las infecciosas o transmisibles".

En cambio, el documento presidencial incluyó más de una
docena de cuartillas en torno a la "guerra contra el narco".

EL INVESTIGADOR y doctor en sociología jurídica de la Universidad de California, Marcelo Bergman, escribió el 13 de abril
de 2009 en el diario *Reforma* un ensayo titulado "Se equivoca
Calderón", en el cual analiza la "guerra contra el narco" desde
la perspectiva de que "no es un conjunto de matones inescrupu-
losos" quienes alimentan al narco, sino "la política absurda que
lleva a cabo Estados Unidos en su 'guerra contra las drogas', que
no sólo no ataca la demanda sino que origina las tremendas ga-
nancias que incentivan la organización misma del narcotráfico".

En su texto, Bergman asegura que si no existiera "la guerra
contra las drogas", el valor de reventa de la cocaína en Estados
Unidos podría alcanzar 50 dólares por gramo, mientras en 2009
el precio es de 200. De esta forma, si la producción de un gramo
de cocaína en Perú o en Colombia cuesta menos de 10 dólares,
entre el productor y el consumidor el valor de la mercancía crece hasta 20 veces cuando llega a Estados Unidos.

> Lo único que hace la guerra contra las drogas —explica el también
> profesor del Centro de Investigaciones y Desarrollo Económico—
> es subir el precio de los narcóticos, sin reducir significativamente
> la demanda, ya que el 80 por ciento del consumo lo realiza el 20
> por ciento de consumidores que son adictos. Y éstos no dejan de
> consumir. Al contrario, cuanto más cara es la droga más se dedican

al delito para poder adquirirla. Si en México se lograra abatir a sicarios y a capos, lo único que terminará pasando es que luego de cierto reordenamiento aparecerán otros sicarios y otros capos.

Hay varias formas de ir reduciendo el daño del narco. Lo más importante es comprender que el problema no es sólo de México y debe resolverse por la vía diplomática y no por la de las armas. Nuestros vecinos deben entender que es su política la que ocasiona en parte el caos de este lado de la frontera. Calderón debe presionar hacia una solución que lleve a una drástica reducción de los precios de la droga. Ésa es la única forma de destruir el sustento de los cárteles. Pero nuestro gobernante está atrapado en su laberinto. Al asumir, cuestionada su legitimidad, creyó que siendo Rambo podría ganarle al narco. A tres años debe comprender que la salida no es sólo la de las armas sino la de la persuasión, especialmente allende las fronteras.

UNA COSA es el discurso, otra la realidad. Las fallas de la estrategia con la que nació "la guerra contra el narco" ya han sido reconocidas tácitamente por parte de quienes la encabezan. El periodista estadounidense Daniel Kurtz acompañó en 2008 durante varios días al secretario de Seguridad Pública federal, Genaro García Luna, para hacer un reportaje sobre "la guerra contra el narco". Como resultado de esa experiencia publicó en la revista dominical de *The New York Times* un reportaje que comienza así: "Desde que asumió el cargo con el más alto rango de la policía en México a finales de 2006, García Luna no ha dejado de repetir que la situación en relación con los cárteles de la droga empeorará antes de mejorar".

Ante la confusión que existe alrededor de la "guerra contra el narco", que a la fecha sigue sin ser explicada públicamente de manera adecuada en cuanto a sus orígenes y objetivos, es valioso otro apartado del reportaje del periodista estadounidense. Kurtz, quien ha cubierto guerras en Líbano, Israel y Colombia, cuenta:

> En el transcurso de esta transición, García Luna se volvió un actor clave en los esfuerzos antidrogas de México. "Cuando llegamos, le apostamos todo a decapitar la estructura criminal, a perseguir a los jefes", me dijo. El gobierno ha atrapado o matado a algunas de las figuras principales de los cárteles mexicanos: varios de los hermanos Arellano Félix de Tijuana, Alfredo Beltrán Leyva de Sinaloa y Osiel Cárdenas Guillén del cártel del Golfo, que domina los pueblos fronterizos que colindan con el sudeste de Texas. "La idea —dice García Luna— era que al cortar la cabeza, el cuerpo dejara de funcionar." En cambio, apuntó con pesar, "los sicarios tomaron el control".

El secretario de Seguridad Pública federal reconoce ante Kurtz que en vez de destruir los cárteles, "los fuertes golpes del gobierno" los transformaron de "organizaciones jerárquicas con líderes en los altos mandos" a "mafias incontrolables de hombres compitiendo por el poder". El reconocimiento de una situación tan grave como ésta, en otros países, sería motivo de discusiones amplias y debates de fondo. En México, no.

El gobierno no está contando en realidad lo que sucede día con día en "la guerra contra el narco", sino que está produciendo información clave al respecto. Y no me refiero a detalles del caso de la supuesta secuestradora francesa Florence Cassez, cuya captura fue recreada ante las cámaras para el buen *rating* de televisoras y, en especial, de algunos funcionarios.

El 11 de agosto de 2009, la Secretaría de Seguridad Pública federal presentó con bombo y platillo al ex policía judicial de Sinaloa, Dimas Díaz Ramos, quien supuestamente planeaba un atentado en contra del presidente Calderón, por órdenes del cártel de Sinaloa. ¿La razón? Así la explicó el jefe de la sección III de la policía federal, Ramón Eduardo Pequeño García, cuando dio a conocer la detención ante decenas de periodistas: "La investigación inició hace un año por una amenaza en contra del presidente de la República a raíz de la guerra declarada en contra del crimen organizado, luego de una serie de detenciones y aseguramiento de grandes cantidades de dinero en efectivo a la organización del *Mayo* Zambada".

Por supuesto que no es imposible pensar en la posibilidad de que sucediera una cosa así, pero es sospechoso que un gobernante esté lanzando con regularidad mensajes de este tipo a sus gobernados. Al día siguiente del anuncio hecho por su propio gobierno, Calderón dijo que no lo detendrían ni intimidarían y que los mexicanos "son mucho más poderosos que cualquier amenaza o versión de amenaza que se pueda contemplar".

La versión oficial en torno a un supuesto atentado contra el presidente se dio a conocer, coincidentemente o no, justo cuando el gobierno federal fue objeto de las mayores críticas que ha recibido hasta el momento por "la guerra contra el narco" emprendida desde finales de 2006. Dos semanas antes de que se presentara a los medios de comunicación al supuesto complotista presidencial, *The Washington Post* divulgó denuncias por tortura y abusos impunes cometidos presuntamente por algunos de los 45 000 soldados mexicanos que recorren el país. Entre 2007 y 2008, la cifra de quejas formales contra el ejército creció un 600 por ciento, llegando a la preocupante cifra de 140 por mes.

Al día siguiente de la conferencia de prensa dada por la Secretaría de Seguridad Pública federal, el presidente Calderón fue acogido como un héroe en Bogotá, Colombia, donde en un acto público, su paradigmático aliado latinoamericano y amigo, el presidente Álvaro Uribe, lo alabó por su valentía para combatir al narco pese a las amenazas recibidas. Las violaciones a los derechos humanos por parte del ejército mexicano, documentadas por la prensa internacional, pasaron a segundo término.

En otro momento de apuro político, el 23 de marzo de 2007, cuando una polémica reforma a las pensiones del ISSSTE impulsada por su gobierno era aprobada por el Congreso, el propio presidente dio una entrevista a la agencia Reuters en la cual dijo que él y su familia habían recibido amenazas de muerte por parte del narco. "Sí, hemos recibido muchas amenazas, y seguramente las habrá… No sabemos si sean ciertas o falsas, pero evidentemente eso no cambia nuestra decisión de cumplir con nuestro deber". Sus declaraciones le dieron la vuelta al mundo y ocuparon las primeras planas de la prensa nacional, mientras la reforma que modificaba derechos laborales y que nunca fue discutida públicamente y a fondo, quedó marginada. La escandalosa nota dada por el propio presidente de la República opacó mediáticamente la de una reforma a la que se oponían —y se oponen aún— miles de trabajadores en el país.

Como resultado de estos desconcertantes anuncios oficiales y de hechos violentos, también mediatizados por el gobierno, ha crecido el temor entre la gente y se ha alentado una sociedad paranoica que parece vivir en una película de terror, donde todos somos muertos andantes. A la par de declarar "la guerra contra el narco", el gobierno ha mostrado inescrupulosamente a muchos detenidos —algunos liberados posteriormente— como si fueran "bárbaros salvajes", de tal suerte que ha aparecido en el ambiente un ánimo de linchamiento, que poco ayuda una entender lo que sucede, pero que sí sirvió, por ejemplo, para que el Partido Verde, ese monstruo parásito de las dádivas electorales, consiguiera en las elecciones de 2009 una decena de escaños en el Congreso, con la promesa falaz de matar a criminales en lugar de readaptarlos socialmente, como mandan los principios básicos de la civilización moderna.

Este clima provoca también que los intentos por mirar el fenómeno del narcotráfico y la violencia desde una óptica que no sea la oficial, o sea la de "la guerra contra el narco", sean catalogados por burócratas o por sus ecos amaestrados, como apología de la violencia y el crimen. Peor. La insinuación pública de que el gobierno tiene fallas en su actuación o de que está perdiendo "la guerra contra el narco" eriza la piel de algunos en Los Pinos.

Es cierto que el Estado mexicano aún posee valores políticos, éticos y morales que no tienen los cárteles de la droga, pero en la residencia presidencial quieren que todo se vea forzosamente como una lucha del bien contra el mal, algo así como el Santo contra las momias. El problema es que esa película ya está muy vista y es bastante mala. Sólo por patriotismo decimos que nos agrada.

El gobierno —como siempre lo hace cualquier bando en una guerra— ha tratado de crear alrededor de "la guerra contra el narco" una fábrica de sueños para respaldar su precaria realidad en otros temas. Sin embargo, la fábrica de sueños no está produciendo lo suficiente: ¿dónde están los héroes de esta "guerra contra el narco"? No se ven por ningún lado. ¿Alguien puede nombrar a 10 generales que libren esta batalla?, ¿cinco almirantes?, ¿tres policías?

Quienes tenemos el privilegio de escribir y publicar en espacios de difusión amplia, debemos esforzarnos para informar lo mejor que podamos acerca de lo que sucede en estos tiempos en México. Muchas personas están muriendo a causa de actos que también involucran la política. No veo cómo un reportero pueda tener credibilidad, si no tiene principios e ideas políticas en torno a la situación actual. Quienes dicen que carecen de ideas políticas porque son imparciales, mienten. En un momento como el actual, es perverso que haya quienes invoquen esa pretendida inocencia. Cuando vives tiempos vergonzosos, la vergüenza cae sobre ti. El comportamiento de la prensa en situaciones de conflicto o de crisis es vital. Al momento, todo parece oscuro y el oficio se vuelve más duro, pero la experiencia dice que el rigor y el humanismo sacan adelante al periodismo. Más adelante, la historia se convierte en un juez implacable. El presente no es la única historia posible. La propaganda dura poco; el periodismo más simple, el honesto, no.

Hoy es imposible no decir lo obvio: "la guerra contra el narco" declarada por Felipe Calderón en un momento de debilidad política y sin una visión realmente estratégica, ni siquiera ha traído más seguridad. Hoy el miedo ronda entre los ciudadanos.

¿Cómo pasamos del miedo a la esperanza?

ÍNDICE ONOMÁSTICO

El Cártel de Sinaloa
de Diego Enrique Osorno
se terminó de imprimir en **Abril** 2010 en
Drokerz Impresiones de México S.A. de C.V.
Venado N° 104, Col. Los Olivos
C.P. 13210, México, D. F.